똑똑

중학 국어

어휘

1

기본편

STAFF

발행인 정선욱

퍼블리싱 총괄 남형주

개발 김태원 김한길 신영한 김성준 육인선

기획·디자인·마케팅 조비호 김정인 강윤정

유통·제작 서준성 신성철

똑독 중학 국어 어휘 1 기본편 202111 초판 1쇄   202410 초판 4쇄

펴낸곳 이투스교육(주) 서울시 서초구 남부순환로 2547

전화 1599-3225

등록번호 제2007-000035호

ISBN 979-11-389-0139-0

똑똑 중학 국어 어휘

1 기본편

손안의 미니북

이 책의 차례와 학습 계획표

똑똑! 어휘 4주 완성 학습 계획

- DAY별로 익혀야 할 필수 어휘들만 별도로 학습할 수 있습니다.
- DAY별 어휘를 익히고, 간단한 확인 문제를 통해 어휘의 올바른 활용의 예를 학습할 수 있습니다.

필수 어휘

ㄱ

ㄴ, ㄷ

개념어

한자 성어

철학·윤리와 관련된 말

01 구현하다
어떤 내용을 **구체적인 사실로 나타나게 하다.**
예 그들은 토론을 바탕으로 민주 정치를 구현하려 하였다.

02 내재하다
어떤 사물이나 범위의 **안에 들어 있다.**
예 그의 이론은 많은 한계를 내재하고 있다.

03 반증
어떤 사실이나 주장이 옳지 아니함을 그에 **반대되는 근거를 들어 증명함.** 또는 그런 증거
예 그 사실이 틀렸다는 것을 뒤집을 만한 반증할 증거가 있다.

04 섭리
❶ 자연계를 지배하고 있는 **원리와 법칙**
예 물이 높은 곳에서 낮은 곳으로 흐르는 것은 자연스러운 섭리이다.
❷ 세상과 우주 만물을 다스리는 **하나님의 뜻**
예 신이 창조한 만물은 신의 섭리에 따라 움직인다.

05 윤리
사람으로서 **마땅히 행하거나 지켜야 할 도리**
예 옛날부터 우리는 효도를 윤리의 중요한 근본으로 삼았다.

06 인식
사물을 **분별하고 판단하여 앎.**
예 정치에 대한 청소년의 인식이 바뀌고 있다.

07 일관성
방법이나 태도 따위가 **한결같은 성질**
예 그의 주장에는 일관성이 없어 도무지 납득하기가 어렵다.

08 전형적
어떤 **부류의 특징을 가장 잘 나타내는.** 또는 그런 것
예 그 영화의 주인공은 전형적인 유형의 소시민이다.

09 주의
❶ 굳게 지키는 **주장이나 방침**
예 나는 최선을 다해 후회하지 않겠다는 주의로 시험을 준비하였다.
❷ 체계화된 **이론이나 학설**
예 힘겨운 투쟁 끝에 개인의 권리를 보장하는 주의가 인정되었다.

10 타당성
사물의 **이치에 맞는 옳은 성질**
예 그 주장은 근거가 부족하여 타당성이 의심스럽다.

11 통념
일반적으로 **널리 통하는 개념**
예 전통 음악은 대중성이 없다는 잘못된 통념을 깨야 한다.

12 필연적
사물의 관련이나 일의 결과가 **반드시 그렇게 될 수밖에 없는 것**
예 온실가스의 영향으로 기후 변화가 필연적으로 발생하였다.

[01-04] 다음 문장에 어울리는 어휘를 골라 ○표 하시오.

01 계절의 변화에서 자연의 (섭리 / 지리)를 느낄 수 있다.

02 강아지를 훈련시킬 때는 (습관성 / 일관성)이 필요하다.

03 청소년을 바라보는 어른들의 (인식 / 인정)을 조사하였다.

04 어떤 행동의 결과는 (인위적 / 필연적)으로 자신에게 돌아온다.

[05 - 08] 빈칸에 들어갈 알맞은 어휘를 문맥에 맞게 넣으시오.

05 우리는 공정과 정의를 _______________ 사회를 원한다.
　　　　　어떤 내용을 구체적인 사실로 나타나게 한

06 청소년을 차별하는 내용이 _______________ 규칙은 고쳐야 한다.
　　　　　어떤 사물이나 범위의 안에 들어 있는

07 놀부는 심술궂은 성격을 지닌 사람의 _______________ 예로 제시된다.
　　　　　어떤 부류의 특징을 가장 잘 나타내는

08 여성들이 스포츠를 좋아하지 않는다는 _______________은 이미 사라졌다.
　　　　　일반적으로 널리 통하는 개념

[09 - 12] 다음 빈칸에 알맞은 말을 채워 어휘의 뜻풀이를 완성하시오.

09 주의: 굳게 지키는 (　　　　　　)이나 방침

10 타당성: 사물의 (　　　　　)에 맞는 옳은 성질

11 윤리: 사람으로서 마땅히 행하거나 지켜야 할 (　　　　　　)

12 반증: 어떤 사실이나 주장이 옳지 아니함을 그에 반대되는 (　　　　　　)를 들어 증명함.

역사와 관련된 말

01 고비
일이 되어 가는 과정에서 가장 중요한 단계나 대목. 또는 막다른 절정
예 더위도 한 고비가 지났다.

02 고증
예전에 있던 사물들의 시대, 가치, 내용 따위를 옛 문헌이나 물건에 기초하여 증거를 세워 이론적으로 밝힘.
예 철저한 고증을 통한 내용만 증거로 사용될 수 있다.

03 근원
❶ 물줄기가 나오기 시작하는 곳
예 이 강의 근원은 한라산이다.
❷ 사물이 비롯되는 근본이나 원인
예 그 소문의 근원은 아직 밝혀지지 않았다.

04 기원
❶ 연대를 계산하는 데에 기준이 되는 해
예 '기원전 ○○년'에서 '기원'은 예수가 태어난 해를 가리킨다.
❷ 새로운 출발이 되는 시대나 시기
예 인간의 달 착륙은 우주 시대의 기원을 열었다.

05 냉전
❶ 직접적으로 무력을 사용하지 않고, 경제·외교·정보 따위를 수단으로 하는 국제적 대립
예 한반도는 냉전의 최후 지대로 남아 있다.
❷ 두 대상의 대립이나 갈등 구조를 비유적으로 이르는 말
예 누나와 동생은 냉전 중이라 말을 하지 않는다.

06 배타적
남을 따돌리거나 거부하여 밀어 내치는. 또는 그런 것
예 이웃과 배타적인 관계를 맺는 것은 바람직하지 않다.

07 변천
세월의 흐름에 따라 바뀌고 변함.
예 이번 전시회에서는 한복의 변천을 보여 주었다.

08 분투
있는 힘을 다하여 싸우거나 노력함.
예 축구 시합에서 분투를 다짐하였다.

09 암흑기
도덕이나 이성, 문명이 쇠퇴하고 세상이 어지러운 시기
예 1940년대 초는 우리 문학의 암흑기에 해당한다.

10 압제
권력이나 폭력으로 남을 꼼짝 못 하게 강제로 누름.
예 우리는 총칼로 압제한 권력자에게 저항하였다.

11 인습
이전부터 전하여 내려오는 습관
예 전통과 인습은 엄격히 구별되어야 한다.

12 정체성
변하지 아니하는 존재의 본질을 깨닫는 성질. 또는 그 성질을 가진 독립적 존재
예 청소년기는 자신의 정체성을 확립하는 시기이다.

13 종식되다
한때 매우 성하던 현상이나 일이 끝나거나 없어지다.
예 이 지구상에는 단 하루도 전쟁이 종식된 날이 없다.

일일 어휘 복습

[01-05] 다음 문장에 어울리는 어휘를 골라 ○표 하시오.

01 중학교 시절은 인생의 중요한 (고비 / 준비)가 될 수 있다.

02 이웃에 대한 (배타적 / 친화적) 태도는 생활을 불편하게 만든다.

03 청소년기는 자신의 (민첩성 / 정체성)을 계속 고민하는 시기이다.

04 이 도자기는 철저한 (고민 / 고증)을 거쳐 백제의 것으로 확인되었다.

05 전쟁이 (인식된 / 종식된) 후 도시를 다시 건설하는 사업이 시작되었다.

[06-09] 밑줄 친 어휘의 뜻으로 알맞은 것을 찾아 ○표 하시오.

06 그런 소문의 <u>근원</u>에는 사람들의 불안한 심리가 숨어 있다.
→ (말이나 글의 끝을 맺는 부분 / 사물이 비롯되는 근본이나 원인)

07 박물관에서 우리나라의 주택의 <u>변천</u> 과정을 볼 수 있었다.
→ (몸의 모양이나 태도 따위를 바꿈. / 세월의 흐름에 따라 바뀌고 변함.)

08 출신 지역을 빌미로 사람을 차별하는 것은 잘못된 <u>인습</u>이다.
→ (이전부터 전하여 내려오는 습관 / 지식을 습득하는 과정)

09 우리나라 축구 선수들은 폭우 속에서도 <u>분투</u>를 멈추지 않았다.
→ (있는 힘을 다하여 싸우거나 노력함. / 찢어져 나뉨.)

[10-13] 다음 빈칸에 알맞은 말을 채워 어휘의 뜻풀이를 완성하시오.

10 기원: 새로운 (   )이 되는 시대나 시기

11 압제: 권력이나 폭력으로 남을 꼼짝 못 하게 (   )로 누름.

12 암흑기: 도덕이나 이성, 문명이 쇠퇴하고 (   )이 어지러운 시기

13 냉전: 직접적으로 무력을 사용하지 않고, 경제·외교·정보 따위를 수단으로 하는 국제적 (   )

사회와 관련된 말

01 건전하다
❶ 병이나 탈이 없이 건강하고 온전하다.
예 건전한 젊은이들이 있는 사회의 미래는 희망차다.

❷ 사상이나 사물 따위의 상태가 한쪽으로 치우치지 않고 정상적이며 위태롭지 아니하다.
예 청소년들이 즐길 만한 건전한 오락 개발에 힘쓰자.

02 공익
사회 전체의 이익
예 헌법은 공익을 위해 국민의 기본권을 제한하는 경우도 있다.

03 관례
전부터 해 내려오던 전례가 관습으로 굳어진 것
예 서로 의견이 분분하니 관례에 따라 처리합시다.

04 낙후되다
기술이나 문화, 생활 따위의 수준이 일정한 기준에 미치지 못하고 뒤떨어지게 되다.
예 이 지역은 아직 전기 시설조차 되어 있지 않은 낙후된 마을이다.

05 남용하다
❶ 일정한 기준이나 한도를 넘어서 함부로 쓰다.
예 약을 남용하면 오히려 건강을 해칠 수 있다.

❷ 권리나 권한 등을 본래의 목적이나 범위를 벗어나 함부로 행사하다.

06 도태되다
여럿 중에서 불필요하거나 부적당한 것이 줄어 없어지다.
예 그 제품은 성능이 뒤떨어져 시장에서 도태되었다.

07 반목
서로서로 시기하고 미워함.
예 찬성 측과 반대 측의 반목이 극심하였다.

08 배후
❶ 어떤 대상이나 대오의 뒤쪽
예 적의 배후를 공격하다.

❷ 어떤 일의 드러나지 않은 이면
예 경찰은 이 사건에 배후가 있음을 짐작하고 조사하였다.

09 부과
❶ 세금이나 부담금 따위를 매기어 부담하게 함.
예 세금 부과는 국가의 권한이다.

❷ 일정한 책임이나 일을 부담하여 맡게 함.
예 담당 직원은 자신에 대한 책임 부과를 거부하였다.

10 부실하다
❶ 몸, 마음, 행동 따위가 튼튼하지 못하고 약하다.
예 그 아이는 잘 먹지 못해 몸이 부실하다.

❷ 내용이 실속이 없고 충분하지 못하다.
예 부실한 공사 때문에 건물이 지은 지 5년 만에 무너졌다.

11 사각지대
❶ 어느 위치에 섬으로써 사물이 눈으로 보이지 아니하게 되는 각도
예 운전을 할 때는 사각지대를 조심해야 한다.

❷ 관심이나 영향이 미치지 못하는 구역을 비유적으로 이르는 말

12 영세민
수입이 적어 몹시 가난한 사람
예 물가가 오르면 영세민은 더욱더 살기 힘들어진다.

13 폐해
폐단으로 생기는 해로움.
예 대기 오염의 폐해로 눈병과 감기가 더욱 많이 발생하고 있다.

[01-05] 다음 문장에 어울리는 어휘를 골라 ○표 하시오.

01 (부실한 / 불리한) 식단 때문에 영양에 불균형이 생겼다.

02 휴식 시간에는 (건장한 / 건전한) 취미를 즐기는 것이 좋다.

03 경찰은 사건의 (배경 / 배후)에 숨어 있는 인물을 찾고 있다.

04 그 단체는 (낙후된 / 지연된) 마을을 지원하는 사업을 펼치고 있다.

05 입시 위주 교육의 (방해 / 폐해)를 고치려는 움직임이 일어나고 있다.

[06-09] 빈칸에 들어갈 알맞은 어휘를 문맥에 맞게 넣으시오.

06 그는 자신의 이익과 ______________ 사이에서 갈등하였다.
사회 전체의 이익

07 이 진통제를 ______________ 오히려 건강을 해칠 수 있습니다.
일정한 기준이나 한도를 넘어서 함부로 쓰면

08 정부에서는 ______________ 을 지원하기 위한 각종 정책을 내놓았다.
수입이 적어 몹시 가난한 사람

09 그 지역에서는 주민들 간에 ______________과 갈등이 끊이지 않았다.
서로서로 시기하고 미워함.

[10-13] 다음 빈칸에 알맞은 말을 채워 어휘의 뜻풀이를 완성하시오.

10 부과: 세금이나 부담금 따위를 매기어 (　　　　　　)하게 함.

11 관례: 전부터 해 내려오던 전례가 (　　　　　)으로 굳어진 것

12 도태되다: 여럿 중에서 불필요하거나 부적당한 것이 줄어 (　　　　　　).

13 사각지대: 어느 위치에 섬으로써 사물이 눈으로 보이지 아니하게 되는 (　　　　　　　)

정치와 관련된 말

01 거론하다
어떤 사항을 논제로 삼아 제기하거나 논의하다.
예 사람들은 이미 결정된 일을 다시 거론하지 않았다.

02 공정하다
공평하고 올바르다.
예 공정한 선거를 치르기 위해 민간 기구가 설치되었다.

03 사회주의
사유 재산 제도를 폐지하고 생산 수단을 사회화하여 자본주의 제도의 사회적·경제적 모순을 극복한 사회 제도를 실현하려는 사상. 또는 그 운동
예 사회주의 국가에서는 모든 생산 수단을 나라의 소유로 한다.

04 서열
일정한 기준에 따라 순서대로 늘어섬. 또는 그 순서
예 원숭이의 세계에서는 서열이 매우 중요하다.

05 선동적
남을 부추겨 어떤 일이나 행동을 하게 하는. 또는 그런 것
예 그는 선동적인 말과 행동으로 사람들을 모았다.

06 유권자
선거할 권리를 가진 사람
예 텔레비전 토론회는 유권자의 판단에 좋은 길잡이가 된다.

07 유세
자기 의견 또는 자기 소속 정당의 주장을 선전하며 돌아다님.
예 광장에서 국회 의원 후보자의 유세가 시작되었다.

08 이행하다
실제로 행하다.
예 당선자들은 선거 공약들을 빠르게 이행하겠다고 약속했다.

09 정복
❶ 남의 나라나 이민족 따위를 정벌하여 복종시킴.
예 왕은 주변 국가 정복을 통해 영토를 크게 확장하였다.
❷ 높은 산 따위의 매우 가기 힘든 곳을 어려움을 이겨 내고 감.
예 그는 끝내 에베레스트산의 정상 정복에 실패하였다.

10 중립
어느 편에도 치우치지 않고 중간적인 입장에 섬. 또는 그런 입장
예 공무원은 항상 정치적 중립을 지켜야 한다.

11 진영
❶ 정치적·사회적·경제적으로 구분된 서로 대립되는 세력의 어느 한쪽
예 민주주의 진영과 공산주의 진영이 대립하였다.
❷ 군대가 진을 치고 있는 곳
예 군의 기습으로 우리 진영에 상당한 피해가 발생하였다.

12 특권
특별한 권리
예 언어를 사용하고 문화를 발전시키는 것은 인간만이 누리는 특권이다.

13 현안
이전부터 의논하여 오면서도 아직 해결되지 않은 채 남아 있는 문제나 의안
예 주민들은 쓰레기장 이전 문제를 시급한 현안으로 꼽았다.

[01-05] 다음 문장에 어울리는 어휘를 골라 ○표 하시오.

01 부모님이 다투실 때는 (대립 / 중립)을 지키는 것이 낫다.

02 본격적인 토론에 앞서 후보들의 (유서 / 유세)가 펼쳐졌다.

03 제품 할인은 회원으로 가입할 때 주어지는 (특권 / 특징)입니다.

04 (사회주의 / 자본주의) 사상은 사유 재산 제도를 인정하지 않는다.

05 알렉산더 대왕은 대군을 이끌고 페르시아 (정복 / 정치)에 나섰다.

[06-09] 밑줄 친 어휘의 뜻으로 알맞은 것을 찾아 ○표 하시오.

06 회장 선거는 <u>공정한</u> 방식으로 치러야 한다.
→ (공평하고 올바른 / 매우 조심스러운)

07 그 의원은 자신의 공약을 <u>이행하기</u> 위해 노력하였다.
→ (실제로 행하기 / 다른 데로 옮기기)

08 <u>유권자</u> 여러분, 이번 선거에 꼭 투표하여 주십시오.
→ (빚을 받아 낼 권리를 가진 사람 / 선거할 권리를 가진 사람)

09 과거의 잘못은 다시 <u>거론하지</u> 않는 것이 나을 때가 있다.
→ (서둘러 판단하지 / 논제로 삼아 제기하지)

[10-13] 다음 빈칸에 알맞은 말을 채워 어휘의 뜻풀이를 완성하시오.

10 서열: 일정한 (　　　　　　　)에 따라 순서대로 늘어섬.

11 선동적: 남을 (　　　　　　　) 어떤 일이나 행동을 하게 하는 것

12 진영: 정치적·사회적·경제적으로 구분된 서로 대립되는 (　　　　　　　)의 어느 한쪽

13 현안: 이전부터 의논하여 오면서도 아직 (　　　　　　　)되지 않은 채 남아 있는 문제
나 의안

경제와 관련된 말

01 가계
❶ 한집안 살림의 수입과 지출의 상태
⟮예⟯ 추석에 돈을 많이 써서 지난달 가계는 적자였다.

❷ 집안 살림을 꾸려 나가는 방도나 형편
⟮예⟯ 어렸을 때는 가계가 넉넉지 못해 부모님은 쉬지 않고 일하셨다.

02 감축
덜어서 줄임.
⟮예⟯ 회사에서는 인원 감축으로 비용을 줄이려 한다.

03 강세
강한 세력이나 기세
⟮예⟯ 우리나라는 양궁에서 강세를 보인다.

04 매매하다
물건을 팔고 사다.
⟮예⟯ 자동차를 매매할 때 필요한 서류를 준비하였다.

05 보증
❶ 어떤 사물이나 사람에 대하여 책임지고 틀림이 없음을 증명함.
⟮예⟯ 이 제품은 무상으로 수리할 수 있는 보증 기간이 1년이다.

❷ 빚진 사람이 빚을 갚지 아니할 경우에, 빚진 사람을 대신하여 빚을 갚아 주기로 함.
⟮예⟯ 아버지는 삼촌의 은행 대출을 위해 보증을 서 주었다.

06 빈곤
가난하여 살기가 어려움.
⟮예⟯ 흉년 때문에 농민들은 빈곤에 시달렸다.

07 생계
살림을 살아 나갈 방법과 도리. 현재 살림을 살아가고 있는 형편
⟮예⟯ 경영자는 사원들의 생계를 책임질 수 있어야 한다.

08 생산성
토지, 자원, 노동력 따위 생산의 여러 요소들이 투입된 양과 그것으로써 이루어진 생산물 산출량의 비율
⟮예⟯ 모든 생산 시설을 자동화하여 생산성을 높였다.

09 손실
잃어버리거나 축나서 손해를 봄. 또는 그 손해
⟮예⟯ 그는 투자에 실패하여 재산에 막대한 손실을 입었다.

10 점유하다
물건이나 영역, 지위 따위를 차지하다.
⟮예⟯ 이 제품은 식품 시장을 크게 점유하고 있다.

11 창출하다
전에 없던 것을 처음으로 생각하여 지어내거나 만들어 내다.
⟮예⟯ 정부에서는 고용을 창출하기 위해 많은 노력을 기울이고 있다.

12 투자하다
이익을 얻기 위하여 어떤 일이나 사업에 자본을 대거나 시간이나 정성을 쏟다.
⟮예⟯ 성공하기 위해서는 시간과 노력을 투자해야 한다.

13 활성화
사회나 조직 등의 기능이 활발함. 또는 그러한 기능을 활발하게 함.
⟮예⟯ 관광객이 늘어나자 지역 경기 활성화가 이어졌다.

[01-05] 다음 문장에 어울리는 어휘를 골라 ○표 하시오.

01 그는 일거리가 줄어 (생계 / 생기)가 막막해졌다.

02 일부 의원들은 예산 (감축 / 축약)을 주장하고 나섰다.

03 공장에 로봇을 도입하니 (산업성 / 생산성)이 크게 높아졌다.

04 그동안의 경제적 (사정 / 손실)을 극복하기 위해 일하는 시간을 늘렸다.

05 학창 시절에 교양과 지식에 (인식 / 투자)하는 것은 결코 낭비가 아니다.

[06-09] 빈칸에 들어갈 알맞은 어휘를 문맥에 맞게 넣으시오.

06 비싼 물건을 _______________ 때는 꼼꼼히 살펴야 한다.
물건을 팔고 살

07 우리나라는 태권도 종목에서 _______________를 보이고 있다.
강한 세력이나 기세

08 _______________은 전 세계가 최우선적으로 해결해야 할 문제이다.
가난하여 살기가 어려움.

09 해외여행을 다녀온 탓에 이번 달 _______________가 적자에 가까워졌다.
한집안 살림의 수입과 지출의 상태

[10-13] 다음 빈칸에 알맞은 말을 채워 어휘의 뜻풀이를 완성하시오.

10 활성화: 사회나 조직 등의 (   )이 활발함.

11 점유하다: 물건이나 영역, 지위 따위를 (   ).

12 보증: 어떤 사물이나 사람에 대하여 책임지고 틀림이 없음을 (   ).

13 창출하다: 전에 없던 것을 (   )으로 생각하여 지어내거나 만들어 내다.

법률과 관련된 말

01 개정하다
주로 문서의 내용 따위를 고쳐 바르게 하다.
예 국민을 괴롭히는 악법은 개정해야 한다.

02 모색하다
일이나 사건 따위를 해결할 수 있는 방법이나 실마리를 더듬어 찾다.
예 지금부터 피해자들을 도울 방안을 모색해 보자.

03 발효하다
조약, 법, 공문서 따위의 효력이 나타나다. 또는 그 효력을 나타내다.
예 새로운 법안이 발효하기까지는 아직 거쳐야 할 절차가 많이 남아 있다.

04 부당하다
이치에 맞지 아니하다.
예 우리 선수단은 심판의 부당한 판정에 항의하였다.

05 영리
재산상의 이익을 꾀함. 또는 그 이익
예 회사는 영리를 목적으로 운영된다.

06 위법
법률이나 명령 따위를 어김.
예 죄가 없는 사람을 잡아 가두는 것은 위법이다.

07 입증하다
어떤 증거 따위를 내세워 증명하다.
예 재판에서 무죄를 입증하려면 증거가 있어야 한다.

08 조세
국가 또는 지방 공공 단체가 필요한 경비로 사용하기 위하여 국민이나 주민으로부터 강제로 거두어들이는 돈
예 정부는 수재민들에게 조세를 일시적으로 면제해 주었다.

09 존속하다
어떤 대상이 그대로 있거나 어떤 현상이 계속되다.
예 민족이 쇠퇴하느냐 존속하느냐 하는 갈림길에 서 있다.

10 준수하다
전례나 규칙, 명령 따위를 그대로 좇아서 지키다.
예 모든 국민은 헌법을 준수해야 할 의무가 있다.

11 합법적
법령이나 규범에 맞는. 또는 그런 것
예 그는 합법적인 절차에 따라 공장을 설립하였다.

12 혐의
범죄를 저질렀을 가능성이 있다고 봄. 또는 그 가능성
예 그 회사는 탈세 혐의로 검찰로부터 조사를 받았다.

13 효력
❶ 약 따위를 사용한 후에 얻는 보람
예 진통제의 효력이 뛰어나 환자가 통증 없이 잠이 들었다.
❷ 법률이나 규칙 따위의 작용
예 이 법안은 오늘 통과되어 효력이 발생한다.

[01-05] 다음 문장에 어울리는 어휘를 골라 ○표 하시오.

01 이 약의 (능력 / 효력)은 대개의 경우 24시간 지속됩니다.

02 국회에서 교통 관련 법률을 (개정 / 지정)하는 논의를 하고 있다.

03 나라의 세금 제도를 고치는 (시세 / 조세) 개혁이 추진되고 있다.

04 이모는 졸업 후 외국에서 취업하는 방법을 (모색 / 수색)하고 있다.

05 어린이 보호 구역에서는 속도 제한 규칙을 (고수 / 준수)해야 한다.

[06-09] 밑줄 친 어휘의 뜻으로 알맞은 것을 찾아 ○표 하시오.

06 손님에게 <u>부당한</u> 요구를 받은 주인은 속이 상했다.
→ (이치에 맞지 아니한 / 필요한 기준에 미치지 못한)

07 그 기업은 <u>영리</u> 추구보다 사회에 대한 기여를 중시한다.
→ (도움이 되도록 이바지함. / 재산상의 이익을 꾀함.)

08 이 규칙은 <u>위법</u>의 가능성이 있으므로 검토해 봐야 한다.
→ (법률을 제정함. / 법률이나 명령 따위를 어김.)

09 경찰은 그가 사건의 범인이라는 점을 <u>입증하려고</u> 노력하였다.
→ (감추어진 사실을 드러내려고 / 어떤 증거 따위를 내세워 증명하려고)

[10-13] 다음 빈칸에 알맞은 말을 채워 어휘의 뜻풀이를 완성하시오.

10 합법적: 법령이나 (　　　　　　)에 맞는 것

11 혐의: 범죄를 저질렀을 (　　　　　　)이 있다고 봄.

12 발효하다: 조약, 법, 공문서 따위의 (　　　　　　)이 나타나다.

13 존속하다: 어떤 대상이 그대로 있거나 어떤 현상이 (　　　　　　).

01 강수
비, 눈, 우박, 안개 따위로 지상에 내린 물
예 큰 비로 인해 강수된 양이 많았다.

02 궂다
❶ 비나 눈이 내려 날씨가 나쁘다.
예 비바람이 치는 궂은 날씨였다.
❷ 언짢고 나쁘다.
예 그 일 때문에 기분이 궂었다.

03 급류
❶ 물이 빠른 속도로 흐름. 또는 그 물
예 배가 급류에 휩쓸렸다.
❷ 어떤 현상이나 사회의 급작스러운 변화를 비유적으로 이르는 말
예 그는 시대적 변화의 급류를 탔다.

04 기류
❶ 온도나 지형의 차이로 말미암아 일어나는 공기의 흐름
예 좁은 지역에서는 빠른 기류가 나타난다.
❷ 어떤 일이 진행되는 추세나 분위기를 비유적으로 이르는 말
예 결정을 앞두고 미묘한 기류가 형성되었다.

05 내륙
바다에서 멀리 떨어져 있는 육지
예 해안과 달리 내륙에는 비가 오지 않았다.

06 대양
세계의 해양 가운데에서 특히 넓은 해역을 차지하는 대규모의 바다
예 항구에서 대양을 누비는 큰 배를 보았다.

07 생성되다
사물이 생겨나다.
예 화재로 유독성 물질이 생성되었다.

08 습지
습기가 많은 축축한 땅
예 강변에는 습지가 있다.

09 영토
국제법에서, 국가의 통치권이 미치는 구역. 흔히 토지로 이루어진 국가의 영역을 이르나 영해와 영공을 포함하는 경우도 있다.
예 두 나라 간 영토 분쟁이 끝났다.

10 조성되다
❶ 무엇이 만들어져서 이루어지다.
예 우리 마을에 공원이 조성되었다.
❷ 분위기나 정세 따위가 만들어지다.
예 새로운 풍토가 조성되었다.

11 지형
땅의 생긴 모양이나 형세
예 그는 그곳의 지형을 잘 알고 있었다.

12 출현하다
나타나거나 또는 나타나서 보이다.
예 갑자기 비행기가 출현하였다.

13 탐사
알려지지 않은 사물이나 사실 따위를 샅샅이 더듬어 조사함.
예 그는 극지방 탐사를 떠났다.

14 해발
해수면으로부터 계산하여 잰 육지나 산의 높이
예 한라산의 높이는 해발 1,950미터이다.

[01-07] 다음 문장에 어울리는 어휘를 골라 ○표 하시오.

01 할아버지는 형들이 있는데도 (굳은 / 굳은) 일은 늘 나를 시키셨다.

02 이 산은 (지형 / 추세)이 험해서 등산을 하려면 철저히 준비해야 한다.

03 그는 석탄으로 화력 에너지가 (구성되는 / 생성되는) 과정을 설명하였다.

04 동생의 재롱으로 엄마와 아빠 사이에 화해의 (기류 / 주류)가 형성되었다.

05 바다에 해적선이 (출연하자 / 출현하자) 주위의 배들이 전속력으로 도망쳤다.

06 이 지역의 (강수 / 호수) 형태는 여름철에 집중 호우로 나타나는 경우가 많다.

07 밤새 내린 비로 캠핑을 하던 사람들이 (급류 / 지류)에 휩쓸려 허우적대고 있었다.

[08 - 14] 다음 빈칸에 들어갈 알맞은 어휘를 문맥에 맞게 넣으시오.

08 개구리는 물가나 ＿＿＿＿＿＿＿＿에서 서식한다.
습기가 많은 축축한 땅

09 이 식물은 ＿＿＿＿＿＿＿＿ 천 미터 이상의 높은 산에서 자란다.
해수면으로부터 계산하여 잰 육지나 산의 높이

10 섬에 살다가 ＿＿＿＿＿＿＿＿ 지역으로 이사를 오니 바다가 그립다.
바다에서 멀리 떨어져 있는 육지

11 역사적으로 전쟁은 ＿＿＿＿＿＿＿＿ 확장이나 종교 문제로 많이 일어났다.
국제법에서, 국가의 통치권이 미치는 구역

12 나의 꿈은 배를 타고 ＿＿＿＿＿＿＿＿을 누비며 전 세계를 여행하는 것이다.
세계의 해양 가운데에서 특히 넓은 해역을 차지하는 대규모의 바다

13 이번 화성 ＿＿＿＿＿＿＿＿의 목적은 화성에 생물체가 있는지 확인하는 것이다.
알려지지 않은 사물이나 사실 따위를 샅샅이 더듬어 조사함.

14 먼저 남녀노소 모두 평등하게 발언할 수 있는 사회적 여건이 ＿＿＿＿＿＿＿＿ 한다.
분위기나 정세 따위가 만들어져야

정답
01 굳은 02 지형 03 생성되는 04 기류 05 출현하자 06 강수 07 급류 08 습지
09 해발 10 내륙 11 영토 12 대양 13 탐사 14 조성되어야

보건·의료와 관련된 말

01 가누다
❶ 몸을 바른 자세로 가지다.
⑩ 아기는 아직 목을 가누지 못한다.

❷ 기운이나 정신, 숨결 따위를 가다듬어 차리다.
⑩ 너무 힘들어서 숨을 가누고 있었다.

02 거동
몸을 움직임. 또는 그런 짓이나 태도
⑩ 누나는 병이 들어 거동이 불편하다.

03 곪다
❶ 상처에 염증이 생겨 고름이 들게 되다.
⑩ 상처가 곪아서 고름이 났다.

❷ (비유적으로) 내부에 부패나 모순이 쌓이고 쌓여 터질 정도에 이르다.

04 덧나다
❶ 병이나 상처 따위를 잘못 다루어 상태가 더 나빠지다.
⑩ 습한 날씨에 상처가 덧나고 말았다.

❷ 노염이 일어나다.
⑩ 말 한 마디가 그의 마음을 덧나게 하였다.

05 섭취하다
생물체가 양분 따위를 몸속에 빨아들이다.
⑩ 필요한 영양분을 섭취하도록 하자.

06 순환
주기적으로 자꾸 되풀이하여 돎. 또는 그런 과정
⑩ 지구의 대기는 순환 과정을 거친다.

07 염증
생체 조직이 손상을 입었을 때에 체내에서 일어나는 방어적 반응. 예를 들어 외상이나 화상, 세균 침입 따위에 대하여 몸의 일부에 충혈, 부종, 발열, 통증을 일으키는 증상이다.
⑩ 세균 때문에 염증이 생겼다.

08 위생
건강에 유익하도록 조건을 갖추거나 대책을 세우는 일
⑩ 이 식당은 위생 검사를 통과하였다.

09 이식
❶ 식물 따위를 옮겨 심음. = 옮겨심기
⑩ 식목일에 묘목 이식 행사가 열렸다.

❷ 살아 있는 조직이나 장기를 생체로부터 떼어 내어, 같은 개체의 다른 부분 또는 다른 개체에 옮겨 붙이는 일

10 자각하다
현실을 판단하여 자기의 입장이나 능력 따위를 스스로 깨닫다.
⑩ 자신의 문제를 자각하는 과정이 필요하다.

11 증상
병을 앓을 때 나타나는 여러 가지 상태나 모양 = 증세
⑩ 그는 감기 증상이 심해 병원을 찾았다.

12 처방
❶ 병을 치료하기 위하여 증상에 따라 약을 짓는 방법
⑩ 의사가 처방을 내려 주었다.

❷ 일정한 문제를 처리하는 방법

13 치유
치료하여 병을 낫게 함.
⑩ 그는 병의 치유를 위해 휴가를 냈다.

14 후유증
어떤 병을 앓고 난 뒤에도 남아 있는 병적인 증상
⑩ 당뇨의 후유증으로 눈이 잘 안보인다.

[01-07] 다음 빈칸에 알맞은 말을 채워 어휘의 뜻풀이를 완성하시오.

01 이식: 식물 따위를 (   ) 심음.

02 거동: (   )을 움직임. 또는 그런 짓이나 태도

03 순환: 주기적으로 자꾸 (   ) 돎. 또는 그런 과정

04 증상: (   )을 앓을 때 타나나는 여러 가지 상태나 모양

05 덧나다: 병이나 상처 따위를 잘못 다루어 상태가 더 (   ).

06 후유증: 어떤 병을 앓고 난 뒤에도 남아 있는 병적인 (   )

07 처방: 병을 치료하기 위하여 증상에 따라 (   )을 짓는 방법

[08-14] 다음 문장에 어울리는 어휘를 골라 ○표 하시오.

08 수술 상처가 (곪지 / 낡지) 않도록 소독을 자주 해야 한다.

09 건강을 위해서 음식물을 골고루 (섭취해야 / 취득해야) 한다.

10 내시경 검사를 통해서 위에 (염증 / 자국)이 생긴 것을 알았다.

11 식중독 예방을 위하여 주방 (위생 / 순결)을 더욱 철저히 해야 한다.

12 전력 질주를 했더니 숨을 (가누기 / 겨루기) 힘들 만큼 가슴이 뛰었다.

13 도심을 떠나 자연 속에서 지내니 마음의 병이 (치유 / 진료)가 되었다.

14 동생은 자신의 잘못을 (관망하고 / 자각하고) 부모님께 용서를 빌었다.

정답
01 옮겨 02 몸 03 되풀이되어 04 병 05 나빠지다 06 증상 07 약 08 곪지
09 섭취해야 10 염증 11 위생 12 가누기 13 치유 14 자각하고

과학·기술과 관련된 말

01 감지하다
느끼어 알다.
예 온도 변화를 감지하는 장치이다.

02 고안하다
연구하여 새로운 안을 생각해 내다.
예 회사에서는 신제품을 고안하였다.

03 궤적
❶ 수레바퀴가 지나간 자국이라는 뜻으로, 물체가 움직이면서 남긴 움직임을 알 수 있는 자국이나 자취를 이르는 말
예 비행기가 날아간 궤적이 보였다.
❷ 어떠한 일을 이루어 온 과정이나 흔적
예 그의 성공의 궤적은 널리 알려졌다.

04 도출하다
판단이나 결론 따위를 이끌어 내다.
예 오랜 논의 끝에 결론을 도출하였다.

05 동력
❶ 전기 또는 자연에 있는 에너지를 쓰기 위하여 기계적인 에너지로 바꾼 것. 전력, 수력, 풍력 따위가 주요 동력원(動力源)이 된다.
예 기계에 동력을 공급하였다.
❷ 어떤 일을 발전시키고 밀고 나가는 힘
예 그의 성실함이 성공의 동력이다.

06 방출하다
❶ 비축하여 놓은 것을 내놓다.
예 한국은행이 시중에 자금을 방출하였다.
❷ 입자나 전자기파의 형태로 에너지를 내보내다.

07 배제하다
받아들이지 아니하고 물리쳐 제외하다.
예 이 실험의 실패 가능성을 배제해서는 안 된다.

08 오차
실지로 셈하거나 측정한 값과 이론적으로 정확한 값과의 차이
예 지난번 계산에서 오차가 발생하였다.

09 융합하다
다른 종류의 것이 녹아서 서로 구별이 없게 하나로 합하여지다. 또는 다른 종류의 것을 녹여서 서로 구별이 없게 하나로 합하다.
예 산소와 수소가 일정 비율로 융합하면 물이 된다.

10 제어하다
❶ 상대편을 억눌러서 제 마음대로 다루다.
예 상대편의 공격을 제어하였다.
❷ 기계나 설비 또는 화학 반응 따위가 목적에 알맞은 작용을 하도록 조절하다.

11 첨단
시대사조, 학문, 유행 따위의 맨 앞장
예 그 옷은 유행의 첨단을 보여 준다.

12 파장
❶ 파동에서, 같은 위상을 가진 서로 이웃한 두 점 사이의 거리
예 여러 과학자가 빛의 파동과 파장을 연구했다.
❷ 충격적인 일이 끼치는 영향 또는 그 영향이 미치는 정도나 동안을 비유적으로 이르는 말

13 혁신
묵은 풍속, 관습, 조직, 방법 따위를 완전히 바꾸어서 새롭게 함.
예 그 회사는 기술의 혁신으로 세계 최고의 기업이 되었다.

14 효율
들인 노력과 얻은 결과의 비율
예 이 기술은 에너지 효율을 높인다.

[01-07] 다음 빈칸에 알맞은 말을 채워 어휘의 뜻풀이를 완성하시오.

01 감지하다: (   ) 알다.

02 효율: 들인 노력과 얻은 결과의 (   )

03 배제하다: 받아들이지 아니하고 물리쳐 (   ).

04 동력: 어떤 일을 발전시키고 밀고 나가는 (   )

05 오차: 실제로 셈하거나 측정한 값과 이론적으로 정확한 값과의 (   )

06 혁신: 묵은 풍속, 관습, 조직, 방법 따위를 완전히 바꾸어서 (   ) 함.

07 융합하다: 다른 종류의 것이 녹아서 서로 (   )이 없게 하나로 합하여지다.

[08-14] 밑줄 친 어휘의 뜻으로 알맞은 것을 찾아 ○표 하시오.

08 그가 이 기계를 쉽게 만드는 방법을 <u>고안하였다</u>.
→ (연구하여 범위를 넓혔다 / 연구하여 새로운 안을 생각해 내었다)

09 이 사건은 사회적으로 크나큰 <u>파장</u>을 일으켰다.
→ (충격적인 일이 끼치는 영향 / 행위에 의해 드러나는 좋은 결과)

10 한국 무용의 <u>궤적</u>을 보여 주는 발표회가 열렸다.
→ (움직임을 알 수 있는 자국 / 일을 이루어 온 과정이나 흔적)

11 한옥을 짓는 데 과학 <u>첨단</u> 기술이 응용되어 건축 기간이 단축되었다.
→ (맨 끄트머리 / 학문의 맨 앞장)

12 극심한 가뭄으로 쌀 수확량이 줄어서 정부는 작년도 쌀을 <u>방출하였다</u>.
→ (나뉘어 나오게 하였다 / 비축하여 놓은 것을 내놓았다)

13 여러 차례의 회의를 통해 플라스틱 사용 규제 방안을 <u>도출할</u> 수 있었다.
→ (가치나 수준 따위를 평할 / 판단이나 결론을 이끌어 낼)

14 경기에서 이기기 위해서는 상대편의 공격을 <u>제어하는</u> 것이 가장 중요하다.
→ (상대편을 억눌러서 제 마음대로 다루는 / 일정한 한도를 넘지 못하게 막는)

정답 **01** 느끼어 **02** 비율 **03** 제외하다 **04** 힘 **05** 차이 **06** 새롭게 **07** 구별 **08** 연구하여 새로운 안을 생각해 내었다 **09** 충격적인 일이 끼치는 영향 **10** 일을 이루어 온 과정이나 흔적 **11** 학문의 맨 앞장 **12** 비축하여 놓은 것을 내놓았다 **13** 판단이나 결론을 이끌어 낼 **14** 상대편을 억눌러서 제 마음대로 다루는

예술과 관련된 말

01 감각적
감각을 자극하는. 또는 그런 것
(예) 여행지에서는 보이는 모든 것이 감각적이다.

02 감상하다
주로 예술 작품을 이해하여 즐기고 평가하다.
(예) 형은 음악을 감상하는 것이 취미이다.

03 관조하다
고요한 마음으로 사물이나 현상을 관찰하거나 비추어 보다.
(예) 그는 세상을 관조하는 마음으로 살기로 하였다.

04 구도
그림에서 모양, 색깔, 위치 따위의 짜임새
(예) 전체 구도를 잡은 후 스케치를 하였다.

05 구상하다
❶ 앞으로 이루려는 일에 대하여 그 일의 내용이나 규모, 실현 방법 따위를 어떻게 정할 것인지 이리저리 생각하다.
(예) 그들은 함께 새로운 사업을 구상하고 있다.
❷ 예술 작품을 창작할 때, 작품의 골자가 될 내용이나 표현 형식 따위에 대하여 생각을 정리하다.
(예) 그는 다음 소설을 구상하는 중이다.

06 기법
기교를 나타내는 방법
(예) 그의 그림은 새로운 기법으로 그려졌다.

07 색채
❶ 물체가 빛을 받을 때 빛의 파장에 따라 그 거죽에 나타나는 특유한 빛 = 빛깔
(예) 그 그림은 강렬한 색채로 표현되었다.
❷ 사물을 표현하거나 그것을 대하는 태도 따위에서 드러나는 일정한 경향이나 성질
(예) 그의 시에는 민족적인 색채가 드러나 있다.

08 생동감
생기 있게 살아 움직이는 듯한 느낌
(예) 이 그림은 생동감이 넘쳐 흐른다.

09 안목
사물을 보고 분별하는 견식
(예) 그는 예술에 대한 안목이 높은 사람이다.

10 열광하다
너무 기쁘거나 흥분하여 미친 듯이 날뛰다.
(예) 우리 반 대부분의 아이들이 그 가수에게 열광하고 있다.

11 입체적
❶ 삼차원의 공간적 부피를 가진 물체를 보는 것 같은 느낌을 주는 것
(예) 이 그림은 입체적인 느낌을 준다.
❷ 사물을 여러 각도에서 종합적으로 파악하는 것

12 전시하다
여러 가지 물품을 한곳에 벌여 놓고 보게 하다.
(예) 미술관에서 주요 문화재들을 전시하고 있다.

13 허구적
사실에 없는 일을 사실처럼 꾸며 만드는 성질을 띤 것
(예) 소설에는 허구적인 인물이 등장한다.

14 형상화하다
형체로는 분명히 나타나 있지 않은 것을 어떤 방법이나 매체를 통하여 구체적이고 명확한 형상으로 나타내다. 특히 어떤 소재를 예술적으로 재창조하는 일을 이른다.
(예) 그는 슬픔을 시로 형상화하였다.

[01-07] 다음 문장에 어울리는 어휘를 골라 ○표 하시오.

01 이번에는 종교적 (색채 / 식별)에서 벗어난 작품들을 출품하였다.

02 경기 시작 전에 선수들이 인사를 하자 관객들은 (떨쳤다 / 열광하였다).

03 이 노래는 삶을 (공경하는 / 관조하는) 한 남자의 마음을 표현하고 있다.

04 이 그림은 친구에 대한 그리움을 시각적으로 (발휘한 / 형상화한) 것이다.

05 환경 보호를 위해 플라스틱 사용을 줄이는 방안을 (구상하고 / 건축하고) 있다.

06 환경의 날을 맞아 재활용품을 이용한 작품들을 (전시하기로 / 폐기하기로) 하였다.

07 사람들은 소설 속의 (노골적인 / 허구적인) 인물을 실제의 인물로 생각하기도 한다.

[08 - 14] 다음 빈칸에 들어갈 알맞은 어휘를 문맥에 맞게 넣으시오.

08 사계절 중에서 봄은 가장 ______________이 넘치는 계절이다.
생기 있게 살아 움직이는 듯한 느낌

09 이 영화는 독특한 촬영 ______________ 사람들에게 관심을 받았다.
기교를 나타내는 방법으로

10 이 회사 제품들은 ______________ 디자인으로 학생들에게 잘 팔린다.
감각을 자극하는 것인

11 그는 젊은 나이지만 누구보다 도자기에 대한 ______________이 높다.
사물을 보고 분별하는 견식

12 우리 가족은 일몰을 ______________ 위해 해질 무렵에 서해안에 자주 간다.
주로 예술 작품을 이해하여 즐기고 평가하기

13 같은 꽃병이라도 ______________를 어떻게 잡느냐에 따라 그림이 달라진다.
그림에서 모양, 색깔, 위치 따위의 짜임새

14 현재의 의료 체계의 붕괴 위기를 ______________ 살펴보고 해결책을 마련해 보자.
사물을 여러 각도에서 종합적으로 파악하는 것으로

정답 **01** 색채 **02** 열광하였다 **03** 관조하는 **04** 형상화한 **05** 구상하고 **06** 전시하기로 **07** 허구적인
08 생동감 **09** 기법으로 **10** 감각적인 **11** 안목 **12** 감상하기 **13** 구도 **14** 입체적으로

환경과 관련된 말

01 개선하다
잘못된 것이나 부족한 것, 나쁜 것 따위를 고쳐 더 좋게 만들다.
예 그는 업무 환경을 개선하자고 주장하였다.

02 공해
산업이나 교통의 발달에 따라 사람이나 생물이 입게 되는 여러 가지 피해. 자동차의 매연, 공장의 폐수, 여러 종류의 쓰레기 따위로 인하여 공기와 물이 더럽혀지고 자연환경이 파괴되는 문제 따위를 이른다.
예 그 도시는 각종 공해로 인한 문제가 심각하다.

03 녹지
❶ 천연적으로 풀이나 나무가 우거진 곳
예 그 산은 크지 않지만 녹지가 풍성하였다.
❷ 도시의 자연환경 보전과 공해 방지를 위하여 풀이나 나무를 일부러 심은 곳

04 방지하다
어떤 일이나 현상이 일어나지 못하게 막다.
예 그는 실수를 방지하기 위해 대비하였다.

05 보수하다
건물이나 시설 따위의 낡거나 부서진 것을 손보아 고치다.
예 그 댐을 보수해야 한다는 의견이 있다.

06 분해하다
여러 부분이 결합되어 이루어진 것을 그 낱낱으로 나누다.
예 컴퓨터를 분해해야 고칠 수 있다.

07 생태계
어느 환경 안에서 사는 생물군과 그 생물들을 제어하는 제반 요인을 포함한 복합 체계
예 자연 생태계를 지켜야 한다.

08 오염
더럽게 물듦. 또는 더럽게 물들게 함.
예 그 지역은 환경 오염이 심각하다.

09 유출하다
❶ 밖으로 흘려 내보내다.
❷ 귀중한 물품, 정보 등을 불법적으로 나라나 조직의 밖으로 내보내다.
예 그는 중요한 정보를 유출하여 재판을 받고 있다.

10 재생
❶ 죽게 되었다가 다시 살아남.
예 그는 병이 심해져 재생의 희망을 잃었다.
❷ 낡거나 못 쓰게 된 물건을 가공하여 다시 쓰게 함.
예 그 사무실에서는 재생 용지를 사용한다.

11 터전
❶ 집터가 되는 땅
예 그는 집을 세울 터전을 살펴보았다.
❷ 살림의 근거지가 되는 곳
예 지구는 우리 모두의 삶의 터전이다.

12 폐기하다
❶ 못 쓰게 된 것을 버리다.
예 쓰레기는 분리수거 후 폐기해야 한다.
❷ 조약, 법령, 약속 따위를 무효로 하다.
예 그는 두 나라 간 조약을 폐기한다고 알렸다.

13 해일
해저의 지각 변동이나 해상의 기상 변화에 의하여 갑자기 바닷물이 크게 일어서 육지로 넘쳐 들어오는 것. 또는 그런 현상
예 태풍으로 해안에 해일이 밀어닥쳤다.

[01-07] 다음 문장에 어울리는 어휘를 골라 ○표 하시오.

01 홍수로 부서진 집을 (보수하여 / 보호하여) 새 집처럼 꾸몄다.

02 지구 온난화로 인해 자연 (생태계 / 우주계)가 점점 파괴되고 있다.

03 지난 협약을 (폐기하고 / 후퇴하고) 새롭게 협상을 하자고 제안하였다.

04 아버지의 취미는 자전거를 (분해하고 / 분석하고) 새롭게 조립하는 것이다.

05 지진이 나자 사람들이 피하기도 전에 (해일 / 해상)이 일어나 마을을 덮쳤다.

06 여러 가지 (공해 / 유산) 때문에 멸종 위기에 처한 자연 생물이 증가하고 있다.

07 아이들이 자유롭게 수업에 참여할 수 있도록 교육 환경을 (개선해야 / 개장해야) 한다.

[08 - 13] 밑줄 친 어휘의 뜻으로 알맞은 것을 찾아 ○표 하시오.

08 이번 태풍 피해로 사람들이 삶의 <u>터전</u>을 잃었다.
→ (살림의 근거지가 되는 곳 / 어떤 일의 가장 중요한 조건)

09 개인 정보를 <u>유출하는</u> 것을 법으로 금지하고 있다.
→ (여러 가지 정보를 찾아 모으는 / 정보를 불법적으로 밖으로 내보내는)

10 하천에 폐수를 방류하여 상수원의 <u>오염</u>이 심각하다.
→ (더럽게 물듦. / 잘못 사용함.)

11 자치 단체들이 도심에 <u>녹지</u>를 조성하고자 노력하고 있다.
→ (풀이나 나무를 일부러 심은 곳 / 땅이 우묵하게 들어가 물이 괴어 있는 곳)

12 종이컵은 <u>재생</u>이 가능하지만 일회용품이므로 사용을 줄여야 한다.
→ (아직까지 없던 물건을 새로 만들어 냄. / 낡거나 못 쓰게 된 물건을 가공하여 다시 쓰게 함.)

13 이 공원은 안전사고를 <u>방지하기</u> 위해 시설을 주기적으로 점검하고 있다.
→ (외부의 침략이나 공격을 막기 / 어떤 일이나 현상이 일어나지 못하게 막기)

정답
01 보수하여 **02** 생태계 **03** 폐기하고 **04** 분해하고 **05** 해일 **06** 공해 **07** 개선해야 **08** 살림의 근거지가 되는 곳 **09** 정보를 불법적으로 밖으로 내보내는 **10** 더럽게 물듦. **11** 풀이나 나무를 일부러 심은 곳 **12** 낡거나 못 쓰게 된 물건을 가공하여 다시 쓰게 함. **13** 어떤 일이나 현상이 일어나지 못하게 막기

문화와 관련된 말

01 고유하다
본래부터 가지고 있어 특유하다.
예 우리의 고유한 전통문화를 알아보자.

02 공동체
생활이나 행동 또는 목적 따위를 같이하는 집단
예 공동체 사회를 향해 나아가야 한다.

03 교류하다
❶ 근원이 다른 물줄기가 서로 섞이어 흐르다.
예 여러 냇물이 강에서 교류한다.
❷ 문화나 사상 따위를 서로 통하게 하다.
예 국가 간에 문화를 교류하는 일이 늘어나고 있다.

04 기리다
뛰어난 업적이나 바람직한 정신, 위대한 사람 따위를 칭찬하고 기억하다.
예 오늘은 조상의 뜻을 기리는 날이다.

05 기호
즐기고 좋아함.
예 그는 기호에 맞는 음식을 찾았다.

06 답사하다
현장에 가서 직접 보고 조사하다.
예 그는 신라의 유적지를 답사하고 왔다.

07 대목
❶ 설이나 추석 따위의 명절을 앞두고 경기(景氣)가 가장 활발한 시기
예 그는 명절 대목을 기대하고 있다.
❷ 일의 어떤 특정한 부분이나 대상
예 이 부분이 중요한 대목이다.

08 도굴하다
법적 수속이나 관리자의 승낙을 받지 않고 고분 따위를 파거나 광물을 캐내다.
예 땅속에 묻혀 있는 보물을 도굴하였다.

09 보존하다
잘 보호하고 간수하여 남기다.
예 우리 전통문화를 보존해야 한다.

10 양식
❶ 일정한 모양이나 형식
예 그는 이력서를 양식에 맞게 작성했다.
❷ 오랜 시간이 지나면서 자연히 정하여진 방식
❸ 시대나 부류에 따라 각기 독특하게 지니는 문학, 예술 따위의 형식
예 그 절의 건축 양식은 독특했다.

11 유산
❶ 죽은 사람이 남겨 놓은 재산
예 그는 부모의 유산을 탕진했다.
❷ 앞 세대가 물려준 사물 또는 문화
예 훌륭한 문화 유산은 기억해야 한다.

12 이색적
보통의 것과 색다른 성질을 지닌 것. 또는 그런 것
예 해외여행에서 본 풍경은 매우 이색적이다.

13 전환하다
다른 방향이나 상태로 바꾸다.
예 그 사건은 역사의 방향을 전환하였다.

14 풍류
멋스럽고 풍치가 있는 일. 또는 그렇게 노는 일
예 이 그림을 통해 조상들의 풍류를 알 수 있다.

[01-08] 다음 빈칸에 알맞은 말을 채워 어휘의 뜻풀이를 완성하시오.

01 기호: 즐기고 (　　　　　).

02 양식: 일정한 (　　　　　)이나 형식

03 유산: 죽은 사람이 남겨 놓은 (　　　　　)

04 이색적: 보통의 것과는 (　　　　　) 성질을 지닌 것

05 공동체: 생활이나 행동 또는 목적 따위를 (　　　　　) 집단

06 풍류: 멋스럽고 (　　　　　)가 있는 일. 또는 그렇게 노는 일

07 대목: 설이나 추석 따위의 명절을 앞두고 경기가 가장 (　　　　　) 시기

08 도굴하다: 법적 구속이나 관리자의 승낙을 받지 않고 (　　　　　) 따위를 파거나 광물을 캐내다.

[09 - 14] 빈칸에 들어갈 알맞은 어휘를 문맥에 맞게 넣으시오.

09 한복은 우리 민족의 ＿＿＿＿＿＿＿ 의상이다.
본래부터 가지고 있어 특유한

10 동해는 한류와 난류가 ＿＿＿＿＿＿＿ 어족 자원이 풍부하다.
근원이 다른 물줄기가 서로 섞이어 흘러

11 우리는 가을에 갈 수련회 장소를 주말에 ＿＿＿＿＿＿＿ 약속하였다.
현장에 가서 직접 보고 조사하기로

12 이 증거는 이번 사건의 수사 방향을 ＿＿＿＿＿＿＿ 결정적 계기가 되었다.
다른 방향이나 상태로 바꾸는

13 역사적 가치가 높은 이 건축물을 원형 그대로 ＿＿＿＿＿＿＿ 방법을 찾고 있다.
잘 보호하고 간수하여 남기는

14 우리 마을에서는 이순신 장군의 업적과 정신을 ＿＿＿＿＿＿＿ 위해 동상을 세웠다.
뛰어난 업적이나 바람직한 정신, 위대한 사람 따위를 칭찬하고 기억하기

정답　01 좋아함　02 모양　03 재산　04 색다른　05 같이하는　06 풍치　07 활발한　08 고분　09 고유한　10 교류하여　11 답사하기로　12 전환하는　13 보존하는　14 기리기

대상을 가리키는 말

01 난리
- ❶ 전쟁이나 병란(兵亂)
  - 예 대립하던 두 나라 사이에 결국 난리가 나고 말았다.
- ❷ 분쟁, 재해 따위로 세상이 소란하고 질서가 어지러워진 상태
  - 예 홍수로 인해 저지대에 난리가 났다.

02 눈시울
- 눈언저리의 속눈썹이 난 곳
  - 예 슬픈 이야기를 듣고 나도 모르게 눈시울이 붉어졌다.

03 덩굴
- 길게 뻗어 나가면서 다른 물건을 감기도 하고 땅바닥에 퍼지기도 하는 식물의 줄기 ≒ 넝쿨
  - 예 덩굴 사이로 수박이 탐스럽게 열려 있다.

04 만물
- 세상에 있는 모든 것
  - 예 만물에는 저마다의 질서가 있다.

05 생채기
- 손톱 따위로 할퀴거나 긁히어서 생긴 작은 상처
  - 예 생채기에서 피가 나자 놀란 동생은 울음을 터뜨렸다.

06 쑥대밭
- ❶ 쑥이 무성하게 우거져 있는 거친 땅
  - 예 할머니가 쑥대밭에서 쑥을 잔뜩 캐 오셨다.
- ❷ 매우 어지럽거나 못 쓰게 된 모양을 비유적으로 이르는 말
  - 예 친구들이 다녀간 후 내 방은 쑥대밭이 되었다.

07 수평선
- ❶ 물과 하늘이 맞닿아 경계를 이루는 선
  - 예 수평선 너머로 작은 섬 하나가 보였다.
- ❷ [수학] 수평면 위에 있는 직선
  - 예 직각이 되게 수평선을 그었다.

08 애호가
- 어떤 사물을 사랑하고 좋아하는 사람
  - 예 할아버지는 바둑 애호가이시다.

09 오금
- ❶ 무릎의 구부러지는 오목한 안쪽 부분
  - 예 오금을 펴고 편안하게 앉았더니 다리가 저리지 않았다.
- ❷ 아래팔과 위팔을 이어 주는 뼈마디의 안쪽 부분
  - 예 구부렸던 팔을 폈더니 오금이 당겼다.

10 우레
- 뇌성과 번개를 동반하는 대기 중의 방전 현상 = 천둥
  - 예 번개가 보이더니 곧 우레가 쳤다.

11 이물질
- 정상적이 아닌 다른 물질
  - 예 신발 속에서 이물질의 감촉을 느꼈다.

12 청과물
- 신선한 과일과 채소를 통틀어 이르는 말
  - 예 그는 시장에서 청과물 장사를 하고 있다.

[01-06] 밑줄 친 어휘의 뜻으로 알맞은 것을 찾아 ○표 하시오.

01 봄은 <u>만물</u>이 소생하는 설레는 계절이다.
→ (세상에 있는 모든 것 / 세상에서 가장 가치 있는 것)

02 동물 <u>애호가</u>들은 동물 실험의 윤리적 문제에 대해 피력했다.
→ (어떤 사물을 사랑하고 좋아하는 사람 / 어떤 사물의 필요성을 주장하는 사람)

03 학교 담벼락의 무성해진 <u>덩굴</u>을 보니 세월의 흐름을 짐작할 수 있었다.
→ (길게 뻗어 나가는 식물의 뿌리 / 길게 뻗어 나가는 식물의 줄기)

04 엄마는 아이 얼굴에 작은 <u>생채기</u>라도 날까 애지중지하며 아이를 돌봤다.
→ (상처가 아물고 남은 자국 / 할퀴이거나 긁히어서 생긴 작은 상처)

05 지난날 어머니께서 겪으셨을 외로움을 생각하니 <u>눈시울</u>이 뜨거워졌다.
→ (눈언저리의 속눈썹이 난 곳 / 눈알 앞쪽의 도톰한 곳. 또는 눈동자가 있는 곳)

06 하늘이 붉게 물드는가 싶더니 <u>수평선</u> 너머로 태양이 떠오르는 모습이 보였다.
→ (땅과 하늘이 맞닿아 경계를 이루는 선 / 물과 하늘이 맞닿아 경계를 이루는 선)

[07 - 12] 다음 문장에 어울리는 어휘를 골라 ○표 하시오.

07 컵라면에서 나온 (이간질 / 이물질)은 포장용 비닐로 밝혀졌다.

08 연설이 끝나자 관객들은 (우레 / 태풍)와 같은 박수갈채를 보냈다.

09 과일과 야채 등의 (공산품 / 청과물)은 신선도가 상품의 질을 결정한다.

10 농사일이 서툰 아버지는 밭을 (쑥대밭 / 쑥대머리)으로 만들고 말았다.

11 그는 큰 (난리 / 난류)를 겪은 사람이라는 게 믿어지지 않을 만큼 의연했다.

12 나이가 들면 관절과 근육이 약해져서 (신금 / 오금)이 굽고 다리가 휘기 쉽다.

시간·장소와 관련된 말

01 겨를

어떤 일을 하다가 생각 따위를 다른 데로 돌릴 수 있는 시간적인 여유
예 농번기에는 잠시도 쉴 겨를이 없을 만큼 바쁘다.

02 곶

바다 쪽으로, 부리 모양으로 뾰족하게 뻗은 육지 = 갑
예 바다로 뻗은 곶 끄트머리에 누군가 서 있었다.

03 글피

모레의 다음 날
예 글피까지 사흘의 시간을 더 드리겠습니다.

04 금세

지금 바로. '금시에'가 줄어든 말로 구어체에서 많이 사용된다.
예 약을 먹은 효과가 금세 나타났다.

05 둔치

❶ 물가의 언덕
예 한강 둔치는 도심 속 쉼터로 자리매김하였다.

❷ 강, 호수 따위의 물이 있는 곳의 가장자리
예 햇볕이 뜨거운 오후에는 호수 둔치에서 더위를 피했다.

06 모퉁이

❶ 구부러지거나 꺾어져 돌아간 자리
예 모퉁이에서 자전거가 갑자기 튀어나오는 바람에 급정차했다.

❷ 변두리나 구석진 곳
예 방의 한쪽 모퉁이에 먼지가 쌓여 있다.

07 사흘

❶ 세 날
예 축제는 사흘 동안 계속되었다.

❷ 매달 초하룻날부터 헤아려 셋째 되는 날 = 초사흗날
예 누나는 이월 사흘에 아이를 낳았다.

08 서가

문서나 책 따위를 얹어 두거나 꽂아 두도록 만든 선반
예 다 읽은 책은 서가에 꽂아 두어야 한다.

09 어스름

조금 어둑한 상태. 또는 그런 때
예 동지가 되니 일찍부터 저녁 어스름이 깔려 왔다.

10 여울

강이나 바다 따위의 바닥이 얕거나 폭이 좁아 물살이 세게 흐르는 곳
예 여울에 징검다리가 놓여 있었다.

11 입때

지금까지. 또는 아직까지.
예 나만 그 사실을 입때 모르고 있었다.

12 해껏

해가 질 때까지
예 아이들은 해껏 놀다가 삼삼오오 집으로 돌아갔다.

13 허공

텅 빈 공중
예 아무 말 없이 허공만 바라보았다.

14 환절기

철이 바뀌는 시기
예 환절기에는 일교차가 커서 감기에 걸리기 쉽다.

[01 - 08] 빈칸에 들어갈 알맞은 어휘를 문맥에 맞게 넣으시오.

01 대체 공휴일이 지정되면서 _______________ 동안의 휴가가 생겼다.
세 날

02 한강 _______________는 운동을 하러 나온 시민들로 늘 붐빈다.
물가의 언덕

03 할아버지의 _______________는 언제나 질서 정연하게 정돈되어 있다.
문서나 책 따위를 얹어 두거나 꽂아 두도록 만든 선반

04 개학이 코앞인데 _______________ 방학 숙제를 하지 않아 엄마의 핀잔을 들었다.
지금까지. 또는 아직까지

05 새벽 _______________을 뚫고 첫차를 타며 하루를 시작하는 부지런한 사람들이 있다.
조금 어둑한 상태. 또는 그런 때

06 원서 마감일이 _______________로 다가왔지만 나는 아직도 마음을 정하지 못하였다.
모레의 다음 날

07 좁은 길 _______________를 돌자 알록달록한 벽화로 장식된 마을이 한눈에 들어왔다.
구부러지거나 꺾어져 돌아간 자리

08 동생은 _______________ 놀다가 들어왔는데도 기운이 남는지 온 집 안을 이리저리 뛰어다녔다. 해가 질 때까지

[09 - 14] 다음 빈칸에 알맞은 말을 채워 어휘의 뜻풀이를 완성하시오.

09 금세: 지금 (   )

10 허공: 텅 (   ) 공중

11 환절기: 철이 (   ) 시기

12 곶: (   ) 쪽으로, 부리 모양으로 뾰족하게 뻗은 육지

13 겨를: 생각 따위를 다를 데로 돌릴 수 있는 시간적인 (   )

14 여울: 강이나 바다 따위의 바닥이 얕거나 폭이 좁아 물살이 (   ) 흐르는 곳

정답 01 사흘 02 둔치 03 서가 04 입때 05 어스름 06 글피 07 모퉁이 08 해껏
09 바로 10 빈 11 바뀌는 12 바다 13 여유 14 세게

감정·상태와 관련된 말

01 각박하다
❶ 인정이 없고 삭막하다.
예 세상인심이 날이 갈수록 각박하다.
❷ 땅이 거칠고 기름지지 아니하다.
예 농부들의 정성으로 각박한 땅이 비옥하게 바뀌었다.

02 달갑다
거리낌이나 불만이 없어 마음이 흡족하다.
예 오늘따라 동생의 장난이 달갑지 않았다.

03 대수롭다
중요하게 여길 만하다.
예 여행에서 비를 만나는 것은 대수로운 일이 아니다.

04 덧없다
❶ 알지 못하는 가운데 지나가는 시간이 매우 빠르다.
예 그 오랜 시간이 참으로 덧없다.
❷ 보람이나 쓸모가 없어 헛되고 허전하다.

05 명료하다
뚜렷하고 분명하다.
예 그의 말뜻이 무척 명료하였다.

06 무료하다
흥미 있는 일이 없어 심심하고 지루하다.
예 텔레비전을 보아도 무료하기 그지없었다.

07 버금가다
으뜸의 바로 아래가 되다.
예 동생의 축구 실력은 형에 버금간다.

08 생소하다
어떤 대상이 친숙하지 못하고 낯이 설다.
예 처음 가 본 곳이라 무척 생소하였다.

09 아랑곳하다
일에 나서서 참견하거나 관심을 두다.
예 언니는 내 기분을 아랑곳하지 않는 것 같다.

10 애먹다
속이 상할 정도로 어려움을 겪다.
예 겁이 많고 운동 신경도 둔한 내가 자전거를 배우느라 애먹었다.

11 야멸차다
❶ 자기만 생각하고 남의 사정을 돌볼 마음이 거의 없다.
예 우리만 남기고 가다니 정말 야멸차다.
❷ 태도가 차고 야무지다.
예 그는 야멸차게 따지고 들었다.

12 여의다
❶ 부모나 사랑하는 사람이 죽어서 이별하다.
예 그는 일찍 부모를 여의고 고아로 자랐다.
❷ 딸을 시집보내다.
예 부부는 지난주에 둘째 딸을 여의었다.

13 열없다
좀 겸연쩍고 부끄럽다.
예 많은 사람들 앞에서 발표하는 것이 열없어서 목소리가 떨렸다.

14 해쓱하다
얼굴에 핏기나 생기가 없어 파리하다.
예 감기를 앓고 나자 얼굴이 해쓱하다.

[01-08] 다음 문장에 어울리는 어휘를 골라 ○표 하시오.

01 동생이 며칠 동안 장염을 앓더니 얼굴이 (해쓱해졌다 / 말쑥해졌다).

02 예로부터 삼복더위에 찾아오는 손님은 (달갑지 / 달래지) 않은 법이다.

03 무뚝뚝한 아버지가 어머니께 꽃다발을 들이밀며 (열없게 / 열쌔게) 웃으셨다.

04 온라인상에서 활동하는 AI 모델의 인기가 유명 아이돌에 (버금간다 / 으뜸이다).

05 일인 가구가 증가하고 개인주의가 심화되어 날로 (각별한 / 각박한) 세상이 되어 간다.

06 종합 병원은 대기 시간이 길기 때문에 (무료함 / 무고함)을 달래기 위해 책을 가져왔다.

07 아나운서는 전달력이 좋아야 하므로 발음을 (명료하게 / 명예롭게) 하는 것이 중요하다.

08 일부 고령층 인구는 키오스크 사용이 (생소하여 / 신선하여) 무인 편의점 이용을 꺼린다.

[09 - 14] 밑줄 친 어휘의 뜻으로 알맞은 것을 찾아 ○표 하시오.

09 남은 음식을 몽땅 먹어 치우다니 정말 <u>야멸차기</u> 짝이 없다.
→ (남의 사정을 돌볼 마음이 거의 없는 / 남의 사정을 돌볼 마음이 가득한)

10 나는 시간 약속을 <u>대수롭지</u> 않게 여기는 그의 태도가 불만이다.
→ (사소하게 여길 만하지 / 중요하게 여길 만하지)

11 우리의 주장이 끝끝내 묵살되자 그간의 노력이 <u>덧없게</u> 느껴졌다.
→ (참되고 진실하게 / 헛되고 허전하게)

12 그녀는 주위의 따가운 시선에도 <u>아랑곳하지</u> 않고 도도하게 걸었다.
→ (지시하거나 트집을 잡지 / 참견하거나 관심을 두지)

13 귀하게 키운 딸을 <u>여의는</u> 부모님의 마음에는 기쁨과 아쉬움이 공존한다.
→ (독립시키는 / 시집보내는)

14 기계를 다루는 것에 영 소질이 없는 그가 고장 난 카메라를 고치느라 <u>애먹는</u> 중이다.
→ (속이 상할 정도로 어려움을 겪는 / 기분이 후련할 정도로 자신감이 넘치는)

성격·태도와 관련된 말

01 객쩍다
행동이나 말, 생각이 쓸데없고 싱겁다.
예 그런 객쩍은 소리는 그만두어라.

02 경청하다
귀를 기울여 듣다.
예 원활한 대화를 위해서는 상대의 말을 경청해야 한다.

03 괴팍하다
붙임성이 없이 까다롭고 별나다.
예 그 노부부는 성미가 둘 다 괴팍하였다.

04 낙천적
세상과 인생을 즐겁고 좋은 것으로 여기는 것
예 그 가족은 세상을 낙천적으로 바라보았다.

05 내성적
겉으로 드러내지 아니하고 마음속으로만 생각하는 것
예 그는 내성적이고 낯을 많이 가리는 성격이다.

06 느물거리다
말이나 행동을 자꾸 능글맞게 하다.
예 그녀는 그의 느물거리는 태도가 몹시 불쾌했다.

07 담박하다
❶ 욕심이 없고 마음이 깨끗하다. = 담백하다
예 그는 성격이 소탈하고 담박하였다.
❷ 음식이 느끼하지 않고 산뜻하다. = 담백하다
예 맑은 국은 담박하게 끓여야 한다.

08 미욱하다
하는 짓이나 됨됨이가 매우 어리석고 미련하다.
예 그는 어려서부터 미욱한 성품 때문에 주위의 빈축을 샀다.

09 박절하다
❶ 인정이 없고 쌀쌀하다.
예 놀부는 흥부를 박절하게 쫓아내었다.
❷ 일이 바싹 닥쳐서 매우 급하다. = 다급하다

10 생경하다
❶ 세상 물정에 어둡고 완고하다.
예 그는 시대의 변화를 모르는 채 생경한 태도로 살아갔다.
❷ 익숙하지 않아 어색하다.
예 처음 접한 남미의 음식은 생경하였지만 맛이 좋았다.

11 어정거리다
키가 큰 사람이나 짐승이 이리저리 천천히 걷다.
예 하는 일 없이 어정거리며 빈둥대는 그를 보니 화가 치밀었다.

12 웅숭깊다
❶ 생각이나 뜻이 크고 넓다.
예 스승님은 마음씨가 웅숭깊었다.
❷ 사물이 되바라지지 아니하고 깊숙하다.
예 설악산 계곡은 아주 웅숭깊었다.

13 진득하다
❶ 성질이나 행동이 검질기게 끈기가 있다.
예 학생들은 선생님이 오실 때까지 진득하게 앉아 있었다.
❷ 잘 끊어지지 아니할 정도로 눅진하고 차지다.

14 패기
어떤 어려운 일이라도 해내려는 굳센 기상이나 정신
예 선수들의 얼굴에는 패기가 넘쳤다.

[01-07] 빈칸에 들어갈 알맞은 어휘를 문맥에 맞게 넣으시오.

01 젊음과 _______________로 무장한 청춘들에게는 무한한 가능성이 있다.
　어떤 어려운 일이라도 해내려는 굳센 기상이나 정신

02 그녀는 _______________인 성격 덕분에 스트레스를 많이 받지 않는다.
　세상과 인생을 즐겁고 좋은 것으로 여기는 것

03 책상에 앉았으면 최소한 30분은 _______________ 책을 보아야 하지 않겠니?
　　　　　　　성질이나 행동이 검질기게 끈기가 있게

04 _______________인 성격의 유진이가 연예인이 될 거라고는 아무도 생각하지 못했다.
　겉으로 드러내지 아니하고 마음속으로만 생각하는 것

05 미주는 화려한 보석으로 치장한 자신의 모습이 _______________ 눈이 휘둥그레졌다.
　　　　　　　익숙하지 않아 어색하여

06 그는 모든 사람의 말을 _______________ 때문에 주변 사람들에게 평판이 좋다.
　　　　　　　귀를 기울여 듣기

07 재료 본연의 맛을 살려 _______________ 조리한 음식은 영양가도 풍부하고 깊은 맛이
있다.　　　　　음식이 느끼하지 않고 산뜻하게

[08 - 14] 다음 빈칸에 알맞은 말을 채워 어휘의 뜻풀이를 완성하시오.

08 박절하다: (　　　　　)이 없고 쌀쌀하다.

09 웅숭깊다: 생각이나 뜻이 (　　　　　) 넓다.

10 괴팍하다: 붙임성이 없이 까다롭고 (　　　　　).

11 객쩍다: 행동이나 말, 생각이 (　　　　　) 싱겁다.

12 느물거리다: 말이나 행동을 자꾸 (　　　　　) 하다.

13 미욱하다: 하는 짓이나 됨됨이가 매우 어리석고 (　　　　　).

14 어정거리다: 키가 큰 사람이나 짐승이 이리저리 천천히 (　　　　　).

정답
01 패기　02 낙천적　03 진득하게　04 내성적　05 생경하여　06 경청하기　07 담백하게
08 인정　09 크고　10 별나다　11 쑥스럽고　12 되풀이하게　13 미련하다　14 걷다

행동을 나타내는 말

01 거스르다

❶ 일이 돌아가는 상황이나 흐름과 반대되거나 어긋나는 태도를 취하다.
⑩ 시대를 거스르는 복고풍의 문화와 감정이 인기를 끌고 있다.

❷ 남의 말이나 가르침, 명령 따위와 어긋나는 태도를 취하다.

02 건사하다

❶ 제게 딸린 것을 잘 보살피고 돌보다.
⑩ 그들은 아이들을 잘 건사하였다.

❷ 물건을 잘 거두어 보호하다.

03 기승부리다

❶ 성미가 억척스럽고 굳세어 좀처럼 굽히려고 하지 않다.

❷ 기운이나 힘 따위가 성해서 좀처럼 누그러들지 않다.
⑩ 무더위가 기승부리고 있습니다.

04 눙치다

❶ 마음 따위를 풀어 누그러지게 하다.
⑩ 아이의 해맑은 웃음은 그 어떤 슬픔과 분노도 눙치는 힘이 있다.

❷ 어떤 행동이나 말 따위를 문제 삼지 않고 넘기다.
⑩ 지금까지 한 말을 그냥 눙치고 넘어가려고?

05 동조하다

남의 주장에 자기의 의견을 일치시키거나 보조를 맞추다.
⑩ 제 의견에 동조하시는 분은 손을 들어 주십시오.

06 동하다

어떤 욕구나 감정 또는 기운이 일어나다.
⑩ 감기가 낫자 입맛이 동하였다.

07 우회하다

곧바로 가지 않고 멀리 돌아서 가다.
⑩ 퇴근 시간이니 막히지 않는 길로 우회해서 가자.

08 유발하다

어떤 것이 다른 일을 일어나게 하다.
⑩ 흡연은 폐암을 비롯한 각종 질병을 유발한다.

09 일구다

❶ 논밭을 만들기 위하여 땅을 파서 일으키다.
⑩ 농부는 농사지을 땅을 힘겹게 일구었다.

❷ 현상이나 일 따위를 일으키다.
⑩ 삼일 운동은 우리 민족의 가슴에 독립의 열망을 일구었다.

10 저지레

일이나 물건에 문제가 생기게 만들어 그르치는 일
⑩ 그는 어릴 때 온갖 저지레를 다 치고 다니는 사고뭉치였다.

11 종종거리다

발걸음을 가까이 자주 떼며 계속 빨리 걷다.
⑩ 그는 식사 준비를 위해 집 안에서 바쁘게 종종거렸다.

12 파하다

어떤 일을 마치거나 그만두다.
⑩ 학교가 파하고 친구들과 공원에서 축구를 했다.

13 포효하다

❶ 사나운 짐승이 울부짖다.
⑩ 어디선가 산짐승이 포효하는 소리가 들려왔다.

❷ 사람, 기계, 자연물 따위가 세고 거칠게 소리를 내다.

14 해소하다

❶ 어려운 일이나 문제가 되는 상태를 해결하여 없애 버리다.
⑩ 저출산 문제를 해소하기 위한 실효성 있는 정책이 필요하다.

❷ 어떤 관계를 풀어서 없애 버리다.

[01-07] 밑줄 친 어휘의 뜻으로 알맞은 것을 찾아 ○표 하시오.

01 이번 일은 특별히 <u>눙치고</u> 넘어가 줄 테니 다음부터는 조심하여라.
→ (문제 삼지 않고 넘기다. / 모르는 척 시치미를 떼다.)

02 이번 태풍에 일 년 동안 공들여 <u>일구었던</u> 주말 농장이 피해를 입었다.
→ (논밭을 만들려고 땅을 파서 일으키다. / 논밭을 만들려고 땅을 장만하다.)

03 자기 물건 하나도 제대로 <u>건사하지</u> 못하고 덤벙대는 성격은 고치도록 해라.
→ (물건을 잘 관리하여 오래 사용하다. / 물건을 잘 거두어 보호하다.)

04 세 살배기 사촌동생이 놀러와 <u>저지레</u>를 하는 바람에 내 방이 엉망이 되었다.
→ (문제가 생기게 만들어 그르치는 일 / 문제가 생기게 만들었다가 해결하는 일)

05 이번에는 기필코 다이어트에 성공하리라 다짐했지만, 치킨을 보니 마음이 <u>동했다</u>.
→ (어떤 욕구나 감정이 사라지다. / 어떤 욕구나 감정이 일어나다.)

06 중간고사가 끝나고 놀이 공원에 갔더니 공부 스트레스가 <u>해소되는</u> 기분이 들었다.
→ (문제 상황을 외면하고 잊어버리다. / 문제 상황을 해결하여 없애 버리다.)

07 올 여름에는 폭염이 <u>기승부리는</u> 바람에 가구 당 전력 사용량이 엄청나게 증가했다.
→ (기운이나 힘 따위가 갑자기 세지다. / 기운이나 힘 따위가 성하게 계속되다.)

[08 - 14] 다음 문장에 어울리는 어휘를 골라 ○표 하시오.

08 그녀는 기차 시간에 늦을까 봐 (종종거리며 / 종횡무진하며) 서둘렀다.

09 그의 허무맹랑한 주장에 (동정하는 / 동조하는) 이는 아무도 없는 듯했다.

10 해안가를 (우선하여 / 우회하여) 달리니 기가 막힌 풍경이 눈앞에 펼쳐졌다.

11 이기적인 태도와 소통의 단절은 인간관계에서 갈등을 (유념한다 / 유발한다).

12 사파리를 방문한 관광객들은 맹수가 (포효하는 / 포획하는) 소리에 깜짝 놀랐다.

13 우산을 챙기라는 엄마의 충고를 (거스르고 / 거슬리고) 나왔다가 비를 홀딱 맞았다.

14 장사를 (피하고 / 파하고) 오늘의 매출을 계산하는 아버지의 얼굴에 미소가 떠올랐다.

01 거침없이
일이나 행동 따위가 중간에 걸리거나 막힘이 없이
예 세월이 거침없이 흘러간다.

02 단연코
확실히 단정할 만하게 = 단연
예 급식실에 1등으로 도착한 사람은 단연코 나였다.

03 대개
일반적인 경우에 = 대부분
예 신학기가 되면 대개 분위기가 어수선하다.

04 뜬금없이
갑작스럽고도 엉뚱하게
예 그는 침묵을 지키다가 뜬금없이 노래를 불렀다.

05 반드시
틀림없이 꼭
예 약속은 반드시 지켜야 한다.

06 부단히
꾸준하게 잇대어 끊임이 없이
예 그는 긴 무명 시절 동안에도 부단히 애쓴 끝에 큰 성공을 거뒀다.

07 부득불
하지 아니할 수 없어. 또는 마음이 내키지 아니하나 마지못하여
예 부득불 다른 방법을 찾아보았다.

08 새삼
❶ 이전의 느낌이나 감정이 다시금 새롭게
예 오랜만에 모교에 찾아왔더니 새삼 추억이 떠오른다.
❷ 하지 않던 일을 새로 하여 갑작스러운 느낌이 들게
예 겉치레에는 무관심하던 친구가 새삼 멋을 부렸다.

09 애먼
❶ 일의 결과가 다른 데로 돌아가 억울하게 느껴지는
예 광역 철도 신설 계획의 발표로 애먼 사람들이 피해를 보았다.
❷ 일의 결과가 다른 데로 돌아가 엉뚱하게 느껴지는
예 애먼 일에 신경쓰느라 공부에 집중하지 못한다.

10 여지없이
더 어찌할 나위가 없을 만큼 가차 없이. 또는 달리 어찌할 방법이나 가능성이 없이
예 이번에도 우리 팀의 프로젝트는 여지없이 실패하고 말았다.

11 지지리
아주 몹시. 또는 지긋지긋하게
예 지지리 못난 사람 같으니.

12 짐짓
❶ 마음으로는 그렇지 않으나 일부러 그렇게
예 헤어진 남자 친구와 마주친 그녀는 짐짓 태연한 척했다.
❷ 아닌 게 아니라 정말로

13 틈틈이
❶ 틈이 난 곳마다
예 틈틈이 방수 페인트를 칠해 누수를 막았다.
❷ 겨를이 있을 때마다
예 나는 따로 공부 시간을 내기가 어려워 틈틈이 외우고 익혔다.

14 홀연히
뜻하지 아니하게 갑자기
예 아무 말도 없이 홀연히 떠나간 친구가 원망스러웠다.

[01-07] 빈칸에 들어갈 알맞은 어휘를 문맥에 맞게 넣으시오.

01 _______________ 사람에게 화풀이하지 말고 화가 난 이유를 말해 봐.
겉으로 드러내지 아니하고 마음속으로만 생각하는 것

02 어제 직접 요리와 빨래를 해 보니 _______________ 엄마에게 고맙고도 미안했다.
하지 않던 일을 새로 하여 갑작스러운 느낌이 들게

03 나무꾼이 도끼를 호수에 빠뜨려 울고 있을 때 산신령이 _______________ 나타나 말했다.
뜻하지 아니하게 갑자기

04 남편과 사별한 그녀는 아들마저 큰 병에 걸리자 _______________ 복도 없다며 한탄했다.
아주 몹시, 지긋지긋하게

05 책상에 오래 앉아 있는 사람은 _______________ 스트레칭을 하면 혈액 순환에 도움이 된다.
겨를이 있을 때마다

06 수행 평가를 앞두고 _______________ 노력한 결과 줄넘기 이단 뛰기를 30개나 할 수 있었다.
꾸준하게 잇대어 끊임이 없이

07 청와대 출신 조리장이 운영한다는 음식점은 명성대로 _______________ 깊고 진한 맛을 자랑했다.
아닌 게 아니라 정말로

[08 - 14] 다음 빈칸에 알맞은 말을 채워 어휘의 뜻풀이를 완성하시오.

08 대개: (　　　　　　) 경우에

09 반드시: 틀림없이 (　　　　　　)

10 단연코: 확실히 (　　　　　　) 만하게

11 뜬금없이: 갑작스럽고도 (　　　　　　)하게

12 여지없이: 달리 어찌할 방법이나 (　　　　　　)이 없이

13 거침없이: 일이나 행동 따위가 걸리거나 (　　　　　　)이 없이

14 부득불: 하지 아니할 수 없어. 또는 마음이 내키지 아니하나 (　　　　　　)

01 시적 화자

시 속에서 말하고 있는 사람
예 이 시의 시적 화자는 임을 그리워하는 여인이다.

02 심상

시어에 의해 마음속에 떠오르는 구체적이고 선명한 영상이나 감각적 인상
예 이 작품에는 시각적 심상이 활용되었다.

03 운율

시에 쓰인 말에서 느껴지는 가락
예 시에서 동일한 시구가 반복되면 운율이 형성된다.

04 상징

나타내려는 개념이나 사상 등을 구체적인 사물이나 감각적인 말을 사용하여 표현하는 방법
예 비둘기는 평화를 상징한다.

05 비유

어떤 현상이나 사물을 직접 설명하지 않고 다른 비슷한 현상이나 사물에 빗대어 표현하는 방법
예 꾀를 많이 부리는 사람을 흔히 여우에 비유한다.

06 직유법

비슷한 모양이나 성질을 가진 두 대상을 '~같이', '~처럼', '~듯이'와 같은 표현으로 연결하여 비유하는 방법
예 '사과 같은 내 얼굴'은 직유법을 활용한 표현이다.

07 은유법

'A는 B이다.' 또는 'A의 B'와 같이 숨겨서 비유하는 표현 방법
예 '내 마음은 호수요'라는 표현에는 은유법이 사용되었다.

08 의인법

사람이 아닌 것을 마치 사람이 느끼거나 행동하는 것처럼 표현하는 방법
예 '꽃이 나를 반긴다.'라는 표현에는 의인법이 사용되었다.

09 대유법

사물의 한 부분이나 특징 등을 들어 그 자체나 전체를 나타내는 방법
예 '요람에서 무덤까지'는 대유법을 활용한 표현이다.

10 반어법

실제 말하고자 하는 본래의 뜻과는 반대로 표현하는 방법
예 행동을 꾸짖을 때, "잘했다."라고 하는 것은 반어법을 활용한 표현이다.

11 역설법

논리적으로 모순되거나 이치에 어긋난 듯하지만, 그 속에 진실을 담고 있는 표현 방법
예 '이것은 소리없는 아우성'이라는 표현에는 역설법이 사용되었다.

[01-05] 다음 빈칸에 알맞은 말을 채워 어휘의 뜻풀이를 완성하시오.

01 운율: 시에 쓰인 말에서 느껴지는 (   )

02 시적 화자: 시 속에서 (   ) 있는 사람

03 반어법: 실제 말하고자 하는 본래의 뜻과는 (   ) 표현하는 방법

04 비유: 어떤 현상이나 사물을 직접 설명하지 아니하고 다른 비슷한 현상이나 사물에
(   ) 표현하는 방법

05 상징: 나타내려는 개념이나 사상 등을 (   ) 사물이나 감각적인 말을 사용하
여 표현하는 방법

[06 - 12] 다음 문장에 알맞은 어휘를 골라 ○표 하시오.

06 '봄은 고양이로다'에는 (은유법 / 직유법)이 사용되었다.

07 '요람에서 무덤까지'에는 (대유법 / 활유법)이 사용되었다.

08 '찬란한 슬픔의 봄을'에는 (반어법 / 역설법)이 사용되었다.

09 '꼬리를 흔드는 깃발'에는 (의인법 / 활유법)이 사용되었다.

10 '내 누님같이 생긴 꽃이여'에는 (반어법 / 직유법)이 사용되었다.

11 '종소리도 외로워서 울려 퍼진다.'에는 (은유법 / 의인법)이 사용되었다.

12 '밀 익는 오월이면 보리 내음새'에는 (미각적 / 후각적) 심상이 나타난다.

정답 **01** 가락 **02** 말하고 **03** 반대로 **04** 빗대어 **05** 구체적인 **06** 은유법 **07** 대유법 **08** 역설법
09 활유법 **10** 직유법 **11** 의인법 **12** 후각적

문학 필수 개념어_ 소설

01 인물
작품에 등장하는 사람 및 그 사람의 역할과 개성을 아울러 이르는 말
예 이 소설의 주요 인물은 '조 영감'과 '득칠'이다.

02 개성적 인물
특정한 집단이나 계층의 보편적 성격을 지니지 않는 인물
예 이 작품의 주인공은 독특한 성격을 지닌 개성적 인물이다.

03 전형적 인물
어떤 집단이나 계층을 대표하는 인물
예 이 소설 속 '동네 사람들'은 현대인을 대표하는 전형적 인물이다.

04 평면적 인물
작품 속에서 처음부터 끝까지 성격이 변하지 않는 인물
예 고전 소설에는 대부분 평면적 인물이 등장한다.

05 입체적 인물
작품 속에서 성격이 변하거나 발전하는 인물
예 소설에서 변화무쌍한 성격의 입체적 인물은 독자를 놀라게 만든다.

06 사건
작품 속에서 인물의 말과 행동이나 서술자의 서술에 의해 구체화되는 온갖 일
예 이 소설에서 사건이 전개되는 양상을 살펴보자.

07 배경
소설에서 인물들이 생활하고 행동하는 때와 장소
예 이 작품의 배경은 가난한 어촌 마을이다.

08 갈등
소설에서 인물들이 칡덩굴과 등나무 덩굴처럼 복잡하게 얽혀 대립하는 것
예 두 인물의 갈등이 이 소설의 핵심 내용이다.

09 일인칭 시점
작품 속의 인물인 '나'가 이야기의 전달자로 등장하여 이야기를 서술하는 시점. 일인칭 주인공 시점과 일인칭 관찰자 시점이 있음.
예 일인칭 시점에는 일인칭 주인공 시점과 일인칭 관찰자 시점이 있다.

10 삼인칭 시점
서술자가 소설 속에 등장하지 않고 소설 밖에서 서술하는 시점. 작가 관찰자 시점과 전지적 작가 시점이 있음.
예 삼인칭 시점에는 작가 관찰자 시점과 전지적 작가 시점이 있다.

11 구성 단계
소설 속에서 이야기가 구성되는 차례. 소설의 이야기는 일반적으로 '발단 – 전개 – 위기 – 절정 – 결말'의 구성 단계로 전개됨.
예 이야기의 구성 단계에서 가장 흥미로운 부분은 '절정'이다.

12 문체
문장에 드러나는 작가의 개성이나 문장의 개성적 특징으로 간결체 · 만연체 · 우유체 · 강건체 · 화려체 · 건조체 등이 있음.
예 간결한 문체를 잘못 사용하면 무미건조한 문장이 되기 싶다.

[01 - 06] 다음 뜻에 해당하는 어휘를 쓰시오.

01 소설에서 인물들이 생활하고 행동하는 때와 장소 （　　　　）

02 글쓴이의 문장에 드러나는 작가의 개성이나 문장의 개성적 특징 （　　　　）

03 작품에 등장하는 사람 및 그 사람의 역할과 개성을 아울러 이르는 말 （　　　　）

04 소설에서 인물들이 칡덩굴과 등나무 덩굴처럼 복잡하게 얽혀 대립하는 것
（　　　　）

05 작품 속에서 인물의 말과 행동이나 서술자의 서술에 의해 구체화되는 온갖 일
（　　　　）

06 소설 속에서 이야기가 구성되는 차례로, '발단-전개-위기-절정-결말'로 전개된다.
（　　　　）

[07 - 12] 다음 문장에 알맞은 어휘를 골라 ○표 하시오.

07 어떤 집단이나 계층을 대표하는 인물을 (반동적 / 전형적) 인물이라고 한다.

08 작품 속에서 성격이 변하거나 발전하는 인물을 (개성적 / 입체적) 인물이라고 한다.

09 작품 속에서 처음부터 끝까지 성격이 변하지 않는 인물을 (주동적 / 평면적) 인물이
라고 한다.

10 특정한 집단이나 계층의 보편적인 성격을 지니지 않은 인물을 (개성적 / 전형적) 인
물이라고 한다.

11 작품 속의 '나'가 이야기의 전달자로 등장하여 이야기를 서술하는 일인칭 시점 중에서
일인칭 (관찰자 / 주인공) 시점은 작품 속 '나'가 주인공이자 서술자인 시점이다.

12 서술자가 신처럼 전지전능한 입장에서 작품 속의 인물들의 심리와 감정까지 분석하여
서술하는 시점은 삼인칭 시점 중에서 (전지적 작가 / 작가 관찰자) 시점이라고 한다.

01 정의
어떤 말이나 사물의 뜻을 명백히 밝혀 규정하는 서술 방식
예 정의는 '무엇은 무엇이다.'라고 설명하는 방식이다.

02 비교
둘 이상의 대상에 대하여 공통점이나 유사점을 중심으로 서술하는 방식
예 사람들과 친숙한 특성을 가진 개와 고양이를 비교해 보자.

03 대조
둘 이상의 대상의 차이점을 중심으로 서술하는 방식
예 보고서에 사자와 호랑이의 특성을 대조하여 기록하였다.

04 분석
복잡하게 이루어진 하나의 대상을 세부 요소로 나누어 서술하는 방식
예 시계는 태엽, 톱니바퀴, 시침, 분침으로 분석하여 설명할 수 있다.

05 분류
어떤 대상을 일정한 기준에 따라 종류별로 묶어 서술하는 방식
예 시, 소설, 희곡, 수필은 모두 문학으로 분류된다.

06 예시
어떤 사실이나 현상에 대해 구체적인 예를 들어 설명하는 방식
예 예시를 들어 설명하면, 독자의 이해를 도울 수 있다.

07 과정
일이 진행되어 가는 경로를 밝히는 전개 방식
예 이 책에는 자동차를 만드는 과정이 기술되어 있다.

08 인과
어떤 결과를 가져오게 한 원인을 분석하거나 어떤 원인에 의해 결과적으로 일어난 일을 분석하여 설명하는 방법
예 내용을 정리하며 사건이 일어난 인과 관계를 살펴보았다.

09 글쓰기의 과정

계획하기	글을 쓰는 목적, 예상 독자, 주제 등을 설정함.
내용 생성하기	주제에 맞게 내용을 구상하고, 필요한 자료나 글감을 모아 내용을 생성함.
내용 조직하기	수집한 글감을 글의 주제와 목적에 맞게 배치하고, 개요 작성을 통해 설계도를 완성함.
내용 표현하기	조직한 내용을 바탕으로 실제로 글을 씀.
고쳐쓰기	일차적으로 완성된 글인 초고를 좀 더 완결된 글로 만들기 위해 내용을 수정·보완함.

예 글을 잘 쓰려면 글쓰기의 과정에 맞게 써야 한다.

10 재구성의 원리
효과적인 전개를 위해 글의 순서를 새롭게 구성하는 일
예 이 글을 효과적으로 구성하려면, 재구성의 원리에 따라 문장의 순서를 바꾸어야 한다.

[01-07] 다음 빈칸에 알맞은 말을 채워 어휘의 뜻풀이를 완성하시오.

01 대조: 둘 이상의 대상의 (　　　　　　)을 중심으로 서술하는 방식

02 분류: 어떤 대상을 일정한 (　　　　　)에 따라 종류별로 묶어 서술하는 방식

03 예시: 어떤 사실이나 현상에 대해 구체적인 (　　　　　)를 들어 설명하는 방식

04 분석: 복잡하게 이루어진 하나의 대상을 (　　　　　)로 나누어 서술하는 방식

05 재구성의 원리: 효과적인 전개를 위하여 글의 (　　　　　)를 새롭게 구성하는 일

06 비교: 둘 이상의 대상에 대하여 (　　　　　)이나 (　　　　　)을 중심으로 서술하는 방식

07 글쓰기의 과정: 글쓰기의 과정은 '계획하기 → 내용 생성하기 → 내용 (　　　　　)하기 → 내용 표현하기 → (　　　　　)'로 이루어진다.

[08-12] 빈칸에 들어갈 알맞은 서술 방식을 찾아 ○표 하시오.

08 곤충의 구조는 ＿＿＿＿＿＿＿의 방법으로 설명하는 것이 알맞다.
→ (과정 / 분석)

09 표준어의 뜻은 ＿＿＿＿＿＿＿의 방법으로 설명하는 것이 알맞다.
→ (정의 / 예시)

10 영화와 연극의 차이점은 ＿＿＿＿＿＿＿의 방법으로 설명하는 것이 알맞다.
→ (대조 / 비교)

11 떡볶이를 만드는 방법은 ＿＿＿＿＿＿＿의 방법으로 설명하는 것이 알맞다.
→ (과정 / 분류)

12 환경 오염의 원인과 결과는 ＿＿＿＿＿＿＿의 방법으로 설명하는 것이 알맞다.
→ (예시 / 인과)

문법 필수 개념어

01 품사

단어를 형태, 기능, 의미에 따라 나눈 갈래

형태에 따라		기능에 따라	의미에 따라
형태가 변하지 않음. (불변어)		체언	명사 / 대명사 / 수사
		수식언	관형사 / 부사
		관계언	조사
		독립언	감탄사
형태가 변함.(가변어)		용언	동사 / 형용사

⑩ 단어는 의미에 따라 명사, 대명사, 수사, 동사, 형용사, 관형사, 부사, 조사, 감탄사 아홉 가지 품사로 나누어진다.

02 체언

문장에서 몸체의 역할을 하는 명사, 대명사, 수사를 통틀어 이르는 말
⑩ 체언은 문장에서 뼈대가 되고 의미의 중심이 되는 역할을 한다.

03 용언

문장에서 몸체의 역할을 하는 동사, 형용사를 통틀어 이르는 말
⑩ 용언은 문장에서 주로 주체의 동작, 상태를 서술하는 말이다.

04 활용

동사나 형용사와 같은 용언이 문법 기능에 따라 여러 가지 모양으로 바뀌는 것
⑩ 활용은 주로 용언의 어간에 어미가 붙어 이루어진다.

05 수식언

뒤에 오는 말을 수식하거나 한정하기 위하여 첨가하는 관형사와 부사를 통틀어 이르는 말
⑩ 수식언에서 관형사는 체언을 꾸미고, 부사는 용언이나 관형사, 다른 부사 또는 문장 전체를 꾸민다.

06 관계언

체언 뒤에 결합해 다른 말과의 문법적 관계를 나타내거나, 특별한 뜻을 더해 주는 말(= 조사)
⑩ 관계언인 조사는 그 기능과 의미에 따라 격 조사, 접속 조사, 보조사로 나누어진다.

07 독립언

문장에서 다른 성분에 얽매이지 않고 독립적으로 사용되는 단어로 주로 놀람, 느낌, 부름이나 대답을 나타내는 말(= 감탄사)
⑩ 독립언인 감탄사는 조사와 결합하지 않고 단독으로 쓰인다.

08 어절

문장을 구성하고 있는 각각의 마디. 문장 성분의 최소 단위로서 띄어쓰기의 단위가 된다.
⑩ '너는 좋은 사람이다.'라는 문장은 3개의 어절로 되어 있다.

09 어근

단어에서 실질적 의미를 나타내는 중심이 되는 부분
⑩ 하나의 어근만으로 이루어진 단어를 '단일어'라고 한다.

10 접사

단독으로 쓰이지 아니하고 항상 다른 어근이나 단어에 붙어 새로운 단어를 구성하는 부분
⑩ 어근과 접사로 이루어진 단어를 '파생어'라고 한다.

[01-06] 다음 빈칸에 알맞은 말을 채워 어휘의 뜻풀이를 완성하시오.

01 어절: (   )을 구성하고 있는 각각의 마디

02 품사: 단어를 형태, 기능, (   )에 따라 나눈 갈래

03 활용: (   )이 문법적 기능에 따라 여러 가지 모양으로 바뀌는 것

04 용언: 문장에서 서술어의 기능을 하는 (   ), 형용사를 통틀어 이르는 말

05 체언: 문장에서 몸체의 역할을 하는 명사, 대명사, (   )를 통틀어 이르는 말

06 관계언: 체언 뒤에 결합해서 다른 말과의 (   ) 관계를 나타내거나, 특별한
(   )을 더해 주는 말

[07-12] 다음 문장에 알맞은 어휘를 골라 ○표 하시오.

07 (체언 / 용언)은 형태가 변하는 가변어이다.

08 어절은 문장 성분의 최소 단위로서 (띄어쓰기 / 띄어 읽기)의 단위가 된다.

09 어근은 단어에서 (실질적인 / 형식적인) 의미를 나타내는 중심이 되는 부분이다.

10 단독으로 쓰이지 아니하고 항상 다른 어근이나 단어에 붙어 새로운 단어를 구성하는
부분을 (어미 / 접사)라고 한다.

11 수식언은 뒤에 오는 말을 수식하거나 한정하기 위하여 첨가하는 (관형사와 부사 / 동
사와 형용사)를 통틀어 이르는 말이다.

12 문장에서 다른 성분에 얽매이지 않고 사용되는 단어로, 주로 놀람, 느낌, 부름이나 대
답을 나타내는 것을 (독립언 / 수식언)이라고 한다.

한자 성어 (1)

01 감언이설
귀가 솔깃하도록 남의 비위를 맞추거나 이로운 조건을 내세워 꾀는 말
예 그는 감언이설에 넘어가 큰 계약을 덜컥 하고 말았다.

02 견물생심
어떠한 실물을 보게 되면 그것을 가지고 싶은 욕심이 생김.
예 견물생심이라고 우연히 주운 지갑을 보니 마음이 흔들렸다.

03 안하무인
눈 아래에 사람이 없다는 뜻으로, 방자하고 교만하여 다른 사람을 업신여김을 이르는 말
예 그는 큰 성공을 거둔 이후 다른 사람들을 안하무인으로 대하기 시작했다.

04 역지사지
처지를 바꾸어서 생각하여 봄.
예 역지사지의 태도를 갖는다면 상대방을 이해하기가 훨씬 수월하다.

05 사필귀정
모든 일은 반드시 바른길로 돌아감.
예 사필귀정을 마음에 새기고 정진하면 반드시 좋은 결과가 있을 것이다.

06 수불석권
손에서 책을 놓지 아니하고 늘 글을 읽음.
예 어린 시절부터 수불석권하던 그는 한국을 대표하는 소설가가 되었다.

07 감탄고토
달면 삼키고 쓰면 뱉는다는 뜻으로, 자신의 비위에 따라서 사리의 옳고 그름을 판단함을 이르는 말
예 타고난 기회주의자인 그는 감탄고토하는 태도 때문에 주변의 빈축을 샀다.

08 다다익선
많으면 많을수록 더욱 좋음.
예 공사 현장에서 안전을 위한 장비와 점검은 다다익선이다.

09 배은망덕
남에게 입은 은덕을 저버리고 배신하는 태도가 있음.
예 그러고도 미안한 줄을 모르다니 배은망덕하구나.

10 아전인수
자기 논에 물 대기라는 뜻으로, 자기에게만 이롭게 되도록 생각하거나 행동함을 이르는 말
예 그들은 계속 아전인수 격으로 다투는 바람에 어떠한 결론도 맺지 못했다.

11 조변석개
아침저녁으로 뜯어고친다는 뜻으로, 계획이나 결정 따위를 일관성이 없이 자주 고침을 이르는 말
예 시험이 코앞인데 그렇게 공부 계획을 조변석개해서야 되겠습니까?

12 주마간산
말을 타고 달리며 산천을 구경한다는 뜻으로, 자세히 살피지 아니하고 대충대충 보고 지나감을 이르는 말
예 그 어떤 절경일지라도 주마간산으로 본다면 제대로 즐길 수가 없다.

13 전전반측
누워서 몸을 이리저리 뒤척이며 잠을 이루지 못함.
예 그녀는 타지에서 홀로 생활하는 아들 걱정에 매일 밤을 전전반측하였다.

14 침소봉대
작은 일을 크게 불리어 떠벌림.
예 그는 어떤 일이든 침소봉대하는 호들갑스러운 성격이다.

[01-07] 다음 문장에 알맞은 어휘를 골라 ○표 하시오.

01 그는 회장이 되더니 (설상가상 / 안하무인)으로 행동하였다.

02 전염병으로 인해 등교일이 (조변석개 / 주객전도)하여 헷갈린다.

03 그 형제는 싸우기만 하면 (아전인수 / 전화위복) 격으로 변명하기에 바쁘다.

04 나는 친구의 (감언이설 / 언중유골)에 넘어가 학원을 가지 않고 게임을 하였다.

05 힘들 때 도와주었는데 사기를 치다니, 그의 (결초보은 / 배은망덕)한 행동에 실망하였다.

06 일정에 쫓겨 제주도를 (주마가편 / 주마간산)으로 보아서 성산일출봉이 기억나지 않는다.

07 기르던 개가 병이 들면 버리는 (감탄고토 / 괄목상대)의 행동에 유기견들이 많아지고 있다.

[08 - 14] 밑줄 친 한자 성어의 뜻으로 알맞은 것을 찾아 ○표 하시오.

08 언니는 생일 선물은 <u>다다익선</u>이라고 하였다.
→ (많으면 많을수록 좋음. / 지나친 것은 미치지 못한 것과 같음.)

09 다른 사람을 속이려다가 자신의 꾀에 넘어가니 <u>사필귀정</u>이다.
→ (모든 일은 반드시 바른 길로 돌아감. / 좋지 않은 일이 계기가 되어 좋은 일이 생김.)

10 친구 간에 갈등이 생겼을 때에는 <u>역지사지</u>의 태도가 필요하다.
→ (서로 의지하고 서로 도움. / 처지를 바꾸어서 생각하여 봄.)

11 엄마는 수술을 하루 앞두고 걱정이 되어 밤새 <u>전전반측</u>하였다.
→ (뒤척이며 잠을 이루지 못함. / 망설이기만 하고 결단성이 없음.)

12 손가락을 조금 다쳤을 뿐인데 <u>침소봉대</u>하여 모두에게 걱정을 끼쳤다.
→ (작은 일을 크게 떠벌림. / 작은 것을 욕심내다가 큰 것을 잃음.)

13 그는 어려서부터 <u>수불석권</u>하더니 의학계에서 최고의 전문가가 되었다.
→ (학문이 넓고 아는 것이 많음. / 책에서 손을 놓지 않고 늘 글을 읽음.)

14 동생은 게임을 안 하겠다더니 게임팩을 보는 순간 <u>견물생심</u>이라고 사 달라고 하였다.
→ (매우 사랑하고 소중히 여김. / 실물을 보면 가지고 싶은 욕심이 생김.)

01 군계일학

닭의 무리 가운데에서 한 마리의 학이란 뜻으로, 많은 사람 가운데서 뛰어난 인물을 이르는 말
예 그는 어려서부터 어디를 가든 눈에 띄는 군계일학 같은 존재였다.

02 학수고대

학의 목처럼 목을 길게 빼고 간절히 기다림.
예 모두가 자유로운 삶으로 돌아가기를 학수고대하고 있다.

03 교각살우

소의 뿔을 바로잡으려다가 소를 죽인다는 뜻으로, 잘못된 점을 고치려다가 그 방법이나 정도가 지나쳐 오히려 일을 그르침을 이르는 말
예 타일에 낀 물때를 닦으려다 타일을 깬 것은 교각살우와 같다.

04 신출귀몰

귀신같이 나타났다가 사라진다는 뜻으로, 그 움직임을 쉽게 알 수 없을 만큼 자유자재로 나타나고 사라짐을 비유적으로 이르는 말
예 그는 워낙에 신출귀몰하여 사람들을 긴장하게 했다.

05 수주대토

한 가지 일에만 얽매여 발전을 모르는 어리석은 사람을 비유적으로 이르는 말
예 수주대토는 노력은 하지 않고 옛 방식만 고집하는 이를 비판하는 말이다.

06 온고지신

옛것을 익히고 그것을 미루어서 새것을 앎.
예 우리 동아리에서는 고전 읽기를 통해 온고지신의 정신을 배웁니다.

07 절차탁마

옥이나 돌 따위를 갈고 닦아서 빛을 낸다는 뜻으로, 부지런히 학문과 덕행을 닦음을 이르는 말
예 그는 작년의 실패를 극복하고 절차탁마하여 올해는 수석의 영예를 안았다.

08 청출어람

쪽에서 뽑아낸 푸른 물감이 쪽보다 더 푸르다는 뜻으로, 제자나 후배가 스승이나 선배보다 나음을 비유적으로 이르는 말
예 하루하루가 청출어람이니 가르치는 보람이 있구나.

09 각고면려

어떤 일에 고생을 무릅쓰고 몸과 마음을 다하여, 무척 애를 쓰면서 부지런히 노력함.
예 올림픽에서 3관왕을 이루기까지 그녀는 매일같이 각고면려하며 훈련했다.

10 개과천선

지난날의 잘못이나 허물을 고쳐 올바르고 착하게 됨.
예 불량했던 모습을 버리고 개과천선한 그를 보니 감회가 새로웠다.

11 임기응변

그때그때 처한 사태에 맞추어 즉각 그 자리에서 결정하거나 처리함.
예 숙제를 깜빡한 영수는 임기응변으로 위기를 모면했다.

12 연목구어

나무에 올라가서 물고기를 구한다는 뜻으로, 도저히 불가능한 일을 굳이 하려 함을 비유적으로 이르는 말
예 남극에 가서 얼음을 파는 것은 연목구어나 다름없지.

13 허장성세

실속은 없으면서 큰소리치거나 허세를 부림.
예 툭하면 허장성세만 일삼는 그의 말은 믿을 수가 없다.

14 무위도식

하는 일 없이 놀고먹음.
예 경제 불황으로 인해 무위도식하고 있는 실업 인구가 늘어났다.

15 반포지효

까마귀 새끼가 자라서 늙은 어미에게 먹이를 물어다 주는 효(孝)라는 뜻으로, 자식이 자란 후에 어버이의 은혜를 갚는 효성을 이르는 말
예 유교적 사상이 근본인 우리나라에서는 반포지효를 중요 덕목으로 삼는다.

[01-08] 다음 빈칸에 알맞은 말을 채워 어휘의 뜻풀이를 완성하시오.

01 군계일학: 많은 사람 가운데서 (   ) 인물을 이르는 말

02 연목구어: 도저히 (   ) 일을 굳이 하려 함을 비유적으로 이르는 말

03 반포지효: 자식이 자란 후에 어버이의 은혜를 갚는 (   )을 이르는 말

04 수주대토: 한 가지 일에만 얽매여 발전을 모르는 (   ) 사람을 이르는 말

05 청출어람: 제자나 후배가 스승이나 선배보다 (   )을 비유적으로 이르는 말

06 임기응변: 그때그때 처한 사태에 (   ) 즉각 그 자리에서 결정하거나 처리함.

07 각고면려: 어떤 일에 고생을 무릅쓰고 몸과 마음을 다하여, 무척 애를 쓰면서 부지런히 (   ).

08 교각살우: 잘못된 점을 (   ) 그 방법이나 정도가 지나쳐 오히려 일을 그르침을 이르는 말

[09 - 15] 빈칸에 들어갈 알맞은 한자 성어를 문맥에 맞게 넣으시오.

09 형은 회사를 그만두고 일 년 동안 ＿＿＿＿＿＿＿ 지냈다.
하는 일 없이 놀고먹으며

10 그는 ＿＿＿＿＿＿＿ 실력을 쌓아서 많은 사람들에게 존경을 받는다.
부지런히 학문과 덕행을 닦아

11 언니는 자신이 좋아하는 아이돌 그룹의 콘서트를 ＿＿＿＿＿＿＿ 있다.
학의 목처럼 목을 길게 빼고 간절히 기다리고

12 이번에 출시된 휴대폰은 ＿＿＿＿＿＿＿의 정신을 살려 만든 제품이다.
옛것을 익히고 그것을 미루어서 새것을 앎.

13 그는 매일 숙제를 안 해서 혼났는데, 이제는 ＿＿＿＿＿＿＿ 선생님께 칭찬을 받는다.
지난날의 잘못이나 허물을 고쳐 올바르고 착하게 되어

14 그 산악인은 ＿＿＿＿＿＿＿ 사람들을 놀라게 할 뿐만 아니라 좀처럼 만나기 어렵다.
그 움직임을 알 수 없을 만큼 자유자재로 나타나고 사라져

15 그는 컴퓨터 전문가라고 ＿＿＿＿＿＿＿ 정작 컴퓨터가 바이러스에 감염되니까 어쩔 줄 몰라 했다. 실속은 없으면서 큰소리치거나 허세를 부리더니

독해력과 표현력, 국어 학습의 기본이 되는 어휘력 향상 훈련서입니다.

1 『똑똑 중학 국어 어휘 1 기본편』으로 중학교 주요 교과목의 필수 어휘를 학습할 수 있습니다.

중학교 주요 교과서에 자주 등장하는 필수 어휘들을 일차별 프로그램에 따라 학습할 수 있는 도서입니다. 꾸준한 교과서 어휘 학습으로 중학교 교과 수업에 대한 이해력을 높일 수 있습니다.

2 『똑똑 중학 국어 어휘 1 기본편』으로 수능 독해의 기본이 되는 영역별 필수 어휘를 학습할 수 있습니다.

수능 독해의 근간이 되는 주요 어휘들을 주제별로 학습할 수 있는 도서입니다. 수능 지문으로 출제될 수 있는 주제별 빈출 어휘들을 학습함으로써 수능 독해에 대한 자신을 기를 수 있습니다.

3 『똑똑 중학 국어 어휘 1 기본편』으로 문학 작품 감상에 필요한 필수 어휘를 학습할 수 있습니다.

문학 작품에 등장하는 고유어와 한자어, 생소한 표현들을 집중해 학습할 수 있는 도서입니다. 문학 작품에 자주 쓰이는 어휘들을 학습함으로써 작품에 대한 이해를 높이고 일상생활에서 활용 가능한 풍부한 표현력을 기를 수 있습니다.

4 『똑똑 중학 국어 어휘 1 기본편』으로 국어 실력을 다질 수 있는 개념어를 학습할 수 있습니다.

중학 국어 교과 과정에서 익혀야 할 국어 개념 어휘들을 학습할 수 있는 도서입니다. 국어 공부에 필요한 기초 개념들을 상세하고 친절한 예시와 함께 학습함으로써 국어 실력을 쌓는 것은 물론 국어 내신 시험에 대비할 수 있습니다.

필수 어휘와 국어 개념어를 완벽하게 익힐 수 있는
똑똑 중학 국어 어휘력

일차별·주제별로 중학교 필수 어휘 익히기

>> **필수 어휘와 개념어 학습**

중학교 주요 교과서에 등장하는 필수 어휘와 국어 교과의 개념어를 주제별로 일차에 따라 학습할 수 있도록 구성하였습니다.

>> **어휘의 알맞은 쓰임 확인**

각 어휘에는 명확한 뜻풀이와 함께 어휘의 알맞은 쓰임을 확인할 수 있는 문제를 덧붙여 학습 어휘에 대한 이해를 높이고자 하였습니다.

>> **헷갈리기 쉬운 어휘 설명**

일차별 학습 어휘 중 헷갈리기 쉬운 어휘들을 구분해 사용할 수 있도록 어휘에 대한 친절한 풀이를 달아 두었습니다.

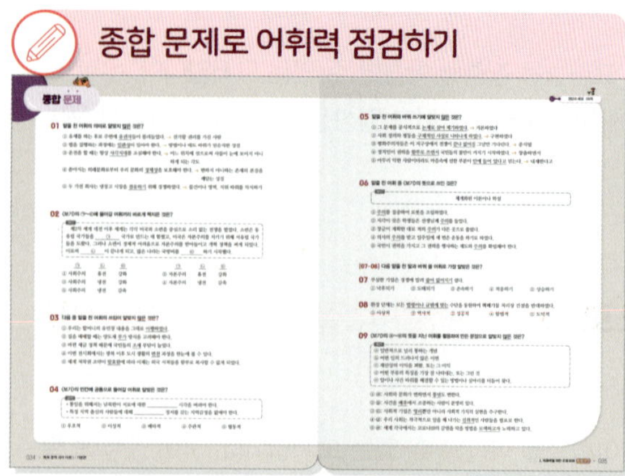

다양한 유형의 문제로 어휘력 다지기

>> **어휘 확인하기**

'어휘 익히기'에서 학습한 모든 어휘를 다양하고 재미있는 문제 풀이를 통해 확인할 수 있도록 하였습니다.

>> **풍부한 예문 활용**

문제에 다양한 예문들을 활용하여 문제를 풀면서 어휘가 쓰이는 양상을 자연스럽게 학습할 수 있도록 하였습니다.

종합 문제로 어휘력 점검하기

>> **주차별 종합 문제**

한 주의 마지막 학습으로 단원 내 주요 어휘들을 종합적으로 점검할 수 있도록 하였습니다. 주로 내신형 문제와 같은 오지선다 문제들로 구성하여 학습 어휘에 대한 종합적인 이해와 점검을 할 수 있도록 하였습니다.

재미있는 연상 퀴즈로 속담 학습하기

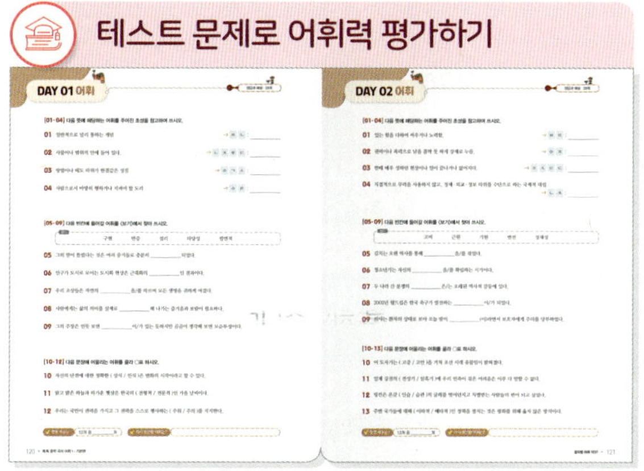

≫ 속담 연상 퀴즈

중학생이 꼭 알아야 할 속담들을 연상되는 그림을 통해 완성하고, 그 뜻을 숙지할 수 있도록 하였습니다.

테스트 문제로 어휘력 평가하기

≫ 일차별 어휘 TEST

일차별로 학습한 어휘를 쪽지 시험과 같은 형태로 테스트하고, 앞에서 익힌 어휘의 이해 정도를 확인할 수 있도록 하였습니다.

정답과 해설

≫ 친절하고 상세한 문제 해설

친절하고 상세한 해설을 통해 문제와 어휘의 의미에 대해 더욱 쉽고 명확하게 이해할 수 있도록 하였습니다.

이 책의 차례와 학습 계획표

I

독해력을 위한 주제 어휘

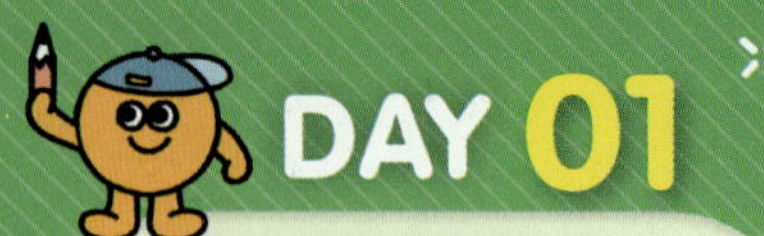

어휘 익히기

철학·윤리와 관련된 말

*Q1~Q12에서, ㉠과 ㉡ 중 알맞은 표현을 골라 보세요. 채점 후, 틀린 어휘는 ☐에 표시해 두세요.

01 구현하다
갖출 具 / 나타날 現

어떤 내용을 **구체적인 사실로 나타나게 하다.**

예 그들은 토론을 바탕으로 민주 정치를 구현하려 하였다.

Q1 알맞은 쓰임은? ㉠ 정의를 구현한 사회 ㉡ 잔디를 구현한 축구장

02 내재하다
안 內 / 있을 在

어떤 사물이나 범위의 **안에 들어 있다.**

예 그의 이론은 많은 한계를 내재하고 있다.

Q2 알맞은 쓰임은? ㉠ 건물 옆에 내재한 서점 ㉡ 소설에 내재한 의미

03 반증
돌이킬 反 / 증거 證

어떤 사실이나 주장이 옳지 아니함을 그에 **반대되는 근거를 들어 증명함.** 또는 그런 증거

예 그 사실이 틀렸다는 것을 반증할 증거가 있다.

Q3 알맞은 쓰임은? ㉠ 주장에 대한 반증 ㉡ 개나리에 대한 반증

04 섭리
당길 攝 / 다스릴 理

❶ 자연계를 지배하고 있는 **원리와 법칙**

예 물이 높은 곳에서 낮은 곳으로 흐르는 것은 자연스러운 섭리이다.

❷ 세상과 우주 만물◆을 다스리는 **하나님의 뜻**

예 신이 창조한 만물은 신의 섭리에 따라 움직인다.

◆ 만물 세상에 있는 모든 것

Q4 알맞은 쓰임은? ㉠ 자연의 섭리 ㉡ 교통질서의 섭리

05 윤리
인륜 倫 / 다스릴 理

사람으로서 **마땅히 행하거나 지켜야 할 도리**

예 옛날부터 우리는 효도를 윤리의 중요한 근본으로 삼았다.

Q5 알맞은 쓰임은? ㉠ 직장 생활의 윤리 ㉡ 컴퓨터 작동의 윤리

06 인식
알 認 / 알 識

사물을 **분별하고 판단하여 앎.**

예 정치에 대한 청소년의 인식이 바뀌고 있다.

Q6 알맞은 쓰임은? ㉠ 역사에 대한 올바른 인식 ㉡ 음식에 담긴 따뜻한 인식

07 일관성
하나 一 / 꿸 貫 / 성품 性

방법이나 태도 따위가 **한결같은 성질**

예 그의 주장에는 일관성이 없어 도무지 납득하기가 어렵다.

Q7 알맞은 쓰임은? ㉠ 변함없는 일관성 ㉡ 갑작스러운 일관성

08 전형적

법 典 / 거푸집 型 / 과녁 的

어떤 부류◆의 특징을 가장 잘 나타내는. 또는 그런 것
예 그 영화의 주인공은 <u>전형적인</u> 유형의 소시민이다.

◆ 부류 동일한 범주에 속하는 대상들을 일정한 기준에 따라 나누어 놓은 갈래

Q8 알맞은 쓰임은?
ㄱ 전형적인 개성
ㄴ 전형적인 농촌

---

09 주의 ☆

주인 主 / 뜻 義

1 굳게 지키는 주장이나 방침
예 나는 최선을 다해 후회하지 않겠다는 <u>주의</u>로 시험을 준비하였다.

2 체계화◆된 이론이나 학설
예 힘겨운 투쟁 끝에 개인의 권리를 보장하는 <u>주의</u>가 인정되었다.

◆ 체계화 일정한 원리에 따라서 낱낱의 부분이 짜임새 있게 조직되어 통일된 전체로 됨. 또는 그렇게 되게 함.

Q9 알맞은 쓰임은?
ㄱ 비교적인 주의
ㄴ 민주적인 주의

---

10 타당성

온당할 妥 / 마땅할 當 / 성품 性

사물의 이치에 맞는 옳은 성질
예 그 주장은 근거가 부족하여 <u>타당성</u>이 의심스럽다.

Q10 알맞은 쓰임은?
ㄱ 타당성을 검토하다.
ㄴ 타당성을 사용하다.

---

11 통념

통할 通 / 생각할 念

일반적으로 널리 통하는 개념◆
예 전통 음악은 대중성이 없다는 잘못된 <u>통념</u>을 깨야 한다.

◆ 개념 어떤 사물이나 현상에 대한 일반적인 지식

Q11 알맞은 쓰임은?
ㄱ 익숙한 통념
ㄴ 독특한 통념

---

12 필연적

반드시 必 / 그럴 然 / 과녁 的

사물의 관련이나 일의 결과가 반드시 그렇게 될 수밖에 없는 것
예 온실가스의 영향으로 기후 변화가 <u>필연적</u>으로 발생하였다.

Q12 알맞은 쓰임은?
ㄱ 해가 지면 달이 뜨는 것은 필연적이다.
ㄴ 돈이 많아도 행복한 것은 아니니 돈과 행복의 관계는 필연적이다.

☆ 헷갈리기 쉬운 어휘

주의 주인 主 / 뜻 義
1 굳게 지키는 주장이나 방침
예 매사에 침착해야 한다는 것이 어머님의 <u>주의</u>이다.
2 체계화된 이론이나 학설
예 시민들은 불평등한 사회 체제를 타파할 <u>주의</u>를 필요로 했다.

VS

주위 두루 周 / 둘레 圍
1 어떤 곳의 바깥 둘레
예 인공위성은 지구 <u>주위</u>를 돌며 지구 사진을 찍는다.
2 어떤 사물이나 사람을 둘러싸고 있는 것. 또는 그 환경
예 <u>주위</u> 환경이 너무 어둡다.

정답 Q:8 ㄴ 9 ㄴ 10 ㄱ 11 ㄱ 12 ㄱ

어휘 확인하기

*'어휘 익히기'에서 ☐에 표시된 어휘를 다시 한번 학습한 후, 다음 문제를 풀어 보세요!

[01-03] 주어진 초성과 뜻에 알맞은 어휘를 빈칸에 넣어 문장을 완성하시오.

01 ㅇ ㄹ : 사람으로서 마땅히 행하거나 지켜야 할 도리

→ 너는 의사로서의 직업 ___________와 책임감을 가져야 한다.

02 ㄱ ㅎ 하다: 어떤 내용을 구체적인 사실로 나타나게 하다.

→ 그들은 백성이 주인이 되는 사회를 ___________하려고 나섰다.

03 ㅌ ㄷ ㅅ : 사물의 이치에 맞는 옳은 성질

→ 그 사업 계획이 ___________이 있는지 평가한 다음 투자할 생각이다.

[04-06] 〈보기〉의 글자 카드를 조합하여 문장의 빈칸에 들어갈 알맞은 어휘를 쓰시오.

> **보기**
>
> 념   식   인   적   전   통   형

04 '구운몽'은 조선 시대의 ___________인 양반 사회를 배경으로 한 고전 소설이다.
어떤 부류의 특징을 가장 잘 나타내는. 또는 그런 것

05 플라스틱 제품의 소비가 환경에 악영향을 미친다는 ___________이 아직 부족하다.
사물을 분별하고 판단하여 앎.

06 코로나 19로 인해 공부는 학교에 모여서 하는 것이라는 ___________이 깨지고 있다.
일반적으로 널리 통하는 개념

[07-09] 다음 문장에 어울리는 어휘를 골라 ○표 하시오.

07 사회의 급속한 변화는 가족의 (개념 / 체념)도 바꾸었다.

08 그의 주장은 논리가 워낙 치밀해서 (반응 / 반증)을 하기가 어렵다.

09 남북한의 언어가 달라진 것은 남북 분단이 가져온 (개연적 / 필연적)인 결과였다.

[10 - 12] 다음 밑줄 친 말과 바꿔 쓰기에 알맞은 어휘를 〈보기〉에서 골라 쓰시오.

> 보기
>
> 만물　　　섭리　　　일관성

10 지구가 태양 주위를 돌고 있는 것은 <u>자연의 법칙</u>이다.　→ ＿＿＿＿＿

11 그는 <u>한결같은 성질</u>이 있게 일을 처리하여 사람들에게 신뢰를 받는다.　→ ＿＿＿＿＿

12 <u>세상에 있는 모든 것</u>에는 틀림없이 그 나름대로 존재하는 이유가 있을 것이다.　→ ＿＿＿＿＿

[13 - 15] 다음 말 상자에서 주어진 뜻에 해당하는 어휘를 찾아 쓰시오.

관	부	구	형
체	타	류	공
섭	계	당	주
별	건	화	의

13 체계화된 이론이나 학설　→ ☐☐

14 동일한 범주에 속하는 대상들을 일정한 기준에 따라 나누어 놓은 갈래　→ ☐☐

15 일정한 원리에 따라서 낱낱의 부분이 짜임새 있게 조직되어 통일된 전체로 됨.　→ ☐☐☐

16 〈보기〉의 ㉠에 들어갈 어휘로 알맞은 것은?

> 보기
>
> 　사람의 마음속에는 천사와 악마의 양면성이 ＿＿＿＿㉠＿＿＿＿ 있다. 도덕이나 윤리에 어긋나는 생각이나 행동을 할 때는 천사가 튀어나와 "옳지 않아. 하면 안 돼!"라고 경고하고, 악마는 "괜찮아, 괜찮아. 하고 싶은 대로 해!"라며 부추긴다. 그러나 무엇을 선택하든지 그에 따른 결과는 오롯이 자신의 몫이다.

① 내재하고　　　② 미워하고　　　③ 일치하고
④ 두려워하고　　　⑤ 이루어지고

역사와 관련된 말

*Q1~Q13에서, ㉠과 ㉡ 중 알맞은 표현을 골라 보세요. 채점 후, 틀린 어휘는 ☐에 표시해 두세요.

☐ **01 고비**

일이 되어 가는 과정에서 **가장 중요한 단계나 대목**. 또는 막다른 절정
예 더위도 한 고비가 지났다.

Q1 알맞은 쓰임은? ㉠ 어려운 고비 ㉡ 즐거운 고비

☐ **02 고증**
상고할 考 / 증거 證

예전에 있던 사물들의 시대, 가치, 내용 따위를 옛 **문헌**◆이나 물건에 기초하여 증거를 세워 이론적으로 밝힘.
예 철저한 고증을 거친 내용만 증거로 사용될 수 있다.

Q2 알맞은 쓰임은? ㉠ 자료를 바탕으로 한 고증 ㉡ 망원경을 활용한 천체의 고증

◆문헌 옛날의 제도나 문물을 아는 데 증거가 되는 자료나 기록

☐ **03 근원**
뿌리 根 / 근원 源

❶ 물줄기가 나오기 **시작하는 곳**
예 이 강의 근원은 한라산이다.

❷ 사물이 비롯되는 **근본이나 원인**
예 그 소문의 근원은 아직 밝혀지지 않았다.

Q3 알맞은 쓰임은? ㉠ 우주의 근원을 찾다. ㉡ 냉장고의 근원을 끄다.

☐ **04 기원**
벼리 紀 / 으뜸 元

❶ 연대를 계산하는 데에 **기준이 되는 해**
예 '기원전 ○○년'에서 '기원'은 예수가 태어난 해를 가리킨다.

❷ **새로운 출발이 되는 시대나 시기**
예 인간의 달 착륙은 우주 시대의 기원을 열었다.

Q4 알맞은 쓰임은? ㉠ 마지막 기원을 닫다. ㉡ 새로운 기원을 열다.

☐ **05 냉전**
찰 冷 / 싸울 戰

❶ 직접적으로 무력을 사용하지 않고, **경제·외교·정보 따위를 수단으로 하는 국제적 대립**
예 한반도는 냉전의 최후 지대로 남아 있다.

❷ 두 대상의 대립이나 갈등 구조를 **비유적으로 이르는 말**
예 누나와 동생은 냉전 중이라 말을 하지 않는다.

Q5 알맞은 쓰임은? ㉠ 냉전 시대가 끝나다. ㉡ 냉전 행사가 열리다.

☐ **06 배타적**
물리칠 排 / 다를 他 / 과녁 的

남을 따돌리거나 거부하여 **밀어 내치는**. 또는 그런 것
예 이웃과 배타적인 관계를 맺는 것은 바람직하지 않다.

Q6 알맞은 쓰임은? ㉠ 남을 위하는 배타적 사랑 ㉡ 친구를 따돌리는 배타적 행동

☐ **07 변천** ☆
변할 變 / 옮길 遷

세월의 흐름에 따라 **바뀌고 변함**.
예 이번 전시회에서는 한복의 변천을 보여 주었다.

Q7 알맞은 쓰임은? ㉠ 전통문화의 변천 ㉡ 출입 금지의 변천

정답 Q: 1 ㉠ 2 ㉠ 3 ㉠ 4 ㉡ 5 ㉠ 6 ㉡ 7 ㉠

08 분투
떨칠 奮 / 싸움 鬪

있는 **힘을 다하여 싸우거나 노력함**.
예 축구 시합에서 분투를 다짐하였다.

Q8 알맞은 쓰임은?　㉠ 격렬한 분투　㉡ 조심스러운 분투

---

09 암흑기
어두울 暗 / 검을 黑 / 기약할 期

도덕이나 이성, **문명이 쇠퇴하고◆ 세상이 어지러운 시기**
예 1940년대 초는 우리 문학의 암흑기에 해당한다.

◆ **쇠퇴하다** 기세나 상태가 약해져 전보다 못하여 가다.

Q9 알맞은 쓰임은?　㉠ 문명이 발달한 암흑기　㉡ 전쟁으로 인한 암흑기

---

10 압제
누를 壓 / 억제할 制

권력이나 폭력으로 남을 꼼짝 못 하게 강제로 누름.
예 우리는 총칼로 압제한 권력자에게 저항하였다.

Q10 알맞은 쓰임은?　㉠ 자유로운 압제를 누리다.　㉡ 일제의 압제에서 벗어나다.

---

11 인습
인할 因 / 익힐 習

이전부터 전하여 내려오는 습관
예 전통과 인습은 엄격히 구별되어야 한다.

Q11 알맞은 쓰임은?　㉠ 낡은 인습에 얽매이다.　㉡ 예의 바른 인습을 가지다.

---

12 정체성
바를 正 / 몸 體 / 성품 性

변하지 아니하는 **존재의 본질◆을 깨닫는 성질**. 또는 그 성질을 가진 독립적 존재
예 청소년기에 자신의 정체성을 확립하는 것이 중요하다.

◆ **본질** 본디부터 가지고 있는 사물 자체의 성질이나 모습

Q12 알맞은 쓰임은?　㉠ 고속 도로 정체성이 심하다.　㉡ 자신의 정체성을 인식하다.

---

13 종식되다
마칠 終 / 꺼질 熄

한때 매우 성하던 현상이나 일이 끝나거나 없어지다.
예 전쟁이 종식되고 이 지역에도 평화가 왔다.

Q13 알맞은 쓰임은?　㉠ 공룡이 종식되다.　㉡ 긴 전투가 종식되다.

☆ 헷갈리기 쉬운 어휘

변천 변할 變 / 옮길 遷
세월의 흐름에 따라 바뀌고 변함.
예 그 드라마는 한국 현대사의 변천을 담았다.

VS

변화 변할 變 / 될 化
사물의 성질, 모양, 상태 따위가 바뀌어 달라짐.
예 환절기에는 아침저녁으로 기온의 변화가 심하다.

정답 Q : 8 ㉠　9 ㉡　10 ㉡　11 ㉠　12 ㉡　13 ㉡

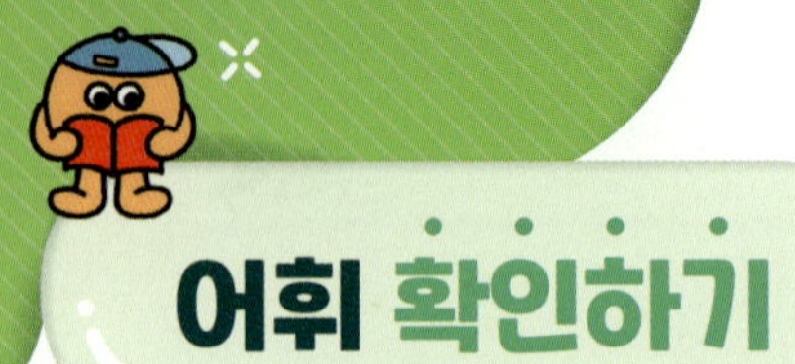

어휘 확인하기

*'어휘 익히기'에서 ☐에 표시된 어휘를 다시 한번 학습한 후, 다음 문제를 풀어 보세요!

[01-04] 다음 뜻에 알맞은 어휘를 찾아 연결하시오.

01 사물이 비롯되는 근본이나 원인 · · ㉠ 고비

02 일이 되어 가는 과정에서 가장 중요한 단계나 대목. 또는 막다른 절정 · · ㉡ 고증

03 변하지 아니하는 존재의 본질을 깨닫는 성질. 또는 그 성질을 가진 독립적 존재 · · ㉢ 근원

04 예전에 있던 사물들의 시대, 가치, 내용 따위를 옛 문헌이나 물건에 기초하여 증거를 세워 이론적으로 밝힘. · · ㉣ 정체성

[05-07] 〈보기〉의 글자 카드를 조합하여 문장의 빈칸에 들어갈 알맞은 어휘를 쓰시오.

05 그 시절은 국민의 권리가 억압된 정치적 ____________였다.
　　　　도덕이나 이성, 문명이 쇠퇴하고 세상이 어지러운 시기

06 어떤 폭력이나 ____________도 우리들의 정신까지 지배할 수는 없다.
　　권력이나 폭력으로 남을 꼼짝 못 하게 강제로 누름.

07 그의 가족은 낡은 ____________에 얽매여 아직도 집안일을 어머니가 도맡아 하신다.
　　　이전부터 전하여 내려오는 습관

[08-09] 다음 문장에 어울리는 어휘를 골라 ○표 하시오.

08 제2차 세계 대전 이후 대결과 전쟁을 불러왔던 (냉전 / 냉담) 체제가 붕괴되었다.

09 여러분의 (결투 / 분투)에 힘입어 우리 회사는 이번 달 매출 목표를 초과 달성했습니다.

[10 - 12] 다음 밑줄 친 말과 바꿔 쓰기에 알맞은 어휘를 〈보기〉에서 골라 쓰시오.

| 기원 | 변천 | 배타적 |

10 건국 신화는 나라의 <u>새로운 출발이 되는 시기</u>를 다룬다. → ____________

11 낯선 사람들에 대해 <u>따돌리거나 거부하여 밀어 내치는</u> 태도를 가지기 쉽다. → ____________

12 자동차 박람회에서는 자동차의 <u>세월의 흐름에 따라 바뀌고 변한</u> 과정을 볼 수 있다. → ____________

[13 - 15] 다음 말 상자에서 주어진 뜻에 해당하는 어휘를 찾아 쓰시오.

13 사물의 성질, 모양, 상태 따위가 바뀌어 달라짐. → ☐☐

14 본디부터 가지고 있는 사물 자체의 성질이나 모습 → ☐☐

15 옛날의 제도나 문물을 아는 데 증거가 되는 자료나 기록 → ☐☐

인	착	본	변
직	질	투	화
발	수	문	고
상	암	헌	천

[16 - 17] 다음 밑줄 친 말과 바꿔 쓰기에 가장 알맞은 어휘를 고르시오.

16 평화를 소망하는 우리 모두는 지구상에서 전쟁이 <u>끝나거나 없어질</u> 그날만 기다린다.
① 정지될 ② 완수될 ③ 종영될 ④ 종식될 ⑤ 휴전될

17 그 나라의 농업은 발전하지 못하고 <u>상태가 약해져 전보다 못하여 가는</u> 길을 걸었다.
① 번성하는 ② 쇠퇴하는 ③ 부패하는 ④ 소멸하는 ⑤ 타락하는

사회와 관련된 말

*Q1~Q13에서, ㉠과 ㉡ 중 알맞은 표현을 골라 보세요. 채점 후, 틀린 어휘는 ◯에 표시해 두세요.

---

01 건전하다
굳셀 健 / 온전할 全

❶ 병이나 탈이 없이 건강하고 온전하다.
예 건전한 젊은이들이 있는 사회의 미래는 희망차다.
❷ 사상이나 사물 따위의 상태가 한쪽으로 치우치지 않고 정상적이며 위태롭지 아니하다.
예 청소년들이 즐길 만한 건전한 오락 개발에 힘쓰자.

Q1 알맞은 쓰임은?　㉠ 불량하고 건전한 노래　㉡ 올바르고 건전한 영화

---

02 공익
공변될 公 / 더할 益

사회 전체의 이익
예 헌법은 공익을 위해 국민의 기본권을 제한하는 경우도 있다.

Q2 알맞은 쓰임은?　㉠ 협력을 통한 공익　㉡ 경쟁을 통한 공익

---

03 관례
버릇 慣 / 법식 例

전부터 해 내려오던 전례◆가 관습으로 굳어진 것
예 서로 의견이 분분하니 관례에 따라 처리합시다.

Q3 알맞은 쓰임은?　㉠ 기존의 관례를 지키다.　㉡ 새로운 관례를 정하다.

◆ 전례 ① 이전부터 있었던 사례 ② 예로부터 전하여 내려오는 일 처리의 관습

---

04 낙후되다
떨어질 落 / 뒤 後

기술이나 문화, 생활 따위의 수준이 일정한 기준에 미치지 못하고 뒤떨어지게 되다.
예 이 지역은 아직 전기 시설조차 되어 있지 않은 낙후된 마을이다.

Q4 알맞은 쓰임은?　㉠ 낙후되고 불안정한 사회　㉡ 생활 수준이 높고 낙후된 지역

---

05 남용하다
넘칠 濫 / 쓸 用

❶ 일정한 기준이나 한도를 넘어서 함부로 쓰다.
예 약을 남용하면 오히려 건강을 해칠 수 있다.
❷ 권리나 권한 등을 본래의 목적이나 범위를 벗어나 함부로 행사하다.
예 권력을 남용하여 재산을 모은 일부 정치인들이 처벌을 받았다.

Q5 알맞은 쓰임은?　㉠ 외래어를 남용하다.　㉡ 봉사 정신을 남용하다.

---

06 도태되다
일 淘 / 미끄러울 汰

여럿 중에서 불필요하거나 부적당한 것이 줄어 없어지다.
예 그 제품은 성능이 뒤떨어져 시장에서 도태되었다.

Q6 알맞은 쓰임은?　㉠ 변화에 적응해 도태되다.　㉡ 경쟁에 밀려나 도태되다.

---

07 반목
돌이킬 反 / 눈 目

서로서로 시기하고 미워함.
예 찬성 측과 반대 측의 반목이 극심하였다.

Q7 알맞은 쓰임은?　㉠ 신뢰로 인한 반목　㉡ 원한으로 인한 반목

정답 Q : 1 ㉡　2 ㉠　3 ㉠　4 ㉡　5 ㉠　6 ㉡　7 ㉡

08 배후
등 背 / 뒤 後

1 어떤 대상이나 대오의 뒤쪽
例 적의 배후를 공격하다.

2 어떤 일의 드러나지 않은 이면◆
例 경찰은 이 사건에 배후가 있음을 짐작하고 조사하였다.

◆ **이면** ① 물체의 뒤쪽 면 ② 겉으로 나타나거나 눈에 보이지 않는 부분

Q8 알맞은 쓰임은?
ㄱ 배후 세력을 밝히다.
ㄴ 배후 능력을 보이다.

09 부과 ☆
구실 賦 / 시험할 課

1 세금이나 부담금 따위를 매기어 부담하게 함.
例 세금 부과는 국가의 권한이다.

2 일정한 책임이나 일을 부담하여 맡게 함.
例 담당 직원은 자신에 대한 책임 부과를 거부하였다.

Q9 알맞은 쓰임은?
ㄱ 제품에 설명서를 부과하다.
ㄴ 직원에게 임무를 부과하다.

10 부실하다
아닐 不 / 열매 實

1 몸, 마음, 행동 따위가 튼튼하지 못하고 약하다.
例 그 아이는 잘 먹지 못해 몸이 부실하다.

2 내용이 실속◆이 없고 충분하지 못하다.
例 부실한 공사 때문에 건물이 지은 지 5년 만에 무너졌다.

◆ **실속** 군더더기 없는, 실지의 알맹이가 되는 내용

Q10 알맞은 쓰임은?
ㄱ 부실한 날씨
ㄴ 부실한 보고서

11 사각지대
죽을 死 / 뿔 角 / 땅 地 / 띠 帶

1 어느 위치에 섬으로써 사물이 눈으로 보이지 아니하게 되는 각도
例 운전을 할 때는 사각지대를 조심해야 한다.

2 관심이나 영향이 미치지 못하는 구역을 비유적◆으로 이르는 말
例 문명의 사각지대라고 불리던 아프리카도 서서히 개발되고 있다.

◆ **비유적** 어떤 현상이나 사물을 직접 설명하지 아니하고 다른 비슷한 현상이나 사물에 빗대어서 설명하는 것

Q11 알맞은 쓰임은?
ㄱ 경찰 수사의 사각지대
ㄴ 넓게 펼쳐진 사각지대

12 영세민
떨어질 零 / 가늘 細 / 백성 民

수입이 적어 몹시 가난한 사람
例 물가가 오르면 영세민은 더욱더 살기 힘들어진다.

Q12 알맞은 쓰임은?
ㄱ 도움이 필요한 영세민
ㄴ 넉넉한 생활을 하는 영세민

13 폐해
폐단 弊 / 해로울 害

폐단◆으로 생기는 해로움.
例 대기 오염의 폐해로 눈병과 감기가 더욱 많이 발생하고 있다.

◆ **폐단** 어떤 일이나 행동에서 나타나는 옳지 못한 경향이나 해로운 현상

Q13 알맞은 쓰임은?
ㄱ 환경 오염의 폐해
ㄴ 건강 증진의 폐해

'**부과**'는 '세금이나 부담금 등을 내게 함.'이라는 뜻이고, '**부가**'는 '주된 것 외에 무엇을 더 붙임.'이라는 뜻이에요.

☆ 헷갈리기 쉬운 어휘

부과 구실 賦 / 시험할 課
세금이나 부담금 따위를 매기어 부담하게 함.
例 정부는 재산세 부과 방식을 개편하였다.

VS

부가 붙을 附 / 더할 加
주된 것에 덧붙임.
例 그는 제품의 부가 기능에 대해 설명하였다.

어휘 확인하기

*'어휘 익히기'에서 ◯에 표시된 어휘를 다시 한번 학습한 후, 다음 문제를 풀어 보세요!

[01 - 03] 주어진 초성과 뜻에 알맞은 어휘를 빈칸에 넣어 문장을 완성하시오.

01 ㅂ ㄱ : 세금이나 부담금 따위를 매기어 부담하게 함.

→ 부모님은 세무서에 상속세 ___________ 방식을 문의하였다.

02 ㅍ ㅎ : 폐단으로 생기는 해로움.

→ 흡연의 ___________가 크므로 공공장소에서는 흡연을 금지해야 한다.

03 ㄴ ㅎ 되다 : 기술이나 문화, 생활 따위의 수준이 일정한 기준에 미치지 못하고 뒤떨어지게 되다.

→ 섬 생활에서 가장 큰 문제점은 의료 시설이 ___________되어 있다는 것이다.

[04 - 06] 다음 밑줄 친 어휘의 뜻을 〈보기〉에서 찾아 그 기호를 쓰시오.

> **보기**
> ㉠ 내용이 실속이 없고 충분하지 못하다.
> ㉡ 여럿 중에서 불필요하거나 부적당한 것이 줄어 없어지다.
> ㉢ 사상이나 사물 따위의 상태가 한쪽으로 치우치지 않고 정상적이며 위태롭지 아니하다.

04 올바른 꿈을 가진 사람은 생활 태도도 <u>건전하고</u> 착실하다.   (   )

05 우리는 치열한 경쟁 사회에서 <u>도태되지</u> 않도록 끊임없이 노력하고 있다.   (   )

06 이 건물의 안전성에 심각한 문제가 있는 것은 <u>부실하게</u> 공사를 했기 때문이다.   (   )

[07 - 09] 밑줄 친 어휘의 뜻풀이에 알맞은 말을 찾아 ◯표 하시오.

07 국민 간에 <u>반목</u>과 불화를 일으키는 지역감정은 반드시 사라져야 한다.

→ 서로서로 (경쟁하고 격려함 / 시기하고 미워함).

08 정부는 <u>영세민</u>들의 생활을 돕기 위해 저렴한 아파트를 공급하였다.

→ 수입이 (적어 몹시 가난한 / 많아 몹시 부유한) 사람

09 식목일이면 신입 사원들이 산에 가서 나무를 심는 것이 우리 회사의 <u>관례</u>이다.

→ 전부터 해 내려오던 전례가 (관습 / 버릇)으로 굳어진 것

[10 - 13] 〈보기〉의 글자 카드를 조합하여 문장의 빈칸에 들어갈 알맞은 어휘를 쓰시오.

보기

| 가 | 공 | 단 | 배 | 부 | 익 | 폐 | 후 |

10 최근에 통신 기능이 ___________된 텔레비전이 출시되었다.
　　　　　　　주된 것에 덧붙임.

11 자동차의 증가는 대기 오염과 교통 혼잡이라는 ___________을 가져왔다.
　　　　　　　어떤 일이나 행동에서 나타나는 옳지 못한 경향이나 해로운 현상

12 그 사건의 ___________에는 진실이 밝혀지는 것을 두려워하는 권력자들이 있었다.
　　　　　　　어떤 일의 드러나지 않은 이면

13 광고는 어느 특정 집단의 이익뿐만 아니라 ___________에 대한 기여도 고려해야 한다.
　　　　　　　사회 전체의 이익

[14 - 17] 다음 말 상자에서 주어진 뜻에 해당하는 어휘를 찾아 쓰시오.

14 군더더기 없는, 실지의 알맹이가 되는 내용 →

15 겉으로 나타나거나 눈에 보이지 않는 부분 →

16 예로부터 전하여 내려오는 일 처리의 관습 →

부	착	전	체	가
실	보	세	례	선
익	속	완	공	적
이	한	도	유	민
해	면	비	어	현

17 어떤 현상이나 사물을 직접 설명하지 아니하고 다른 비슷한 현상이나
사물에 빗대어서 설명하는 것 →

[18 - 19] 다음 밑줄 친 말과 바꿔 쓰기에 가장 알맞은 어휘를 고르시오.

18 약물을 일정한 기준이나 한도를 넘어서 함부로 쓰면 건강을 해칠 우려가 있다.
① 이용하면　　② 적용하면　　③ 남용하면　　④ 유용하면　　⑤ 복용하면

19 정부는 사회 안전망의 관심이나 영향이 미치지 못하는 구역에 있는 서민들부터 돌보아야 할 것이다.
① 무풍지대　　② 사각지대　　③ 안전지대　　④ 무법 지대　　⑤ 중립 지대

어휘 익히기

정치와 관련된 말

*Q1~Q13에서, ㉠과 ㉡ 중 알맞은 표현을 골라 보세요. 채점 후, 틀린 어휘는 ☐에 표시해 두세요.

☐ **01 거론하다**
들 擧 / 논의할 論

어떤 사항을 논제로 삼아 제기하거나 논의하다.
예 사람들은 이미 결정된 일을 다시 거론하지 않았다.

Q1 알맞은 쓰임은? ㉠ 반대 거론에 대한 조사 ㉡ 회의에서 거론한 의견

☐ **02 공정하다** ☆
공변될 公 / 바를 正

공평하고 올바르다.
예 공정한 선거를 치르기 위해 민간 기구가 설치되었다.

Q2 알맞은 쓰임은? ㉠ 원칙이 지켜지는 공정한 사회 ㉡ 한쪽 편만 들어주는 공정한 판결

☐ **03 사회주의**
모일 社 / 모일 會 / 주인 主 / 뜻 義

사유 재산 제도를 폐지하고 생산 수단을 사회화하여◆ 자본주의◆ 제도의 사회적·경제적 모순을 극복한 사회 제도를 실현하려는 사상. 또는 그 운동
예 사회주의 국가에서는 모든 생산 수단을 나라의 소유로 한다.

Q3 알맞은 쓰임은? ㉠ 사회주의 국가 ㉡ 사회주의 자연

◆ **사회화하다** 개인적인 존재나 소유가 공적인 존재나 소유로 바뀌다.
◆ **자본주의** 생산 수단을 자본으로서 소유한 자본가가 이윤 획득을 위하여 생산 활동을 하도록 보장하는 사회 경제 체제

☐ **04 서열**
차례 序 / 벌일 列

일정한 기준에 따라 순서대로 늘어섬. 또는 그 순서
예 원숭이의 세계에서는 서열이 매우 중요하다.

Q4 알맞은 쓰임은? ㉠ 제품의 서열이 화려하다. ㉡ 서열 구분이 엄격하다.

☐ **05 선동적**
불일 煽 / 움직일 動 / 과녁 的

남을 부추겨 어떤 일이나 행동을 하게 하는. 또는 그런 것
예 그는 선동적인 말과 행동으로 사람들을 모았다.

Q5 알맞은 쓰임은? ㉠ 군중을 자극하는 선동적 말투 ㉡ 사람들을 위로하는 선동적 노래

☐ **06 유권자**
있을 有 / 권세 權 / 놈 者

선거할 권리를 가진 사람
예 텔레비전 토론회는 유권자의 판단에 좋은 길잡이가 된다.

Q6 알맞은 쓰임은? ㉠ 유권자를 뽑는 선거 ㉡ 유권자가 지지하는 후보

☐ **07 유세**
놀 遊 / 달랠 說

자기 의견 또는 자기 소속 정당◆의 주장을 선전하며 돌아다님.
예 광장에서 국회 의원 후보자의 유세가 시작되었다.

Q7 알맞은 쓰임은? ㉠ 선거 유세에 몰린 인파 ㉡ 상품 유세에 드는 비용

◆ **정당** 정치적인 주의나 주장이 같은 사람들이 정권을 잡고 정치적 이상을 실현하기 위하여 조직한 단체

정답 Q: 1 ㉡ 2 ㉠ 3 ㉠ 4 ㉡ 5 ㉠ 6 ㉡ 7 ㉠

08 이행하다
신 履 / 다닐 行

실제로 행하다.
예 당선자들은 선거 공약들을 빠르게 이행하겠다고 약속했다.

Q8 알맞은 쓰임은?
㉠ 의무를 충실히 이행하다.   ㉡ 새로운 집으로 이행하다.

09 정복
칠 征 / 입을 服

❶ 남의 나라나 이민족♦ 따위를 정벌하여♦ 복종시킴.
예 왕은 주변 국가 정복을 통해 영토를 크게 확장하였다.
❷ 높은 산 따위의 매우 가기 힘든 곳을 어려움을 이겨 내고 감.
예 그는 끝내 에베레스트산의 정상 정복에 실패하였다.

Q9 알맞은 쓰임은?
㉠ 세계 정복에 나서다.   ㉡ 건물 정복에 올라서다.

♦ **이민족** 언어 · 풍습 따위가 다른 민족
♦ **정벌하다** 적 또는 죄 있는 무리를 무력으로써 치다.

10 중립
가운데 中 / 설 立

어느 편에도 치우치지 않고 중간적인 입장에 섬. 또는 그런 입장
예 공무원은 항상 정치적 중립을 지켜야 한다.

Q10 알맞은 쓰임은?
㉠ 분쟁에서 중립을 지키다.   ㉡ 산속 중립을 벗어나다.

11 진영
진 칠 陣 / 경영할 營

❶ 정치적 · 사회적 · 경제적으로 구분된 서로 대립되는 세력의 어느 한쪽
예 민주주의 진영과 공산주의 진영이 대립하였다.
❷ 군대가 진을 치고 있는 곳
예 군의 기습으로 우리 진영에 상당한 피해가 발생하였다.

Q11 알맞은 쓰임은?
㉠ 역사의 진영을 추구하다.   ㉡ 민족주의 진영에 가담하다.

12 특권
특별할 特 / 권세 權

특별한 권리
예 언어를 사용하고 문화를 발전시키는 것은 인간만이 누리는 특권이다.

Q12 알맞은 쓰임은?
㉠ 할인은 회원만의 특권이다.   ㉡ 십자가는 희생의 특권이다.

13 현안
매달 懸 / 책상 案

이전부터 의논하여 오면서도 아직 해결되지 않은 채 남아 있는 문제나 의안♦
예 주민들은 쓰레기장 이전 문제를 시급한 현안으로 꼽았다.

♦ **의안** 회의에서 심의하고 토의할 안건

Q13 알맞은 쓰임은?
㉠ 현안을 시급히 해결하다.   ㉡ 현안으로 받들어 존경하다.

☆ 헷갈리기 쉬운 어휘

공정하다 공변될 公 / 바를 正
공평하고 올바르다.
예 법관은 법과 양심에 따라 공정하게 판결해야 한다.

VS

공평하다 공변될 公 / 평평할 平
어느 쪽으로도 치우치지 않고 고르다.
예 형제들이 아버지의 유산을 공평하게 나누었다.

어휘 확인하기

*'어휘 익히기'에서 ☐에 표시된 어휘를 다시 한번 학습한 후, 다음 문제를 풀어 보세요!

[01-05] 주어진 뜻풀이를 참고하여 십자말풀이를 완성하시오.

[가로 열쇠]

01 ① 자기 의견 또는 자기 소속 정당의 주장을 선전하며 돌아다님.

02 ② 특별한 권리

03 ④ 남의 나라나 이민족 따위를 정벌하여 복종시킴.

[세로 열쇠]

04 ① 선거할 권리를 가진 사람

05 ③ 공평하고 올바름.

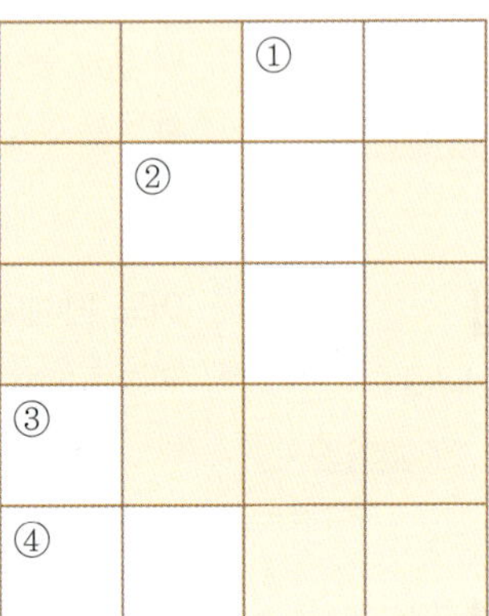

[06-08] 밑줄 친 어휘의 알맞은 뜻을 찾아 번호를 쓰시오.

06 군대에서는 계급에 따라서 <u>서열</u>이 엄격하게 매겨진다. ( )
① 일정한 기준에 따라 순서대로 늘어섬.
② 일정한 목표나 기준에 도달할 수 있도록 만드는 실제적 교육 활동

07 복지 · 문화 분야의 다양한 <u>현안</u>을 놓고 위원들이 의견 차이를 보였다. ( )
① 자신의 견해가 옳다고 서로 다투는 중심 사항
② 이전부터 의논하여 오면서도 아직 해결되지 않은 채 남아 있는 문제나 의안

08 대통령 선거가 다가오자 각 <u>정당</u>에서는 후보를 뽑기 위한 투표를 실시하였다. ( )
① 이치에 맞아 올바르고 마땅함.
② 정권을 잡고 정치적 이상을 실현하기 위하여 조직한 단체

[09-10] 다음 문장에 어울리는 어휘를 골라 ○표 하시오.

09 민주 사회에서는 군인의 엄격한 정치적 (중립 / 대립)이 요구된다.

10 시위를 하는 사람들은 (선동적 / 수동적) 구호를 외치며 거리를 행진하였다.

[11 - 13] 다음 뜻에 해당하는 어휘를 주어진 초성을 참고하여 쓰시오.

11 ㅇ ㅁ ㅈ : 언어 · 풍습 따위가 다른 민족
→ 우리나라는 지형상 ___________의 침입이 잦았다.

12 ㅇ ㅇ : 회의에서 심의하고 토의할 안건
→ 찬성자의 수가 과반수를 넘어야 ___________이 통과된다.

13 ㅈ ㅇ : 정치적 · 사회적 · 경제적으로 구분된 서로 대립되는 세력의 어느 한쪽
→ 각 ___________의 후보자들이 높은 자리에 오르기 위해 치열하게 싸우고 있다.

[14 - 17] 다음 밑줄 친 말과 바꿔 쓰기에 알맞은 어휘를 〈보기〉에서 골라 문맥에 맞게 쓰시오.

> **보기**
>
> 거론하다   이행하다   정벌하다   사회화하다

14 시민 단체는 시장에게 공약을 <u>실제로 행할</u> 것을 촉구하였다.   → ___________

15 그날 이후 그 사건은 누구도 <u>논제로 삼아 제기하거나 논의하지</u> 않았다.   → ___________

16 수나라는 고구려를 <u>무력으로 치려고</u> 여러 차례 원정군을 보냈으나 모두 실패하였다.
→ ___________

17 그는 자신이 수집한 문화재들을 그가 죽은 후에 <u>공적인 소유로 바꾸어</u> 시에서 관리하도록 하였다.
→ ___________

[18 - 19] 다음 글을 읽고 ㉠, ㉡에 들어갈 어휘를 쓰시오.

> ______㉠______는 개인이 재산을 소유하는 사유 재산제에 바탕을 두고 이윤 획득을 위해서 상품을 생산하는 것을 인정하는 경제 체제이다. 이런 체제에서는 더 많은 이익을 남기기 위해 사람들이 자유롭게 경쟁을 한다. 반면 ______㉡______는 모든 생산 수단을 국가에서 관리하여 개인의 재산을 사회 전체의 것으로 하는 경제 체제이다. 이렇게 함으로써 불평등이 원인이 되는 시장 경쟁을 제거하려는 것이다.

18 ㉠ : ___________   **19** ㉡ : ___________

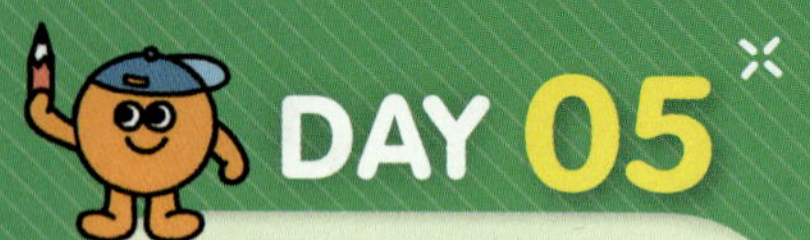

경제와 관련된 말

*Q1~Q13에서, ㉠과 ㉡ 중 알맞은 표현을 골라 보세요. 채점 후, 틀린 어휘는 □에 표시해 두세요.

---

01 가계
집 家 / 꾀할 計

❶ 한집안 살림의 수입과 지출의 상태
예 추석에 돈을 많이 써서 지난달 가계는 적자였다.

❷ 집안 살림을 꾸려 나가는 방도나 형편
예 어렸을 때는 가계가 넉넉지 못해 부모님은 쉬지 않고 일하셨다.

Q1 알맞은 쓰임은?
㉠ 집안일로 가계 지출이 늘다.
㉡ 자식을 낳아 가계를 잇다.

---

02 감축
덜 減 / 오그라들 縮

덜어서 줄임.
예 회사에서는 인원 감축으로 비용을 줄이려 한다.

Q2 알맞은 쓰임은?
㉠ 생산량 감축이 예상되었다.
㉡ 다리 근육의 감축을 느꼈다.

---

03 강세
강할 强 / 기세 勢

강한 세력이나 기세
예 우리나라는 양궁에서 강세를 보인다.

Q3 알맞은 쓰임은?
㉠ 주식 가격이 강세를 띠다.
㉡ 올바른 강세를 유지하다.

---

04 매매하다
팔 賣 / 살 買

물건을 팔고 사다.
예 자동차를 매매할 때 필요한 서류를 준비하였다.

Q4 알맞은 쓰임은?
㉠ 시험 점수를 매매하다.
㉡ 부동산을 매매하다.

---

05 보증
보전할 保 / 증거 證

❶ 어떤 사물이나 사람에 대하여 책임지고 틀림이 없음을 증명함.
예 이 제품은 무상으로 수리할 수 있는 보증 기간이 1년이다.

❷ 빚진 사람이 빚을 갚지 아니할 경우에, 빚진 사람을 대신하여 빚을 갚아 주기로 함.
예 아버지는 삼촌의 은행 대출을 위해 보증을 서 주었다.

Q5 알맞은 쓰임은?
㉠ 제품의 품질 보증에 힘쓰다.
㉡ 자연환경의 보증에 힘쓰다.

---

06 빈곤
가난할 貧 / 괴로울 困

가난하여 살기가 어려움.
예 흉년 때문에 농민들은 빈곤에 시달렸다.

Q6 알맞은 쓰임은?
㉠ 남부럽지 않은 빈곤
㉡ 헤어날 길 없는 빈곤

---

07 생계
날 生 / 꾀할 計

살림을 살아 나갈 방법과 도리. 또는 현재 살림을 살아가고 있는 형편
예 경영자는 사원들의 생계를 책임질 수 있어야 한다.

Q7 알맞은 쓰임은?
㉠ 생계의 갈림길에 서다.
㉡ 퇴사 후 생계가 막막하다.

정답 Q : 1 ㉠ 2 ㉠ 3 ㉠ 4 ㉡ 5 ㉠ 6 ㉡ 7 ㉡

08 생산성
날 生 / 낳을 産 / 성품 性

토지, 자원, 노동력 따위 생산의 여러 요소들이 투입◆된 양과 그것으로써 이루어진 생산물 산출량◆의 비율
예 모든 생산 시설을 자동화하여 생산성을 높였다.

◆투입 사람이나 물자, 자본 따위를 필요한 곳에 넣음.
◆산출량 생산되어 나오거나 생산하여 내는 양

Q8 알맞은 쓰임은?
ㄱ 제품의 생산성이 하락하다.
ㄴ 직원들에게 생산성을 지급하다.

09 손실 ☆
덜 損 / 잃을 失

잃어버리거나 축나서 손해를 봄. 또는 그 손해
예 그는 투자에 실패하여 재산에 막대한 손실을 입었다.

Q9 알맞은 쓰임은?
ㄱ 나의 손실을 추구하다.
ㄴ 경제적인 손실이 크다.

10 점유하다
차지할 占 / 있을 有

물건이나 영역, 지위 따위를 차지하다.
예 이 제품은 식품 시장을 크게 점유하고 있다.

Q10 알맞은 쓰임은?
ㄱ 작동 상태를 점유하다.
ㄴ 대규모 토지를 점유하다.

11 창출하다
비롯할 創 / 날 出

전에 없던 것을 처음으로 생각하여 지어내거나 만들어 내다.
예 정부에서는 고용을 창출하기 위해 많은 노력을 기울이고 있다.

Q11 알맞은 쓰임은?
ㄱ 새로운 문화를 창출하다.
ㄴ 오래된 헌 옷을 창출하다.

12 투자하다
던질 投 / 재물 資

이익을 얻기 위하여 어떤 일이나 사업에 자본을 대거나 시간이나 정성을 쏟다.
예 성공하기 위해서는 시간과 노력을 투자해야 한다.

Q12 알맞은 쓰임은?
ㄱ 제품 개발비를 투자하다.
ㄴ 배달 음식을 투자하다.

13 활성화
살 活 / 성품 性 / 될 化

사회나 조직 등의 기능이 활발함. 또는 그러한 기능을 활발하게 함.
예 관광객이 늘어나자 지역 경기 활성화가 이어졌다.

Q13 알맞은 쓰임은?
ㄱ 경제 활성화
ㄴ 숙제 활성화

☆ 헷갈리기 쉬운 어휘

손실 덜 損 / 잃을 失
잃어버리거나 축나서 손해를 봄. 또는 그 손해
예 홍수가 나서 경제적인 손실을 입게 되었다.

VS

손상 덜 損 / 상처 傷
1 물체가 깨지거나 상함. 예 접시에 손상이 가다.
2 병이 들거나 다침. 예 척추에 손상을 입다.

어휘 확인하기

*'어휘 익히기'에서 ☐에 표시된 어휘를 다시 한번 학습한 후, 다음 문제를 풀어 보세요!

[01-03] 주어진 초성과 뜻에 알맞은 어휘를 빈칸에 넣어 문장을 완성하시오.

01 ㄱ ㄱ : 집안 살림을 꾸려 나가는 방도나 형편

→ 사교육비가 ___________에 큰 부담을 주는 것으로 나타났다.

02 ㅎ ㅅ ㅎ : 사회나 조직 등의 기능을 활발하게 함.

→ 시민 환경 단체의 ___________를 위한 모금 운동을 벌였다.

03 ㅌ ㅈ 하다: 이익을 얻기 위하여 어떤 일이나 사업에 자본을 대거나 시간이나 정성을 쏟다.

→ 나는 축구 선수라는 꿈을 이루기 위해 많은 시간과 노력을 ___________하고 있다.

[04-06] 〈보기〉의 글자 카드를 조합하여 문장의 빈칸에 들어갈 알맞은 어휘를 쓰시오.

> **보기**
>
> 입　　투　　량　　산　　유　　점　　출

04 곡물 ___________의 감소는 곡물 가격의 인상으로 이어졌다.
생산되어 나오거나 생산하여 내는 양

05 우리나라는 전 세계 반도체 시장의 상당 부분을 ___________하고 있다.
물건이나 영역, 지위 따위를 차지함.

06 올해에는 신제품 연구와 개발에 막대한 자금이 ___________될 예정이다.
사람이나 물자, 자본 따위를 필요한 곳에 넣음.

[07-08] 빈칸에 공통으로 들어갈 어휘를 〈보기〉에서 찾아 쓰시오.

> **보기**
>
> 매매　　창출

07 고용을 (　　　　)하다 / 문화를 (　　　　)하다.　　　　→ ___________

08 농지를 (　　　　)하다 / 중고품을 (　　　　)하다.　　　　→ ___________

[09 - 11] 다음 문장에 어울리는 어휘를 골라 ○표 하시오.

09 기업들은 설비 자동화를 통해 (생산성 / 다산성)을 높일 수 있다.

10 수출 상품을 실은 배가 태풍으로 침몰하여 회사는 큰 (손실 / 득실)을 입었다.

11 제품의 품질 (보증 / 보안) 기간이 끝났으므로 제품을 수리할 때는 비용을 내야 한다.

[12 - 15] 다음 밑줄 친 말과 바꿔 쓰기에 알맞은 어휘를 〈보기〉에서 골라 쓰시오.

> 보기
>
> 감축 강세 생계 손상

12 그림 액자가 벽에서 떨어져 <u>깨지거나 상하는</u> 일이 생겼다. → ____________

13 두 나라는 전쟁이 끝나자 무기를 <u>덜어서 줄이는 것</u>에 대해 논의하였다. → ____________

14 외국 영화의 인기가 한풀 꺾이면서 한국 영화가 <u>강한 기세</u>를 보이고 있다. → ____________

15 최근 생필품 가격이 많이 올라 빈민층은 <u>살림을 살아 나갈 방법</u>이 막연해졌다. → ____________

16 〈보기〉의 빈칸에 공통으로 들어갈 어휘로 가장 알맞은 것은?

> 보기
>
> 　많은 나라가 경제적 ____________(으)로부터 벗어나려고 노력한다. 그러나 가난한 국가는 소득이 낮아서 경제 활동이 활발하지 못하고, 이는 결국 더 낮은 소득을 가져오게 된다. 미국의 한 경제학자는 이런 현상을 ____________의 악순환이라고 하였다.

① 활동　　　　　② 빈곤　　　　　③ 독립
④ 여유　　　　　⑤ 소비

어휘 익히기

법률과 관련된 말

*Q1~Q13에서, ㉠과 ㉡ 중 알맞은 표현을 골라 보세요. 채점 후, 틀린 어휘는 ☐에 표시해 두세요.

01 개정하다
고칠 改 / 바를 正

주로 문서의 내용 따위를 고쳐 바르게 하다.
예 국민을 괴롭히는 악법은 개정해야 한다.

Q1 알맞은 쓰임은? ㉠ 근무지를 개정하다. ㉡ 불평등 조약을 개정하다.

02 모색하다
본뜰 摸 / 찾을 索

일이나 사건 따위를 해결할 수 있는 방법이나 실마리를 더듬어 찾다.
예 지금부터 피해자들을 도울 방안을 모색해 보자.

Q2 알맞은 쓰임은? ㉠ 사고 실종자를 모색하다. ㉡ 새로운 방법을 모색하다.

03 발효하다
필 發 / 본받을 效

조약◆, 법, 공문서◆ 따위의 효력이 나타나다. 또는 그 효력을 나타내다.
예 새로운 법안이 발효하기까지는 아직 거쳐야 할 절차가 많이 남아 있다.

Q3 알맞은 쓰임은? ㉠ 특별법을 발효하다. ㉡ 신곡을 발효하다.

◆ **조약** 국가 간의 권리와 의무를 국가 간의 합의에 따라 법적 구속을 받도록 규정하는 행위
◆ **공문서** 공공 기관이나 단체에서 공식으로 작성한 서류

04 부당하다
아닐 不 / 마땅할 當

이치에 맞지 아니하다.
예 우리 선수단은 심판의 부당한 판정에 항의하였다.

Q4 알맞은 쓰임은? ㉠ 부당하게 이득을 남기다. ㉡ 부당한 대우를 원하다.

05 영리
경영할 營 / 이로울 利

재산상의 이익을 꾀함. 또는 그 이익
예 회사는 영리를 목적으로 운영된다.

Q5 알맞은 쓰임은? ㉠ 식당 영리 시간이 끝나다. ㉡ 봉사는 영리 추구와 무관하다.

06 위법
어길 違 / 법도 法

법률이나 명령 따위를 어김.
예 죄가 없는 사람을 잡아 가두는 것은 위법이다.

Q6 알맞은 쓰임은? ㉠ 위법을 지키는 경찰 ㉡ 위법이 판치는 사회

07 입증하다
설 立 / 증거 證

어떤 증거 따위를 내세워 증명하다.
예 재판에서 무죄를 입증하려면 증거가 있어야 한다.

Q7 알맞은 쓰임은? ㉠ 컴퓨터에 글자를 입증하다. ㉡ 자신의 능력을 입증하다.

정답 Q : 1 ㉡ 2 ㉡ 3 ㉠ 4 ㉠ 5 ㉡ 6 ㉡ 7 ㉡

08 조세
구실 租 / 세금 稅

국가 또는 지방 공공 단체가 필요한 경비로 사용하기 위하여 **국민이나 주민으로부터 강제로 거두어들이는 돈**
예 정부는 수재민들에게 조세를 일시적으로 면제해 주었다.

Q8 알맞은 쓰임은?
ㄱ 조세를 주고받다.
ㄴ 조세를 거둬들이다.

09 존속하다
있을 存 / 이을 續

어떤 대상이 **그대로 있거나** 어떤 현상이 **계속되다.**
예 민족이 쇠퇴하느냐 존속하느냐 하는 갈림길에 서 있다.

Q9 알맞은 쓰임은?
ㄱ 국가가 존속하다.
ㄴ 일일 당번이 존속하다.

10 준수하다
좇을 遵 / 지킬 守

전례나 규칙, 명령 따위를 그대로 **좇아서 지키다.**
예 모든 국민은 헌법을 준수해야 할 의무가 있다.

Q10 알맞은 쓰임은?
ㄱ 발표 수업을 준수하다.
ㄴ 국제 조약을 준수하다.

11 합법적
합할 合 / 법도 法 / 과녁 的

법령◆이나 규범◆에 맞는. 또는 그런 것
예 그는 합법적인 절차에 따라 공장을 설립하였다.

Q11 알맞은 쓰임은?
ㄱ 합법적인 문제 해결
ㄴ 합법적인 범죄 행위

◆ **법령** 법률과 명령
◆ **규범** 인간이 행동하거나 판단할 때에 마땅히 따르고 지켜야 할 가치 판단의 기준

12 혐의
싫어할 嫌 / 의심할 疑

범죄를 저질렀을 가능성이 있다고 봄. 또는 그 가능성
예 그 회사는 탈세 혐의로 검찰로부터 조사를 받았다.

Q12 알맞은 쓰임은?
ㄱ 범죄 혐의가 풀리다.
ㄴ 문장의 혐의를 파악하다.

13 효력
본받을 效 / 힘 力

❶ **약 따위를 사용한 후에 얻는 보람**
예 진통제의 효력이 뛰어나 환자가 통증 없이 잠이 들었다.
❷ **법률이나 규칙 따위의 작용**
예 이 법안은 오늘 통과되어 효력이 발생한다.

Q13 알맞은 쓰임은?
ㄱ 그는 효력이 깊다.
ㄴ 법적인 효력이 없다.

✧ 헷갈리기 쉬운 어휘

모색하다 본뜰 摸 / 찾을 索
일이나 사건 따위를 해결할 수 있는 방법이나 실마리를 더듬어 찾다.
예 문제의 해결 방안을 여러 각도로 모색하다.

VS

탐색하다 찾을 探 / 찾을 索
드러나지 않은 사물이나 현상 따위를 찾아내거나 밝히기 위하여 살피어 찾다.
예 별자리를 탐색하러 갔다.

정답 Q : 8 ㄴ 9 ㄱ 10 ㄴ 11 ㄱ 12 ㄱ 13 ㄴ

어휘 확인하기

*'어휘 익히기'에서 ▢에 표시된 어휘를 다시 한번 학습한 후, 다음 문제를 풀어 보세요!

[01-03] 주어진 초성과 뜻에 알맞은 어휘를 빈칸에 넣어 문장을 완성하시오.

01 ㅎ ㅂ ㅈ : 법령이나 규범에 맞는. 또는 그런 것
→ 담당 기관의 허락을 받고 ___________으로 하는 사회 운동이다.

02 ㅂ ㅎ 하다: 조약, 법, 공문서 따위의 효력이 나타나다.
→ 중동 국가들의 평화를 약속하는 협정이 오늘부터 ___________한다.

03 ㅈ ㅅ : 국가 또는 지방 공공 단체가 필요한 경비로 사용하기 위하여 국민이나 주민으로부터 강제로
거두어들이는 돈
→ 인구에 대한 정확한 정보는 ___________를 거두는 데 도움이 된다.

[04-06] 〈보기〉의 글자 카드를 조합하여 문장의 빈칸에 들어갈 알맞은 어휘를 쓰시오.

> **보기**
>
> 규   령   범   법   의   혐

04 외교관이라도 상대 나라의 ___________을 존중해야 한다.
　　　　　　　　　　　　　　　법률과 명령

05 어디에 있든지 그 사회에서 정한 ___________을 따라야 구성원으로 인정받을 수 있다.
　　　　　　　인간이 행동하거나 판단할 때에 마땅히 따르고 지켜야 할 가치 판단의 기준

06 경찰은 이번 사건과 관련된 세 사람 모두에게 ___________를 두고 수사를 진행하고 있다.
　　　　　　　　　　범죄를 저질렀을 가능성이 있다고 봄.

[07-09] 다음 문장에 어울리는 어휘를 골라 ○표 하시오.

07 학교는 학생들의 진로 (탐색 / 수색)에 도움이 될 수 있도록 상담실을 운영하였다.

08 두 나라는 불평등 조약을 (개정 / 결정)하고 평화로운 외교 관계를 만들어 나가기로 하였다.

09 미국의 남북 전쟁은 오랜 시간 동안 (존속 / 존중)했던 노예 제도를 폐지하는 결과를 가져왔다.

[10 - 13] 밑줄 친 어휘의 뜻으로 적절한 것을 찾아 ○표 하시오.

10 범인은 범죄 사실을 <u>입증할</u> 단서들을 모두 불태워 버렸다.

→ (거짓으로 증명할 / 증거 따위를 내세워 증명할)

11 선거 후보자가 사람들에게 음식이나 선물을 제공하는 것은 <u>위법</u>이다.

→ (법률이나 명령 따위를 어기는 것 / 격식에 맞지 않는 것)

12 개인의 <u>영리</u>를 위해 나라의 재산을 함부로 쓰는 것은 법으로 금지되어 있다.

→ (업적이나 권위 / 재산상의 이익)

13 회사가 아무런 이유 없이 직원들을 해고하자, 그들은 <u>부당하다</u>며 회사에 맞섰다.

→ (손해를 끼쳤다며 / 이치에 맞지 않는다며)

[14 - 16] 다음 말 상자에서 주어진 뜻에 해당하는 어휘를 찾아 쓰시오.

14 법률이나 규칙 따위의 작용 → ☐☐

15 공공 기관이나 단체에서 공식으로 작성한 서류 → ☐☐☐

16 국가 간의 권리와 의무를 국가 간의 합의에 따라 법적 구속을 받도록 규정하는 행위 → ☐☐

보	효	례	조
공	완	력	약
정	문	유	민
면	비	서	현

[17 - 18] 빈칸에 들어갈 어휘로 가장 알맞은 것은?

17 선수들은 경기 규칙을 __________ 것을 선서하였다.

① 활용할 ② 증명할 ③ 준수할 ④ 발효할 ⑤ 명심할

18 주변 나라들과 화해할 방법을 __________ 세계 평화를 이끌어야 한다.

① 모방하여 ② 모색하여 ③ 검색하여 ④ 강요하여 ⑤ 협력하여

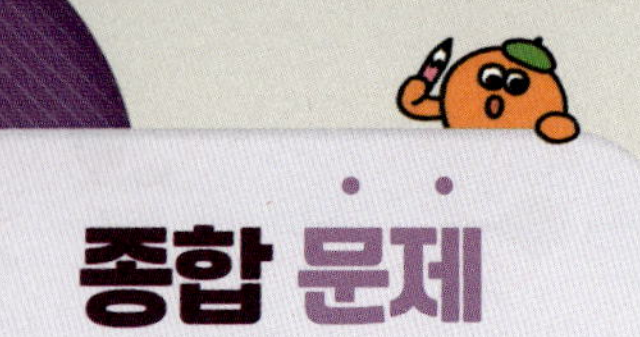

종합 문제

01 밑줄 친 어휘의 의미로 알맞지 <u>않은</u> 것은?

① 유세를 하는 후보 주변에 <u>유권자</u>들이 몰려들었다. → 선거할 권리를 가진 사람
② 법을 집행하는 과정에는 <u>일관성</u>이 있어야 한다. → 방법이나 태도 따위가 믿음직한 성질
③ 운전을 할 때는 항상 <u>사각지대</u>를 조심해야 한다. → 어느 위치에 섬으로써 사물이 눈에 보이지 아니하게 되는 각도
④ 쏟아지는 외래문화로부터 우리 문화의 <u>정체성</u>을 보호해야 한다. → 변하지 아니하는 존재의 본질을 깨닫는 성질
⑤ 두 가전 회사는 냉장고 시장을 <u>점유</u>하기 위해 경쟁하였다. → 물건이나 영역, 지위 따위를 차지하기

02 〈보기〉의 ㉠~㉢에 들어갈 어휘끼리 바르게 짝지은 것은?

> **보기**
>
> 제2차 세계 대전 이후 세계는 각각 미국과 소련을 중심으로 소리 없는 전쟁을 벌였다. 소련은 동유럽 국가들을 ______㉠______ 국가로 만드는 데 힘썼고, 미국은 자본주의를 지키기 위해 서유럽 국가들을 도왔다. 그러나 소련이 경제적 어려움으로 자본주의를 받아들이고 개혁 정책을 펴게 되었다. 이로써 ______㉡______ 이 끝나게 되고, 많은 나라는 국방비를 ______㉢______ 하기 시작했다.

	㉠	㉡	㉢
①	사회주의	휴전	강화
③	사회주의	냉전	강화
⑤	사회주의	냉전	감축

	㉠	㉡	㉢
②	자본주의	휴전	강화
④	자본주의	냉전	감축

03 다음 중 밑줄 친 어휘의 쓰임이 알맞지 <u>않은</u> 것은?

① 우리는 할머니의 유언장 내용을 그대로 <u>이행</u>하였다.
② 집을 매매할 때는 양도세 <u>부가</u> 방식을 고려해야 한다.
③ 바뀐 세금 정책 때문에 국민들의 <u>조세</u> 부담이 늘었다.
④ 이번 전시회에서는 광복 이후 도시 생활의 <u>변천</u> 과정을 한눈에 볼 수 있다.
⑤ 세계 저작권 조약이 <u>발효</u>함에 따라 이제는 외국 서적들을 함부로 복사할 수 없게 되었다.

04 〈보기〉의 빈칸에 공통으로 들어갈 어휘로 알맞은 것은?

> **보기**
>
> • 통일을 위해서는 남북한이 서로에 대한 ____________ 시각을 버려야 한다.
> • 특정 지역 출신의 사람들에 대해 ____________ 정서를 갖는 지역감정을 없애야 한다.

① 우호적　　② 이성적　　③ 배타적　　④ 주관적　　⑤ 협동적

05 밑줄 친 어휘와 바꿔 쓰기에 알맞지 <u>않은</u> 것은?

① 그 문제를 공식적으로 <u>논제로 삼아 제기하였다</u>. → 거론하였다
② 사회 정의와 평등을 <u>구체적인 사실로 나타나게 하였다</u>. → 구현하였다
③ 평화주의자들은 이 지구상에서 전쟁이 <u>끝나 없어질</u> 그날만 기다린다. → 종식될
④ 정치인이 권력을 <u>함부로 쓰면서</u> 국민들의 불만이 커지기 시작하였다. → 창출하면서
⑤ 아무리 악한 사람이더라도 마음속에 선한 부분이 <u>안에 들어 있다</u>고 믿는다. → 내재한다고

06 밑줄 친 어휘 중 〈보기〉의 뜻으로 쓰인 것은?

> **보기**
>
> 체계화된 이론이나 학설

① <u>주의</u>를 집중하여 로봇을 조립하였다.
② 지각이 잦은 학생들은 선생님께 <u>주의</u>를 들었다.
③ 장군이 계획한 대로 적의 <u>주의</u>가 다른 곳으로 쏠렸다.
④ 의사의 <u>주의</u>를 받고 일주일에 세 번은 운동을 하기로 하였다.
⑤ 국민이 권력을 가지고 그 권력을 행사하는 제도와 <u>주의</u>를 확립해야 한다.

[07-08] 다음 밑줄 친 말과 바꿔 쓸 어휘로 가장 알맞은 것은?

07 부실한 기업은 경쟁에 밀려 <u>줄어 없어지기</u> 쉽다.
① 낙후되기　　② 도태되기　　③ 존속하기　　④ 적응하기　　⑤ 상승하기

08 환경 단체는 모든 <u>법령이나 규범에 맞는</u> 수단을 동원하여 핵폐기물 처리장 건설을 반대하였다.
① 이상적　　② 역사적　　③ 성공적　　④ 합법적　　⑤ 도덕적

09 〈보기〉의 ⓐ~ⓔ의 뜻을 지닌 어휘를 활용하여 만든 문장으로 알맞지 <u>않은</u> 것은?

> **보기**
>
> ⓐ 일반적으로 널리 통하는 개념
> ⓑ 어떤 일의 드러나지 않은 이면
> ⓒ 재산상의 이익을 꾀함. 또는 그 이익
> ⓓ 어떤 부류의 특징을 가장 잘 나타내는. 또는 그런 것
> ⓔ 일이나 사건 따위를 해결할 수 있는 방법이나 실마리를 더듬어 찾다.

① ⓐ: 사회와 문화가 변하면서 <u>통념</u>도 변한다.
② ⓑ: 사건을 <u>배후</u>에서 조종하는 사람이 분명히 있다.
③ ⓒ: 사회적 기업은 <u>영리</u>뿐만 아니라 사회적 가치의 실현을 추구한다.
④ ⓓ: 우리 사회는 적극적으로 일을 해 나가는 <u>진취적인</u> 사람들을 필요로 한다.
⑤ ⓔ: 세계 각국에서는 코로나19의 감염을 막을 방법을 <u>모색하고자</u> 노력하고 있다.

어휘 익히기

지리와 관련된 말

*Q1~Q14에서, ㉠과 ㉡ 중 알맞은 표현을 골라 보세요. 채점 후, 틀린 어휘는 ☐에 표시해 두세요.

☐ 01 강수
내릴 降 / 물 水

비, 눈, 우박◆, 안개 따위로 **지상에 내린 물**
예 큰 비로 인해 <u>강수</u>된 양이 많았다.

◆ **우박** 큰 물방울들이 공중에서 갑자기 찬 기운을 만나 얼어 떨어지는 얼음덩어리

Q1 알맞은 쓰임은?　㉠ 번개로 인한 강수　㉡ 장마로 인한 강수

☐ 02 궂다

❶ 비나 눈이 내려 **날씨가 나쁘다.**
예 비바람이 치는 <u>궂은</u> 날씨였다.

❷ **언짢고 나쁘다.**
예 그 일 때문에 기분이 <u>궂었</u>다.

Q2 알맞은 쓰임은?　㉠ 날씨가 궂었다.　㉡ 빵이 궂었다.

☐ 03 급류
급할 急 / 흐를 流

❶ **물이 빠른 속도로 흐름.** 또는 그 물
예 배가 <u>급류</u>에 휩쓸렸다.

❷ 어떤 현상이나 사회의 **급작스러운 변화**를 비유적으로 이르는 말
예 그는 시대적 변화의 <u>급류</u>를 탔다.

Q3 알맞은 쓰임은?　㉠ 급류 담기 체험　㉡ 급류 타기 체험

☐ 04 기류
기운 氣 / 흐를 流

❶ 온도나 지형의 차이로 말미암아 일어나는 **공기의 흐름**
예 좁은 지역에서는 빠른 <u>기류</u>가 나타난다.

❷ 어떤 일이 진행되는 **추세◆나 분위기**를 비유적으로 이르는 말
예 결정을 앞두고 미묘한 <u>기류</u>가 형성되었다.

◆ **추세** 어떤 현상이 일정한 방향으로 나아가는 경향

Q4 알맞은 쓰임은?　㉠ 단기 기류　㉡ 상승 기류

☐ 05 내륙
안 內 / 뭍 陸

바다에서 멀리 떨어져 있는 **육지**
예 해안과 달리 <u>내륙</u>에는 비가 오지 않았다.

Q5 알맞은 쓰임은?　㉠ 내륙 섬　㉡ 내륙 지역

☐ 06 대양
큰 大 / 큰 바다 洋

세계의 해양 가운데에서 특히 넓은 **해역을 차지하는 대규모의 바다**
예 항구에서 <u>대양</u>을 누비는 큰 배를 보았다.

Q6 알맞은 쓰임은?　㉠ 대양을 걷다.　㉡ 대양을 항해하다.

☐ 07 생성되다 ☆
날 生 / 이룰 成

사물이 생겨나다.
예 화재로 유독성 물질이 <u>생성되</u>었다.

Q7 알맞은 쓰임은?　㉠ 생성된 소멸　㉡ 생성된 에너지

☐ 08 습지
축축할 濕 / 땅 地

습기가 많은 **축축한 땅**
예 강변에는 <u>습지</u>가 있다.

Q8 알맞은 쓰임은?　㉠ 사막의 습지　㉡ 물가의 습지

---

09 영토
거느릴 領 / 흙 土

국제법에서, **국가의 통치권이 미치는 구역**. 흔히 토지로 이루어진 국가의 영역을 이르나 영해와 영공을 포함하는 경우도 있다.
예) 두 나라 간 영토 분쟁이 끝났다.

Q9 알맞은 쓰임은?
㉠ 영토를 확산하다.
㉡ 영토를 확장하다.

10 조성되다
지을 造 / 이룰 成

❶ 무엇이 **만들어져서 이루어지다**.
예) 우리 마을에 공원이 조성되었다.
❷ **분위기나 정세 따위가 만들어지다**.
예) 새로운 풍토가 조성되었다.

◆ 정세 일이 되어 가는 형편

Q10 알맞은 쓰임은?
㉠ 새로 조성된 농산물
㉡ 새로 조성된 산책로

11 지형
땅 地 / 형상 形

땅의 생긴 모양이나 형세
예) 그는 그곳의 지형을 잘 알고 있었다.

Q11 알맞은 쓰임은?
㉠ 매우 즐거운 지형
㉡ 매우 험한 지형

12 출현하다
날 出 / 나타날 現

나타나거나 또는 **나타나서 보이다**.
예) 갑자기 비행기가 출현하였다.

Q12 알맞은 쓰임은?
㉠ 눈앞에 출현하다.
㉡ 연극에 출현하다.

13 탐사
찾을 探 / 조사할 査

알려지지 않은 사물이나 사실 따위를 **샅샅이 더듬어 조사함**.
예) 그는 극지방 탐사를 떠났다.

Q13 알맞은 쓰임은?
㉠ 중간고사 탐사 보고서
㉡ 지질 탐사 보고서

14 해발
바다 海 / 뺄 拔

해수면 으로부터 계산하여 잰 육지나 산의 높이
예) 한라산의 높이는 해발 1,950미터이다.

◆ 해수면 바닷물의 표면

Q14 알맞은 쓰임은?
㉠ 해발이 넓다.
㉡ 해발이 낮다.

★ 헷갈리기 쉬운 어휘

생성되다 날 生 / 이룰 成
사물이 생겨나다.
예) 실험 과정에서 해로운 물질이 생성되었다.

VS

생산되다 날 生 / 낳을 産
인간이 생활하는 데 필요한 각종 물건이 만들어지다.
예) 이 딸기는 우리 지역에서 생산되었다.

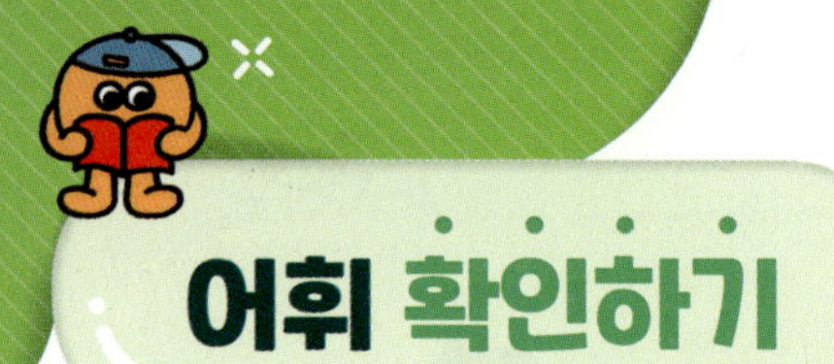

어휘 확인하기

*'어휘 익히기'에서 ☐에 표시된 어휘를 다시 한번 학습한 후, 다음 문제를 풀어 보세요!

[01-04] 주어진 초성과 뜻에 알맞은 어휘를 빈칸에 넣어 문장을 완성하시오.

01 ㄱ ㅅ : 비, 눈, 우박, 안개 따위로 지상에 내린 물

→ 극심한 가뭄으로 인해 ___________ 가 매우 부족했다.

02 ㄴ ㄹ : 바다에서 멀리 떨어져 있는 육지

→ 이번 태풍은 ___________ 을 제외한 해안 지역에 영향을 미친다고 한다.

03 ㅈ ㅎ : 땅의 생긴 모양이나 형세

→ 그는 이 근처가 고향이어서 이곳의 ___________ 을 매우 잘 알고 있었다.

04 ㅎ ㅂ : 해수면으로부터 계산하여 잰 육지나 산의 높이

→ 지리산 국립 공원에서 가장 높은 봉우리는 ___________ 1,915 m의 천왕봉이다.

05 〈보기〉의 ㉠과 ㉡에 공통적으로 들어가기에 알맞은 어휘의 기본형은?

> **보기**
>
> 비가 내리면서 날씨가 (㉠) 기분까지 (㉡) 변하였다.

① 궂다　　　② 맑다　　　③ 좋다　　　④ 춥다　　　⑤ 유쾌하다

[06-09] 다음 뜻에 해당하는 어휘를 〈보기〉에서 찾아 쓰시오.

> **보기**
>
> 우박　　정세　　추세　　해수면

06 바닷물의 표면　　　　　　　　　　　　　→ ___________

07 일이 되어 가는 형편　　　　　　　　　　→ ___________

08 어떤 현상이 일정한 방향으로 나아가는 경향　→ ___________

09 큰 물방울들이 공중에서 갑자기 찬 기운을 만나 얼어 떨어지는 얼음덩어리　→ ___________

[10 - 14] 다음 문장에 어울리는 어휘를 골라 ○표 하시오.

10 봉사 활동에 모두 찬성하는 분위기가 (인식되었다 / 조성되었다).

11 (기류 / 온도)가 불안정하여 우리가 탄 비행기는 계속 심하게 흔들렸다.

12 독도가 우리나라의 (영토 / 토지)라는 것을 세계에 알리는 일은 계속되어야 한다.

13 그 배는 태평양, 인도양, 대서양, 북빙양, 남빙양 등 세계의 (대륙 / 대양)을 항해한다.

14 이번 방송에는 우리나라의 남극 (실험 / 탐사) 기지에서 생활하는 대원들의 모습이 담겼다.

15 〈보기〉의 ㉠, ㉡에 들어갈 어휘끼리 바르게 짝지어진 것은?

> 보기
>
> 청바지가 환경 오염의 주범이라는 사실 알고 계신가요? 청바지는 많은 사람들이 즐겨 입는 옷입니다. 그런데 제품이 (㉠)되는 과정에서 많은 물과 전기, 화학 약품이 사용되어 환경에 악영향을 미칩니다. 이 과정에서 유독성 물질이 (㉡)되기도 합니다.

	㉠	㉡			㉠	㉡
①	생산	생산		②	생산	생성
③	생성	생산		④	생성	생성
⑤	생성	형성				

[16 - 17] 다음 설명에 해당하는 어휘를 〈보기〉에서 찾아 쓰시오.

> 보기
>
> 강변　　급류　　습지　　폭포　　해안　　호수

16 습기가 많은 축축한 땅을 나타내는 말이야.　　→ ___________

17 물이 빠른 속도로 흐르는 것을 나타내는 말이야. 어떤 현상이나 사회의 급작스러운 변화를 비유적으로 나타내는 말이기도 해.　　→ ___________

18 〈보기〉의 빈칸에 들어갈 어휘로 알맞은 것은?

> 보기
>
> 지난 7월 전라남도 ○○ 지역에서 미확인 비행 물체가 ___________는 신고가 접수되었습니다. 경찰과 소방 당국 등에 따르면, 이 물체에 대한 여러 건의 신고와 확인 요청이 있어서 조사했으나 특이한 사항은 발견되지 않았다고 합니다.

① 돌아왔다　　② 드러났다　　③ 올라갔다　　④ 출연했다　　⑤ 출현했다

어휘 익히기

보건·의료와 관련된 말

*Q1~Q14에서, ㉠과 ㉡ 중 알맞은 표현을 골라 보세요. 채점 후, 틀린 어휘는 □에 표시해 두세요.

---

01 가누다

❶ 몸을 바른 자세로 가지다.
㉐ 아기는 아직 목을 가누지 못한다.

❷ 기운이나 정신, 숨결 따위를 가다듬어 차리다.
㉐ 너무 힘들어서 숨을 가누고 있었다.

Q1 알맞은 쓰임은?　㉠ 몸을 가누다.　㉡ 친구를 가누다.

---

02 거동
들 擧 / 움직일 動

몸을 움직임. 또는 그런 짓이나 태도
㉐ 누나는 병이 들어 거동이 불편하다.

Q2 알맞은 쓰임은?　㉠ 고정된 거동　㉡ 수상한 거동

---

03 곪다

❶ 상처에 염증이 생겨 고름◆이 들게 되다.
㉐ 상처가 곪아서 고름이 났다.

❷ (비유적으로) 내부에 부패나 모순이 쌓이고 쌓여 터질 정도에 이르다.
㉐ 그는 곪을 대로 곪은 사회에 분노했다.

Q3 알맞은 쓰임은?　㉠ 곪은 상처　㉡ 곪은 신발

◆ **고름** 몸 안에 병균이 들어가 염증을 일으켰을 때에 피부나 조직이 썩어 생긴 물질이나. 파괴된 백혈구, 세균 따위가 들어 있는 걸쭉한 액체. 희고 누르무레하며 고약한 냄새가 난다.

---

04 덧나다

❶ 병이나 상처 따위를 잘못 다루어 상태가 더 나빠지다.
㉐ 습한 날씨에 상처가 덧나고 말았다.

❷ 노염◆이 일어나다.
㉐ 말 한마디가 그의 마음을 덧나게 하였다.

Q4 알맞은 쓰임은?　㉠ 사랑니가 덧나다.　㉡ 음식이 덧나다.

◆ **노염** '노여움'의 준말. 분하고 섭섭하여 화가 치미는 감정

---

05 섭취하다 ☆
당길 攝 / 취할 取

생물체가 양분 따위를 몸속에 빨아들이다.
㉐ 필요한 영양분을 섭취하도록 하자.

Q5 알맞은 쓰임은?　㉠ 음식을 섭취하다.　㉡ 태도를 섭취하다.

---

06 순환
돌 循 / 고리 環

주기적으로 자꾸 되풀이하여 돎. 또는 그런 과정
㉐ 지구의 대기는 순환 과정을 거친다.

Q6 알맞은 쓰임은?　㉠ 학년 순환　㉡ 혈액 순환

---

07 염증
불탈 炎 / 증세 症

생체 조직이 손상을 입었을 때에 체내에서 일어나는 방어적 반응. 예를 들어 외상◆이나 화상, 세균 침입 따위에 대하여 몸의 일부에 충혈, 부종◆, 발열, 통증을 일으키는 증상이다.
㉐ 세균 때문에 염증이 생겼다.

Q7 알맞은 쓰임은?　㉠ 염증이 애쓰다.　㉡ 염증이 심하다.

◆ **외상** 몸의 겉에 생긴 상처를 통틀어 이르는 말
◆ **부종** 몸이 붓는 증상

08 위생
지킬 衛 / 날 生

건강에 유익하도록 조건을 갖추거나 대책을 세우는 일
(예) 이 식당은 <u>위생</u> 검사를 통과하였다.

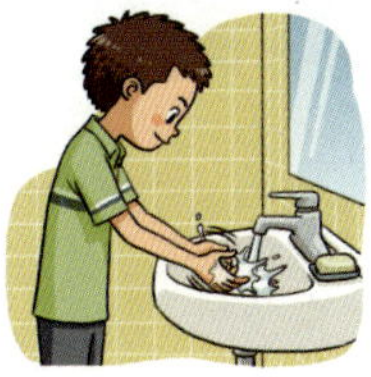

Q8 알맞은 쓰임은?　㉠ 위생 관념　㉡ 위생 질환

09 이식
옮길 移 / 심을 植

❶ 식물 따위를 옮겨 심음. = 옮겨심기
(예) 식목일에 묘목 <u>이식</u> 행사가 열렸다.

❷ 살아 있는 조직◆이나 장기를 생체◆로부터 떼어 내어, 같은 개체의 다른 부분 또는 다른 개체에 옮겨 붙이는 일
(예) 그는 간 <u>이식</u>을 하고 건강을 되찾았다.

◆ 조직 동일한 기능과 구조를 가진 세포의 집단
◆ 생체 생물의 몸. 또는 살아 있는 몸

Q9 알맞은 쓰임은?　㉠ 장기 이식을 하다.　㉡ 해외 이식을 가다.

10 자각하다
스스로 自 / 깨달을 覺

현실을 판단하여 자기의 입장이나 능력 따위를 스스로 깨닫다.
(예) 자신의 문제를 <u>자각하는</u> 과정이 필요하다.

Q10 알맞은 쓰임은?　㉠ 객관적 통계를 자각하다.　㉡ 스스로의 상태를 자각하다.

11 증상
증세 症 / 형상 狀

병을 앓을 때 나타나는 여러 가지 상태나 모양 = 증세
(예) 그는 감기 증상이 심해 병원을 찾았다.

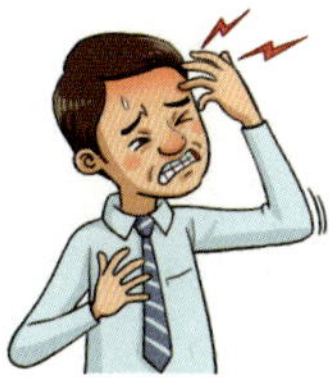

Q11 알맞은 쓰임은?　㉠ 증상이 나타나다.　㉡ 증상이 도착하다.

12 처방
곳 處 / 모 方

❶ 병을 치료하기 위하여 증상에 따라 약을 짓는 방법
(예) 의사가 처방을 내려 주었다.

❷ 일정한 문제를 처리하는 방법
(예) 그는 문제를 해결하는 처방을 알려 주었다.

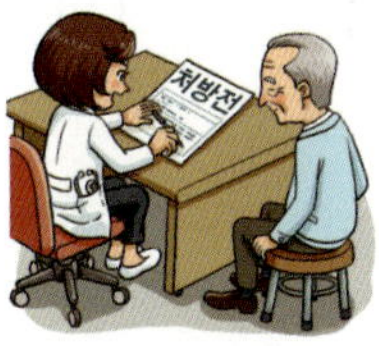

Q12 알맞은 쓰임은?　㉠ 과학에 대한 처방　㉡ 질병에 대한 처방

13 치유
다스릴 治 / 병 나을 癒

치료하여 병을 낫게 함.
(예) 그는 병의 <u>치유</u>를 위해 휴가를 냈다.

Q13 알맞은 쓰임은?　㉠ 치유 공간　㉡ 치유 근로

14 후유증
뒤 後 / 남길 遺 / 증세 症

어떤 병을 앓고 난 뒤에도 남아 있는 병적인 증상
(예) 당뇨의 <u>후유증</u>으로 눈이 잘 안보인다.

Q14 알맞은 쓰임은?　㉠ 감기의 후유증　㉡ 신념의 후유증

☆ 헷갈리기 쉬운 어휘

섭취하다 당길 攝 / 취할 取
생물체가 양분 따위를 몸속에 빨아들이다.
(예) 사람은 음식을 통해 영양분을 <u>섭취한다</u>.

VS

취하다 취할 取
일정한 조건에 맞는 것을 골라 가지다.
(예) 여러 가지 중에서 마음에 드는 선물만 <u>취하였다</u>.

어휘 확인하기

[01-04] 주어진 초성과 뜻에 알맞은 어휘를 빈칸에 넣어 문장을 완성하시오.

01 ㅇ ㅅ : 건강에 유익하도록 조건을 갖추거나 대책을 세우는 일

→ 대중음식점은 무엇보다 ___________ 관리를 철저히 해야 한다.

02 ㅊ ㅂ : 병을 치료하기 위하여 증상에 따라 약을 짓는 방법

→ 엄마는 의사의 ___________을 받아 약국에 약을 지으러 가셨다.

03 ㅇ ㅈ : 생체 조직이 손상을 입었을 때에 체내에서 일어나는 방어적 반응

→ 동생은 발목에 생긴 ___________ 때문에 축구 경기에서 빠지게 되었다.

04 ㅎ ㅇ ㅈ : 어떤 병을 앓고 난 뒤에도 남아 있는 병적인 증상

→ 그는 뇌경색으로 쓰러진 후 그 ___________으로 오른쪽 다리를 움직일 수 없다.

05 밑줄 친 어휘 중 그 의미가 <u>다른</u> 하나는?

① 단점을 숨기면 <u>곪아서</u> 더 큰 약점이 될 수 있다.
② 그의 소설은 <u>곪아</u> 버린 사회상을 비판하고 있다.
③ 변화하지 않는 조직은 안에서부터 <u>곪기</u> 마련이다.
④ 며칠 전 이마에 생긴 여드름을 긁었더니 <u>곪아</u> 버렸다.
⑤ 그 모임은 사람들 간의 갈등이 <u>곪아서</u> 터질 지경이 되었다.

[06-10] 다음 빈칸에 들어갈 어휘를 〈보기〉에서 찾아 쓰시오.

> **보기**
>
> 거동   순환   이식   증상   치유

06 공원에 갔다가 ___________이/가 불편한 할머니를 도와드렸다.

07 이 병원에 장기 ___________을/를 기다리는 환자가 많다고 한다.

08 두통은 감기 몸살의 ___________ 중 하나이므로 주의해야 한다.

09 선생님은 혈액 ___________에 문제가 생겨서 걱정이라고 하셨다.

10 수목원은 스트레스에 시달리는 현대인을 ___________하는 공간이다.

[11 - 13] 다음 밑줄 친 말과 바꿔 쓰기에 알맞은 어휘를 〈보기〉에서 골라 문맥에 맞게 쓰시오.

> **보기**
>
> 가누다   덧나다   자각하다

11 다친 무릎을 그냥 두었더니 <u>상태가 더 나빠지고</u> 말았다.   → ___________

12 어린 조카는 아직 몸을 <u>바른 자세로 가지기</u> 힘든 것 같았다.   → ___________

13 암이 무서운 것은 증세를 <u>스스로 깨닫는</u> 일이 어렵기 때문이다.   → ___________

14 〈보기〉의 ㉠~㉢에 들어갈 어휘끼리 바르게 짝지어진 것은?

> **보기**
>
> 여러 가지 물건 중에 마음에 드는 것을 (㉠) 것은 당연한 일이다. 그러나 음식을 고를 때는 영양분을 골고루 (㉡) 것에 중점을 두어야 한다. (㉢) 음식에 따라 건강이 좌우되기 때문이다.

	㉠	㉡	㉢		㉠	㉡	㉢
①	취하는	취하는	취하는	②	취하는	취하는	섭취하는
③	취하는	섭취하는	섭취하는	④	섭취하는	취하는	취하는
⑤	섭취하는	섭취하는	섭취하는				

[15 - 18] 다음 뜻에 알맞은 어휘를 찾아 연결하시오.

15 몸이 붓는 증상 •   • ㉠ 부종

16 생물의 몸. 또는 살아 있는 몸 •   • ㉡ 생체

17 동일한 기능과 구조를 가진 세포의 집단 •   • ㉢ 외상

18 몸의 겉에 생긴 상처를 통틀어 이르는 말 •   • ㉣ 조직

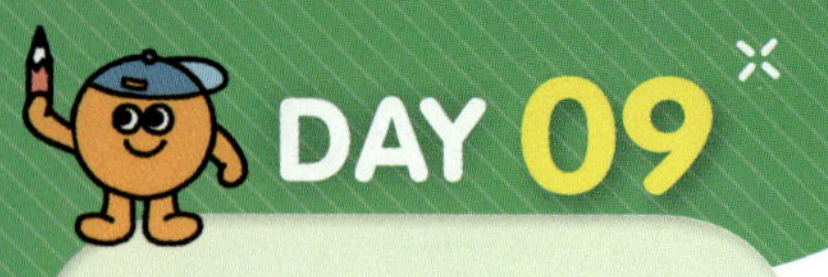

어휘 익히기

과학·기술과 관련된 말

＊Q1~Q14에서, ㉠과 ㉡ 중 알맞은 표현을 골라 보세요. 채점 후, 틀린 어휘는 ☐에 표시해 두세요.

---

01 감지하다
느낄 感 / 알 知

느끼어 알다.
예 온도 변화를 감지하는 장치이다.

Q1 알맞은 쓰임은?
㉠ 현대를 감지하다.　　㉡ 위험을 감지하다.

---

02 고안하다 ✿
생각할 考 / 책상 案

연구하여 새로운 안◆을 생각해 내다.
예 회사에서는 신제품을 고안하였다.

◆ **안** 궁리하여 내놓은 생각이나 계획

Q2 알맞은 쓰임은?
㉠ 새로 고안한 기구　　㉡ 새로 고안한 고사

---

03 궤적
바큇자국 軌 / 자취 跡

❶ 수레바퀴가 지나간 자국이라는 뜻으로, 물체가 움직이면서 남긴 움직임을 알 수 있는 자국이나 자취를 이르는 말
예 비행기가 날아간 궤적이 보였다.

❷ 어떠한 일을 이루어 온 과정이나 흔적
예 그의 성공의 궤적은 널리 알려졌다.

Q3 알맞은 쓰임은?
㉠ 비행 궤적　　㉡ 식사 궤적

---

04 도출하다
이끌 導 / 날 出

판단이나 결론 따위를 이끌어 내다.
예 오랜 논의 끝에 결론을 도출하였다.

Q4 알맞은 쓰임은?
㉠ 도출한 음식　　㉡ 도출한 합의

---

05 동력
움직일 動 / 힘 力

❶ 전기 또는 자연에 있는 에너지를 쓰기 위하여 기계적인 에너지로 바꾼 것. 전력, 수력, 풍력 따위가 주요 동력원(動力源)이 된다.
예 기계에 동력을 공급하였다.

❷ 어떤 일을 발전시키고 밀고 나가는 힘
예 그의 성실함이 성공의 동력이다.

Q5 알맞은 쓰임은?
㉠ 동력을 끌어오다.　　㉡ 동력을 호소하다.

---

06 방출하다
놓을 放 / 날 出

❶ 비축하여◆ 놓은 것을 내놓다.
예 한국은행이 시중에 자금을 방출하였다.

❷ 입자나 전자기파의 형태로 에너지를 내보내다.
예 그 장치는 에너지를 외부로 방출하였다.

◆ **비축하다** 만약의 경우를 대비하여 미리 갖추어 모아 두거나 저축하다.

Q6 알맞은 쓰임은?
㉠ 남의 비밀을 방출하다.　　㉡ 예비 물량을 방출하다.

---

07 배제하다
물리칠 排 / 덜 除

받아들이지 아니하고 물리쳐 제외하다.
예 이 실험의 실패 가능성을 배제해서는 안 된다.

Q7 알맞은 쓰임은?
㉠ 거리를 배제하다.　　㉡ 핵무기를 배제하다.

---

08 오차
그르칠 誤 / 다를 差

실지로 셈하거나 측정한◆ 값과 이론적으로 정확한 값과의 차이
예 지난번 계산에서 오차가 발생하였다.

◆ **측정하다** 일정한 양을 기준으로 하여 같은 종류의 다른 양의 크기를 재다.

Q8 알맞은 쓰임은?
㉠ 오차가 나다.　　㉡ 오차가 돋다.

09 융합하다
녹을 融 / 합할 合

다른 종류의 것이 녹아서 서로 구별이 없게 하나로 합하여지다. 또는 다른 종류의 것을 녹여서 서로 구별이 없게 하나로 합하다.
예 산소와 수소가 일정 비율로 융합하면 물이 된다.

Q9 알맞은 쓰임은?　ㄱ 금액을 융합하다.　ㄴ 물질을 융합하다.

10 제어하다
억제할 制 / 다스릴 御

1 상대편을 억눌러서 제 마음대로 다루다.
예 상대편의 공격을 제어하였다.
2 기계나 설비 또는 화학 반응 따위가 목적에 알맞은 작용을 하도록 조절하다.
예 그는 자동화 설비를 제어하는 일을 한다.

Q10 알맞은 쓰임은?　ㄱ 기계를 제어하다.　ㄴ 협동을 제어하다.

11 첨단
뾰족할 尖 / 처음 端

시대사조◆, 학문, 유행 따위의 맨 앞장
예 그 옷은 유행의 첨단을 보여 준다.

Q11 알맞은 쓰임은?　ㄱ 첨단 기술　ㄴ 첨단 법률

◆ **시대사조** 한 시대의 사회 일반에 주류나 특색을 이루는 사상적 경향

12 파장
물결 波 / 길 長

1 파동에서, 같은 위상을 가진 서로 이웃한 두 점 사이의 거리
예 여러 과학자가 빛의 파동과 파장을 연구했다.
2 충격적인 일이 끼치는 영향 또는 그 영향이 미치는 정도나 동안을 비유적으로 이르는 말
예 그 기사의 파장은 매우 컸다.

Q12 알맞은 쓰임은?　ㄱ 파장이 짧다.　ㄴ 파장이 굵다.

13 혁신
가죽 革 / 새로울 新

묵은 풍속◆, 관습, 조직, 방법 따위를 완전히 바꾸어서 새롭게 함.
예 그 회사는 기술의 혁신으로 세계 최고의 기업이 되었다.

Q13 알맞은 쓰임은?　ㄱ 계절 혁신　ㄴ 사회 혁신

◆ **풍속** 옛날부터 그 사회에 전해 오는 생활 전반에 걸친 습관 따위를 이르는 말

14 효율
본받을 效 / 율 率

들인 노력과 얻은 결과의 비율
예 이 기술은 에너지 효율을 높인다.

Q14 알맞은 쓰임은?　ㄱ 영향 효율　ㄴ 업무 효율

★ 헷갈리기 쉬운 어휘

고안하다 생각할 考 / 책상 案
연구하여 새로운 안을 생각해 내다.
예 획기적인 상품을 고안하면 칭찬이 따른다.

VS

감안하다 헤아릴 勘 / 책상 案
여러 사정을 참고하여 생각하다.
예 여러 여건을 감안하면 이번 여행은 무리다.

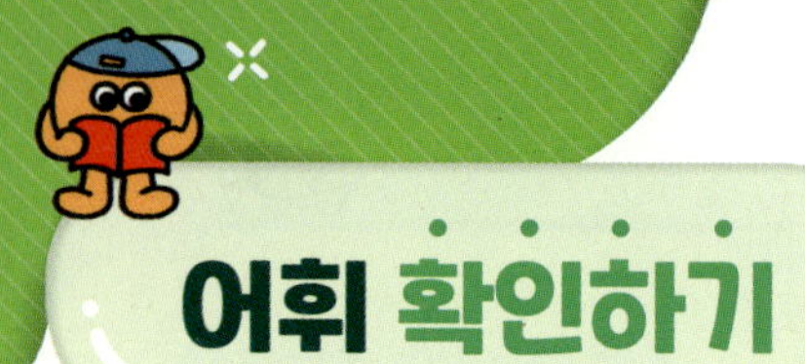

어휘 확인하기

[01-04] 주어진 초성과 뜻에 알맞은 어휘를 빈칸에 넣어 문장을 완성하시오.

01 ㄱ ㅈ : 물체가 움직이면서 남긴 움직임을 알 수 있는 자국이나 자취
→ 흙길이라 자동차가 지나간 ___________이 뚜렷하게 남아 있었다.

02 ㅍ ㅈ : 파동에서, 같은 위상을 가진 서로 이웃한 두 점 사이의 거리
→ 아인슈타인은 빛의 ___________을 연구했던 20세기 물리학자이다.

03 ㅇ ㅊ : 실지로 셈하거나 측정한 값과 이론적으로 정확한 값과의 차이
→ 복잡한 실험도 아닌데 결과를 계산할 때마다 ___________가 생겨서 난감하다.

04 ㄷ ㄹ : 전기 또는 자연에 있는 에너지를 쓰기 위하여 기계적인 에너지로 바꾼 것
→ 환경 보호를 위해 깨끗하고 새로운 ___________을 개발하는 연구가 늘어나고 있다.

05 밑줄 친 어휘 중 그 의미가 다른 하나는?

① 그는 용접 기계를 <u>제어하는</u> 기술을 배우고 있다.
② 이제 휴대 전화로도 집 안의 사물을 <u>제어할</u> 수 있다.
③ 그들은 건물 설비를 <u>제어하는</u> 일에 종사하고 있었다.
④ 삼권 분립은 한쪽의 무단 독주를 <u>제어하기</u> 위한 장치이다.
⑤ 미래에는 인공지능 컴퓨터가 자동화 설비를 <u>제어할</u> 것이다.

[06-10] 다음 문장에 어울리는 어휘를 골라 ○표 하시오.

06 정부는 비축해 두었던 쌀을 시장에 (방출 / 배출)하기로 하였다.

07 신체가 건강하지 않으면 공부나 업무의 (경험 / 효율)이 떨어지기 쉽다.

08 시대의 변화에 따라 청소년에 관한 기존 제도의 (도입 / 혁신)이 필요하다.

09 우리 반은 오랜 토의 끝에 장기자랑 무대 아이디어를 (도출하였다 / 지출하였다).

10 이번에 구입한 텔레비전은 (첨단 / 최대)의 과학 기술이 적용된 제품이라고 한다.

[11 - 13] 다음 밑줄 친 말과 바꿔 쓰기에 가장 적절한 어휘를 고르시오.

11 동물은 사람에 비해 소리를 <u>느끼어 아는</u> 능력이 뛰어나다.
　　① 감지하는　　② 방출하는　　③ 배제하는　　④ 융합하는　　⑤ 측정하는

12 이번 협상에서는 타 지역 사람들의 의견은 받아들이지 아니하고 <u>물리쳐 제외하기</u>로 하였다.
　　① 도입하기　　② 배제하기　　③ 비축하기　　④ 융합하기　　⑤ 측정하기

13 이 물질에 수소가 녹아서 <u>서로 구별이 없게 하나로 합하여지면</u> 거대한 폭발이 일어나게 된다.
　　① 감지하면　　② 도입하면　　③ 방출하면　　④ 비축하면　　⑤ 융합하면

14 〈보기〉의 ㉠~㉢에 들어갈 어휘끼리 바르게 짝지어진 것은?

> 보기
>
> 　기업에서 신제품을 (　㉠　) 때에는 많은 준비 과정을 거친다. 기존 제품의 문제점, 경쟁 제품의 특징, 소비자의 성향 등 다양한 요소를 (　㉡　) 된다. 이렇듯 새로운 제품을 (　㉢　) 일은 매우 복잡하고 섬세한 노력을 필요로 한다.

	㉠	㉡	㉢		㉠	㉡	㉢
①	감안할	감안하게	감안하는	②	감안할	감안하게	고안하는
③	고안할	고안하게	고안하는	④	고안할	감안하게	감안하는
⑤	고안할	감안하게	고안하는				

[15 - 18] 다음 뜻에 해당하는 어휘를 〈보기〉에서 찾아 쓰시오.

> 보기
>
> 안　　　비축하다　　　시대사조　　　측정하다

15 궁리하여 내놓은 생각이나 계획　　　→ ____________

16 한 시대의 사회 일반에 주류나 특색을 이루는 사상적 경향　　　→ ____________

17 만약의 경우를 대비하여 미리 갖추어 모아 두거나 저축하다.　　　→ ____________

18 일정한 양을 기준으로 하여 같은 종류의 다른 양의 크기를 재다.　　　→ ____________

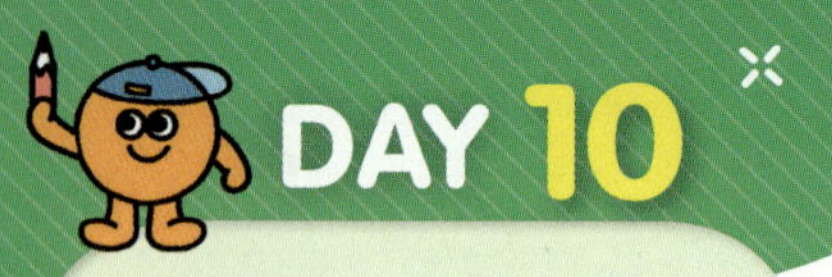

어휘 익히기

예술과 관련된 말

*Q1~Q14에서, ㉠과 ㉡ 중 알맞은 표현을 골라 보세요. 채점 후, 틀린 어휘는 □에 표시해 두세요.

01 감각적
느낄 感 / 깨달을 覺 / 과녁 的

감각◆을 자극하는. 또는 그런 것
예 여행지에서는 보이는 모든 것이 감각적이다.

◆ 감각 ① 눈, 코, 귀, 혀, 살갗을 통하여 바깥의 어떤 자극을 알아차림. ② 사물에서 받는 인상이나 느낌

Q1 알맞은 쓰임은?　㉠ 감각적인 치료　㉡ 감각적인 음악

02 감상하다
거울 鑑 / 상줄 賞

주로 예술 작품을 이해하여 즐기고 평가하다.
예 형은 음악을 감상하는 것이 취미이다.

Q2 알맞은 쓰임은?　㉠ 그림을 감상하다.　㉡ 청소를 감상하다.

03 관조하다
볼 觀 / 비출 照

고요한 마음으로 사물이나 현상을 관찰하거나 비추어 보다.
예 그는 세상을 관조하는 마음으로 살기로 하였다.

Q3 알맞은 쓰임은?　㉠ 관조하는 여유　㉡ 관조하는 열정

04 구도 ☆
얽을 構 / 그림 圖

그림에서 모양, 색깔, 위치 따위의 짜임새
예 전체 구도를 잡은 후 스케치를 하였다.

Q4 알맞은 쓰임은?　㉠ 그림의 구도　㉡ 행동의 구도

05 구상하다
얽을 構 / 생각 想

❶ 앞으로 이루려는 일에 대하여 그 일의 내용이나 규모, 실현 방법 따위를 어떻게 정할 것인지 이리저리 생각하다.
예 그들은 함께 새로운 사업을 구상하고 있다.

❷ 예술 작품을 창작할 때, 작품의 골자◆가 될 내용이나 표현 형식 따위에 대하여 생각을 정리하다.
예 그는 다음 소설을 구상하는 중이다.

◆ 골자 말이나 일의 내용에서 중심이 되는 줄기를 이루는 것

Q5 알맞은 쓰임은?　㉠ 신념을 구상하다.　㉡ 작품을 구상하다.

06 기법
재주 技 / 법 法

기교◆를 나타내는 방법
예 그의 그림은 새로운 기법으로 그려졌다.

◆ 기교 기술이나 솜씨가 아주 교묘함.

Q6 알맞은 쓰임은?　㉠ 감사하는 기법　㉡ 창작하는 기법

07 색채
빛 色 / 채색 彩

❶ 물체가 빛을 받을 때 빛의 파장에 따라 그 거죽에 나타나는 특유한 빛 = 빛깔
예 그 그림은 강렬한 색채로 표현되었다.

❷ 사물을 표현하거나 그것을 대하는 태도 따위에서 드러나는 일정한 경향이나 성질
예 그의 시에는 민족적인 색채가 드러나 있다.

Q7 알맞은 쓰임은?　㉠ 다양한 색채　㉡ 허약한 색채

08 생동감
날 生 / 움직일 動 / 느낄 感

생기 있게 살아 움직이는 듯한 느낌
예 이 그림은 생동감이 넘쳐 흐른다.

Q8 알맞은 쓰임은?
ㄱ 생동감을 고치다.　　ㄴ 생동감을 느끼다.

09 안목
눈 眼 / 눈 目

사물을 보고 분별하는◆ 견식
예 그는 예술에 대한 안목이 높은 사람이다.

Q9 알맞은 쓰임은?
ㄱ 안목을 주다.　　ㄴ 안목을 지니다.

◆ **분별하다** 서로 다른 일이나 사물을 구별하여 가르다.

10 열광하다
더울 熱 / 미칠 狂

너무 기쁘거나 흥분하여 미친 듯이 날뛰다.
예 우리 반 대부분의 아이들이 그 가수에게 열광하고 있다.

Q10 알맞은 쓰임은?
ㄱ 열광하는 관중　　ㄴ 열광하는 휴식

11 입체적
설 立 / 몸 體 / 과녁 的

❶ 삼차원의 공간적 부피를 가진 물체를 보는 것 같은 느낌을 주는 것
예 이 그림은 입체적인 느낌을 준다.

❷ 사물을 여러 각도에서 종합적으로 파악하는 것
예 그는 사건을 둘러싼 여러 상황을 입체적으로 판단하였다.

Q11 알맞은 쓰임은?
ㄱ 입체적인 그림　　ㄴ 입체적인 하락

12 전시하다
펼 展 / 보일 示

여러 가지 물품을 한곳에 벌여 놓고 보게 하다.
예 미술관에서 주요 문화재들을 전시하고 있다.

Q12 알맞은 쓰임은?
ㄱ 노래를 전시하다.　　ㄴ 작품을 전시하다.

13 허구적
빌 虛 / 얽을 構 / 과녁 的

사실에 없는 일을 사실처럼 꾸며 만드는 성질을 띤 것
예 소설에는 허구적인 인물이 등장한다.

Q13 알맞은 쓰임은?
ㄱ 허구적인 이야기　　ㄴ 허구적인 컴퓨터

14 형상화하다
형상 形 / 형상 象 / 될 化

형체로는 분명히 나타나 있지 않은 것을 어떤 방법이나 매체◆를 통하여 구체적이고 명확한 형상으로 나타내다. 특히 어떤 소재를 예술적으로 재창조하는 일을 이른다.
예 그는 슬픔을 시로 형상화하였다.

Q14 알맞은 쓰임은?
ㄱ 노래로 형상화하다.　　ㄴ 잠으로 형상화하다.

◆ **매체** 어떤 작용을 한쪽에서 다른 쪽으로 전달하는 물체. 또는 그런 수단

'**구도**'는 주로 '그림을 그리기 위한 짜임'을 말하고, '**구성**'은 '문학 작품을 쓰기 위한 짜임'을 말해요. 헷갈리기 쉬운 만큼 두 어휘의 쓰임을 알고 문맥에 맞도록 골라 사용해요.

✦ 헷갈리기 쉬운 어휘

구도 얽을 構 / 그림 圖
그림에서 모양, 색깔, 위치 따위의 짜임새
예 구도를 먼저 잡아야 그림을 그릴 수 있다.

VS

구성 얽을 構 / 이룰 成
문학 작품에서 형상화를 위한 여러 요소들을 유기적으로 배열하거나 서술하는 일
예 이 소설은 구성이 탄탄하다.

*'어휘 익히기'에서 ☐에 표시된 어휘를 다시 한번 학습한 후, 다음 문제를 풀어 보세요!

[01-04] 주어진 초성과 뜻에 알맞은 어휘를 빈칸에 넣어 문장을 완성하시오.

01 ㄱ ㄷ : 그림에서 모양, 색깔, 위치 따위의 짜임새

→ 풍경화를 그리기 위해서는 ___________를 잘 잡아야 한다.

02 ㅇ ㅁ : 사물을 보고 분별하는 견식

→ 그는 오랜 훈련으로 미술품을 판단하는 ___________을 갖추었다.

03 ㅅ ㄷ ㄱ : 생기 있게 살아 움직이는 듯한 느낌

→ 우리 가족은 모두 주말여행을 갈 생각에 얼굴에 ___________이 넘쳤다.

04 ㅎ ㄱ ㅈ : 사실에 없는 일을 사실처럼 꾸며 만드는 성질을 띤 것

→ 소설 속의 인물들은 ___________이지만 어딘가에서 본 듯한 친숙함을 느끼게 한다.

05 밑줄 친 어휘 중 그 의미가 <u>다른</u> 하나는?

① 우리 반의 환경을 개선하기 위한 방법을 <u>구상해</u> 보자.
② 이번 회의는 신제품 판매 증진 대책을 <u>구상하는</u> 자리입니다.
③ 작가는 새로운 소설을 <u>구상하기</u> 위해 여러 도시를 여행하였다.
④ 업무 체계를 개선할 방안을 <u>구상하기</u> 위한 토론회를 마련하였다.
⑤ 그는 자신의 그림이 표절이라는 기사에 대한 대응책을 <u>구상하였다.</u>

[06-10] 다음 문장에 어울리는 어휘를 골라 ○표 하시오.

06 같은 조각가의 작품들이지만 사용된 (기법 / 성질)은 서로 다르다.

07 이 그림은 평면에 표현하였는데도 (입체적 / 비판적)인 느낌을 준다.

08 시인은 자신의 힘겨운 삶을 시로 (보고하였다고 / 형상화하였다고) 고백하였다.

09 그의 노래는 (감각적 / 효과적)인 가사 때문에 젊은이들에게 큰 인기를 얻고 있다.

10 독서를 하지 않는 사람은 문학 작품을 (감상하는 / 감동하는) 방법을 잘 모르겠다고 한다.

[11-13] 다음 밑줄 친 말과 바꿔 쓰기에 알맞은 어휘를 〈보기〉에서 골라 문맥에 맞게 쓰시오.

> 보기
>
> 관조하다   열광하다   전시하다

11 학교 축제를 맞아 우리가 만든 작품들을 <u>한곳에 벌여 놓고 보게 하였다</u>.   → ___________

12 사람들은 좋아하는 연예인을 만나면 <u>너무 기쁘거나 흥분하여 미친 듯이 날뛴다</u>.   → ___________

13 그는 주말마다 산을 찾아 <u>고요한 마음으로 사물이나 현상을 관찰하거나 비추어 보는</u> 것을 즐긴다.

    → ___________

14 〈보기〉의 ㉠, ㉡에 공통적으로 들어갈 어휘로 가장 알맞은 것은?

> 보기
>
> 앙리 마티스는 프랑스의 화가로, 강렬한 원색을 사용한 그림을 많이 그려 '(　㉠　)의 마술사'로 불리기도 한다. 작품을 보는 이들은 그가 사용한 빨강, 파랑, 초록과 같은 강렬한 (　㉡　)에 깊은 인상을 받는다.

① 색동　　② 색소　　③ 색채　　④ 색출　　⑤ 색칠

[15-18] 다음 설명에 해당하는 어휘를 〈보기〉에서 찾아 쓰시오.

> 보기
>
> 감각   골자   기교   매체

15 기술이나 솜씨가 아주 교묘함을 뜻하는 말이야.   → ___________

16 말이나 일의 내용에서 중심이 되는 줄기를 이루는 것을 이르는 말로 쓰여.   → ___________

17 눈, 코, 귀, 혀, 살갗 등을 통해 느끼는 자극을 의미하며, 사물에서 받는 인상이나 느낌을 뜻하는 말이기도 해.   → ___________

18 어떤 작용을 한쪽에서 다른 쪽으로 전달하는 물체나 수단을 뜻하는 말로, 방송 ○○, 인터넷 ○○, 신문 ○○와 같이 쓰여.   → ___________

DAY 11
어휘 익히기

환경과 관련된 말

*Q1~Q13에서, ㉠과 ㉡ 중 알맞은 표현을 골라 보세요. 채점 후, 틀린 어휘는 ☐에 표시해 두세요.

---

01 개선하다
고칠 改 / 착할 善

잘못된 것이나 부족한 것, 나쁜 것 따위를 고쳐 더 좋게 만들다.
예 그는 업무 환경을 개선하자고 주장하였다.

Q1 알맞은 쓰임은?
㉠ 정체를 개선하다.
㉡ 습관을 개선하다.

---

02 공해
공변될 公 / 해로울 害

산업이나 교통의 발달에 따라 사람이나 생물이 입게 되는 여러 가지 피해. 자동차의 매연◆, 공장의 폐수◆, 여러 종류의 쓰레기 따위로 인하여 공기와 물이 더럽혀지고 자연환경이 파괴되는 문제 따위를 이른다.
예 그 도시는 각종 공해로 인한 문제가 심각하다.

◆ 매연 연료가 탈 때 나오는, 그을음이 섞인 연기
◆ 폐수 공장이나 광산 등지에서 쓰고 난 뒤에 버리는 물

Q2 알맞은 쓰임은?
㉠ 공해를 늘리자.
㉡ 공해를 추방하자.

---

03 녹지
초록빛 綠 / 땅 地

❶ 천연적으로 풀이나 나무가 우거진 곳
예 그 산은 크지 않지만 녹지가 풍성하였다.

❷ 도시의 자연환경 보전과 공해 방지를 위하여 풀이나 나무를 일부러 심은 곳
예 공원에 녹지를 조성하는 공사가 진행 중이다.

Q3 알맞은 쓰임은?
㉠ 심각한 녹지
㉡ 우거진 녹지

---

04 방지하다
막을 防 / 그칠 止

어떤 일이나 현상이 일어나지 못하게 막다.
예 그는 실수를 방지하기 위해 대비하였다.

Q4 알맞은 쓰임은?
㉠ 사고를 방지하다.
㉡ 손목을 방지하다.

---

05 보수하다
기울 補 / 닦을 修

건물이나 시설 따위의 낡거나 부서진 것을 손보아 고치다.
예 그 댐을 보수해야 한다는 의견이 있다.

Q5 알맞은 쓰임은?
㉠ 건물을 보수하다.
㉡ 어깨를 보수하다.

---

06 분해하다 ☆
나눌 分 / 풀 解

여러 부분이 결합되어 이루어진 것을 그 낱낱으로 나누다.
예 컴퓨터를 분해해야 고칠 수 있다.

Q6 알맞은 쓰임은?
㉠ 시계를 분해하다.
㉡ 이유를 분해하다.

---

07 생태계
날 生 / 모양 態 / 이을 系

어느 환경 안에서 사는 생물군과 그 생물들을 제어하는 제반◆ 요인을 포함한 복합 체계
예 자연 생태계를 지켜야 한다.

◆ 제반 어떤 것과 관련된 모든 것

Q7 알맞은 쓰임은?
㉠ 생태계 만족
㉡ 생태계 파괴

정답 Q : 1 ㉡ 2 ㉡ 3 ㉡ 4 ㉠ 5 ㉠ 6 ㉠ 7 ㉡

☐ ⁰⁸ **오염**
더러울 汚 / 물들 染

더럽게 물듦. 또는 더럽게 물들게 함.
예 그 지역은 환경 오염이 심각하다.

Q8 알맞은 쓰임은?　ㄱ ◯ 대기 오염　　ㄴ ◯ 건강 오염

☐ ⁰⁹ **유출하다**
흐를 流 / 날 出

❶ 밖으로 흘려 내보내다.
예 그 회사는 폐수를 몰래 유출하였다.

❷ 귀중한 물품, 정보 등을 불법적으로 나라나 조직의 밖으로 내보내다.
예 그는 중요한 정보를 유출하여 재판을 받고 있다.

Q9 알맞은 쓰임은?　ㄱ ◯ 오염물을 유출하다.　　ㄴ ◯ 콧노래를 유출하다.

☐ ¹⁰ **재생**
다시 再 / 날 生

❶ 죽게 되었다가 다시 살아남.
예 그는 병이 심해져 재생의 희망을 잃었다.

❷ 낡거나 못 쓰게 된 물건을 가공하여◆ 다시 쓰게 함.
예 그 사무실에서는 재생 용지를 사용한다.

◆ **가공하다** 원자재나 반제품을 인공적으로 처리하여 새로운 제품을 만들거나 제품의 질을 높이다.

Q10 알맞은 쓰임은?　ㄱ ◯ 재생 소비자　　ㄴ ◯ 재생 화장지

☐ ¹¹ **터전**

❶ 집터가 되는 땅
예 그는 집을 세울 터전을 살펴보았다.

❷ 살림의 근거지◆가 되는 곳
예 지구는 우리 모두의 삶의 터전이다.

◆ **근거지** 활동의 근거로 삼는 곳

Q11 알맞은 쓰임은?　ㄱ ◯ 터전을 겪다.　　ㄴ ◯ 터전을 잡다.

☐ ¹² **폐기하다**
폐할 廢 / 버릴 棄

❶ 못 쓰게 된 것을 버리다.
예 쓰레기는 분리수거 후 폐기해야 한다.

❷ 조약, 법령, 약속 따위를 무효로 하다.
예 그는 두 나라 간 조약을 폐기한다고 알렸다.

Q12 알맞은 쓰임은?　ㄱ ◯ 동심을 폐기하다.　　ㄴ ◯ 음식물을 폐기하다.

☐ ¹³ **해일**
바다 海 / 넘칠 溢

해저의 지각 변동이나 해상의 기상 변화에 의하여 갑자기 바닷물이 크게 일어서 육지로 넘쳐 들어오는 것. 또는 그런 현상
예 태풍으로 해안에 해일이 밀어닥쳤다.

Q13 알맞은 쓰임은?　ㄱ ◯ 해일 관광　　ㄴ ◯ 해일 피해

> '**분해하다**'는 기계 같은 눈에 보이는 대상을 나눌 때 쓰이는 경우가 많고, '**분석하다**'는 원인 같은 눈에 보이지 않는 대상을 나눌 때 쓰이는 경우가 많아요. 두 어휘의 쓰임을 알고 문맥에 맞도록 골라 사용해요.

★ 헷갈리기 쉬운 어휘

분해하다 나눌 分 / 풀 解
여러 부분이 결합되어 이루어진 것을 그 낱낱으로 나누다.
예 그는 복잡한 기계도 잘 분해한다.

VS

분석하다 나눌 分 / 쪼갤 析
얽혀 있거나 복잡한 것을 풀어서 개별적인 요소나 성질로 나누다.
예 그는 문제의 원인을 분석해 보았다.

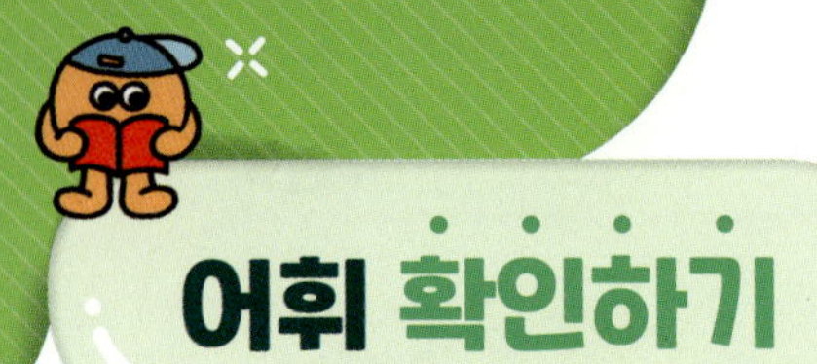

어휘 확인하기

*'어휘 익히기'에서 □에 표시된 어휘를 다시 한번 학습한 후, 다음 문제를 풀어 보세요!

[01-04] 주어진 초성과 뜻에 알맞은 어휘를 빈칸에 넣어 문장을 완성하시오.

01 ㅌ ㅈ : 집터가 되는 땅

→ 옛날 조상들은 집을 짓는 ___________을 매우 중시하였다.

02 ㅇ ㅇ : 더럽게 물듦.

→ 그 지역은 공장 근처라서 수질 ___________이 매우 심각한 상태이다.

03 ㅅ ㅌ ㄱ : 어느 환경 안에서 사는 생물군과 그 생물들을 제어하는 제반 요인을 포함한 복합 체계

→ 우리 마을은 뒷산의 ___________를 보호하자는 캠페인을 벌이고 있다.

04 ㅎ ㅇ : 해저의 지각 변동이나 해상의 기상 변화에 의하여 갑자기 바닷물이 크게 일어서 육지로 넘쳐 들어오는 것

→ 바다 밑에서 지진이 나면 해안으로 ___________이 몰려들어 큰 피해를 끼친다.

05 〈보기〉의 ㉠~㉣ 중 밑줄 친 어휘의 의미가 같은 것끼리 짝지어진 것은?

> **보기**
> ㉠ 공장에서 <u>유출한</u> 유독 가스 때문에 큰 소동이 생겼다.
> ㉡ 오염 물질을 <u>유출한</u> 업체의 대표가 재판을 받게 되었다.
> ㉢ 회사는 신제품 정보를 경쟁사에 <u>유출한</u> 직원을 고발하였다.
> ㉣ 산업 폐수를 무단으로 <u>유출하였다는</u> 제보가 있어 수사 중이다.

① ㉠, ㉡ / ㉢, ㉣　　　　② ㉠, ㉢ / ㉡, ㉣　　　　③ ㉠, ㉣ / ㉡, ㉢
④ ㉠, ㉡, ㉢ / ㉣　　　　⑤ ㉠, ㉡, ㉣ / ㉢

[06-08] 다음 문장에 어울리는 어휘를 골라 ○표 하시오.

06 (재생 / 화학) 용지로 만든 공책을 사용해 환경을 살리자.

07 공원에 조성된 (녹지 / 토지)는 우리 모두가 소중히 해야 한다.

08 각종 (공해 / 물건) 때문에 도시 주민들의 건강이 나빠지고 있다.

[09 - 12] 다음 밑줄 친 말과 바꿔 쓰기에 알맞은 어휘를 〈보기〉에서 골라 문맥에 맞게 쓰시오.

> 보기
>
> 개선하다　　　방지하다　　　보수하다　　　폐기하다

09 며칠 전부터 삐걱대는 책상 다리를 <u>손보아 고쳐야</u> 할 것 같다.　　→ ___________

10 공부하는 방법을 <u>고쳐 더 좋게 만들기</u> 위해 친구들과 이야기를 나누었다.　　→ ___________

11 선생님께서 독후감을 베껴 쓰는 일을 <u>일어나지 못하게 막겠다고</u> 강조하셨다.　　→ ___________

12 평소에 쓰지 않는 물건들은 때때로 살펴보고 <u>못 쓰게 된 것을 버리는</u> 것이 낫다.　　→ ___________

13 〈보기〉의 ㉠~㉢에 들어갈 어휘끼리 바르게 짝지어진 것은?

> 보기
>
> 　어떤 가전제품이 고장 났을 때 원인을 (　㉠　) 것이 중요하다. 그러기 위해서는 그 제품을 (　㉡　) 보는 것이 필요하기도 하다. 이때 제품에 대한 전문적 지식을 가진 사람이 제품을 (　㉢　) 않으면 더 큰 문제가 발생할 수 있으므로 주의해야 한다.

	㉠	㉡	㉢		㉠	㉡	㉢
①	분석하는	분석해	분석하지	②	분석하는	분석해	분해하지
③	분석하는	분해해	분해하지	④	분해하는	분석해	분해하지
⑤	분해하는	분해해	분해하지				

[14 - 17] 다음 뜻에 알맞은 어휘를 찾아 연결하시오.

14　활동의 근거로 삼는 곳　　　　·　　　·㉠　매연

15　어떤 것과 관련된 모든 것　　　·　　　·㉡　제반

16　연료가 탈 때 나오는, 그을음이 섞인 연기　　　·　　　·㉢　폐수

17　공장이나 광산 등지에서 쓰고 난 뒤에 버리는 물　　　·　　　·㉣　근거지

문화와 관련된 말

*Q1~Q14에서, ㉠과 ㉡ 중 알맞은 표현을 골라 보세요. 채점 후, 틀린 어휘는 ☐에 표시해 두세요.

01 고유하다
굳을 固 / 있을 有

본래부터 가지고 있어 특유하다◆.
예 우리의 고유한 전통문화를 알아보자.

◆**특유하다** 일정한 사물만이 특별히 갖추고 있다.

Q1 알맞은 쓰임은?　㉠ 고유한 신제품　㉡ 고유한 특징

02 공동체
함께 共 / 같을 同 / 몸 體

생활이나 행동 또는 목적 따위를 같이하는 집단
예 공동체 사회를 향해 나아가야 한다.

Q2 알맞은 쓰임은?　㉠ 공동체 개인　㉡ 공동체 의식

03 교류하다
사귈 交 / 흐를 流

❶ 근원이 다른 물줄기가 서로 섞이어 흐르다.
예 여러 냇물이 강에서 교류한다.
❷ 문화나 사상 따위를 서로 통하게 하다.
예 국가 간에 문화를 교류하는 일이 늘어나고 있다.

Q3 알맞은 쓰임은?　㉠ 건전지 교류　㉡ 남북한 교류

04 기리다

뛰어난 업적이나 바람직한 정신, 위대한 사람 따위를 칭찬하고 기억하다.
예 오늘은 조상의 뜻을 기리는 날이다.

Q4 알맞은 쓰임은?　㉠ 고인을 기리다.　㉡ 지구를 기리다.

05 기호
즐길 嗜 / 좋을 好

즐기고 좋아함.
예 그는 기호에 맞는 음식을 찾았다.

Q5 알맞은 쓰임은?　㉠ 기호 법률　㉡ 기호 식품

06 답사하다
밟을 踏 / 조사할 査

현장에 가서 직접 보고 조사하다.
예 그는 신라의 유적지를 답사하고 왔다.

Q6 알맞은 쓰임은?　㉠ 식물을 답사하다.　㉡ 현장을 답사하다.

07 대목

❶ 설이나 추석 따위의 명절을 앞두고 경기(景氣)◆가 가장 활발한 시기
예 그는 명절 대목을 기대하고 있다.
❷ 일의 어떤 특정한 부분이나 대상
예 이 부분이 중요한 대목이다.

◆**경기** 매매나 거래에 나타나는 호황·불황 따위의 경제 활동 상태

Q7 알맞은 쓰임은?　㉠ 제헌절 대목　㉡ 한가위 대목

08 도굴하다
도둑 盜 / 팔 掘

법적 수속이나 관리자의 승낙을 받지 않고 고분 따위를 파거나 광물을 캐내다.
예 땅속에 묻혀 있는 보물을 도굴하였다.

Q8 알맞은 쓰임은?　㉠ 사람을 도굴하다.　㉡ 왕릉을 도굴하다.

09 보존하다 ☆
지킬 保 / 있을 存

잘 보호하고 간수하여♦ 남기다.
예 우리 전통문화를 <u>보존</u>해야 한다.

♦ **간수하다** 물건 따위를 잘 보호하거나 보관하다.

Q9 알맞은 쓰임은?　ㄱ ◯ 날씨를 보존하다.　　ㄴ ◯ 환경을 보존하다.

10 양식
모양 樣 / 법 式

❶ 일정한 모양이나 형식
예 그는 이력서를 <u>양식</u>에 맞게 작성했다.
❷ 오랜 시간이 지나면서 자연히 정하여진 방식
예 그의 행동 <u>양식</u>은 이해하기 힘들었다.
❸ 시대나 부류에 따라 각기 독특하게 지니는 문학, 예술 따위의 형식
예 그 절의 건축 <u>양식</u>은 독특했다.

Q10 알맞은 쓰임은?　ㄱ ◯ 보고서 양식　　ㄴ ◯ 피해 양식

11 유산
남길 遺 / 낳을 産

❶ 죽은 사람이 남겨 놓은 재산
예 그는 부모의 <u>유산</u>을 탕진했다.
❷ 앞 세대가 물려준 사물 또는 문화
예 훌륭한 문화 <u>유산</u>은 기억해야 한다.

Q11 알맞은 쓰임은?　ㄱ ◯ 유산 발명　　ㄴ ◯ 유산 상속

12 이색적
다를 異 / 빛 色 / 과녁 的

보통의 것과 색다른♦ 성질을 지닌 것. 또는 그런 것
예 해외여행에서 본 풍경은 매우 <u>이색적</u>이다.

♦ **색다르다** 동일한 종류에 속하는 보통의 것과 다른 특색이 있다.

Q12 알맞은 쓰임은?　ㄱ ◯ 이색적 일상　　ㄴ ◯ 이색적 풍속

13 전환하다
구를 轉 / 바꿀 換

다른 방향이나 상태로 바꾸다.
예 그 사건은 역사의 방향을 <u>전환</u>하였다.

Q13 알맞은 쓰임은?　ㄱ ◯ 기분을 전환하다.　　ㄴ ◯ 변화를 전환하다.

14 풍류
바람 風 / 흐를 流

멋스럽고 풍치♦가 있는 일. 또는 그렇게 노는 일
예 이 그림을 통해 조상들의 <u>풍류</u>를 알 수 있다.

♦ **풍치** ① 훌륭하고 멋진 경치 ② 격에 맞는 멋

Q14 알맞은 쓰임은?　ㄱ ◯ 풍류를 노리다.　　ㄴ ◯ 풍류를 즐기다.

☆ **헷갈리기 쉬운 어휘**

보존하다 지킬 保 / 있을 存
잘 보호하고 간수하여 남기다.
예 깨끗한 환경을 <u>보존</u>하자.

VS

보전하다 지킬 保 / 온전할 全
온전하게 보호하여 유지하다.
예 그는 교통사고에서 겨우 목숨을 <u>보전</u>하였다.

어휘 확인하기

[01-04] 주어진 초성과 뜻에 알맞은 어휘를 빈칸에 넣어 문장을 완성하시오.

01 ㄱ ㅎ : 즐기고 좋아함.

→ 점심은 각자 ＿＿＿＿＿＿에 맞는 음식을 시키기로 하자.

02 ㅇ ㅅ : 죽은 사람이 남겨 놓은 재산

→ 우리는 조부모님의 ＿＿＿＿＿＿을 사회에 환원하기로 하였다.

03 ㅍ ㄹ : 멋스럽고 풍치가 있는 일

→ 이 골짜기에는 옛사람들이 ＿＿＿＿＿＿를 즐겼던 흔적이 남아 있다.

04 ㄷ ㅁ : 설이나 추석 따위의 명절을 앞두고 경기(景氣)가 가장 활발한 시기

→ 시장 상인들은 올해 추석은 ＿＿＿＿＿＿의 분위기가 나지 않는다고 하소연한다.

05 다음 빈칸에 공통으로 들어갈 어휘로 알맞은 것은?

> • 정부의 허가 없이 금광을 (　　　　)하는 것은 금지되어 있다.
> • 최근 문화재를 (　　　　)하여 외국으로 팔아넘기는 범죄가 심심치 않게 일어나고 있다.

① 간수　　　　② 고유　　　　③ 교류　　　　④ 도굴　　　　⑤ 특유

[06-10] 다음 문장에 어울리는 어휘를 골라 ○표 하시오.

06 김장은 우리나라의 (고유한 / 새로운) 전통문화 중 하나이다.

07 우리는 (공감대 / 공동체) 사회에서 요구되는 예절을 배워야 한다.

08 현충원은 나라를 위해 목숨을 바친 열사들을 (가리는 / 기리는) 장소이다.

09 다양한 국가의 외국인이 모여 (교류하는 / 인정하는) 일이 늘어나고 있다.

10 외국인들이 젓가락질을 하는 모습이 (이기적 / 이색적)으로 느껴졌다.

[11 - 13] 다음 밑줄 친 말과 바꿔 쓰기에 알맞은 어휘를 〈보기〉에서 골라 문맥에 맞게 쓰시오.

> 보기
>
> 답사하다   보존하다   전환하다

11 우울한 기분을 <u>다른 방향이나 상태로 바꾸려고</u> 친구들을 만났다.   → ____________

12 그 단체는 자연을 <u>잘 보호하고 간수하여 남기는</u> 일을 위해 애쓰고 있다.   → ____________

13 그들은 행사장의 규모를 파악하기 위해 <u>현장에 가서 직접 보고 조사하기로</u> 하였다.   → ____________

14 〈보기〉의 ㉠~㉢의 예로 알맞지 <u>않은</u> 것은?

> 보기
>
> 양식(樣式)「명사」
> 「1」 일정한 모양이나 형식 ──────────────── ㉠
> 「2」 오랜 시간이 지나면서 자연히 정하여진 방식 ──── ㉡
> 「3」 시대나 부류에 따라 각기 독특하게 지니는 문학, 예술 따위의 형식 ── ㉢

① ㉠: 주어진 양식에 따라 보고서를 제출하였다.
② ㉠: 인터넷으로 봉사 활동 지원서 양식을 내려받았다.
③ ㉡: 데이터가 양식에 맞지 않으면 컴퓨터가 읽지 못한다.
④ ㉡: 인간의 행동의 양식은 일차적으로 자연환경의 영향을 받는다.
⑤ ㉢: 그 도시의 건물들은 다양한 건축 양식으로 지어졌다고 한다.

[15 - 17] 〈보기〉의 글자 카드를 조합하여 문장의 빈칸에 들어갈 알맞은 어휘를 쓰시오.

> 보기
>
> 간   경   기   수   유   특

15 사투리에는 그 지방만의 ____________한 억양이 담겨 있다.
　　　　일정한 사물만이 특별히 갖추고 있음.

16 실업자의 수가 늘어나는 것은 ____________가 나빠졌다는 신호이다.
　　　　매매나 거래에 나타나는 호황·불황 따위의 경제 활동 상태

17 그는 아버지가 돌아가시면서 남긴 물건을 고이 ____________하고 있다.
　　　　물건 따위를 잘 보호하거나 보관함.

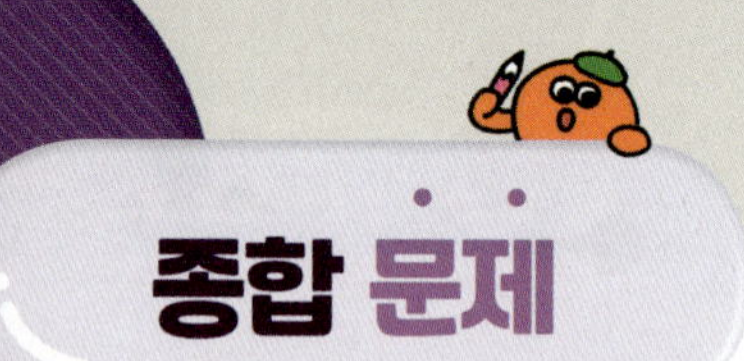

01 다음 중 '물(水)'의 의미를 가진 어휘로 볼 수 <u>없는</u> 것은?

① 강수　　　　② 급류　　　　③ 기류　　　　④ 대양　　　　⑤ 해일

02 다음 어휘의 사전적 의미가 알맞지 <u>않은</u> 것은?

① 안목: 사물을 보고 분별하는 견식
② 공동체: 생활이나 행동 또는 목적 따위를 같이하는 집단
③ 탐사: 알려지지 않은 사물이나 사실 따위를 샅샅이 더듬어 조사함.
④ 혁신: 묵은 풍속, 관습, 조직, 방법 따위를 완전히 바꾸어서 새롭게 함.
⑤ 오염: 산업이나 교통의 발달에 따라 사람이나 생물이 입게 되는 여러 가지 피해

03 〈보기〉의 빈칸에 공통으로 들어갈 어휘로 알맞은 것은?

> 보기
> • 폐수를 몰래 강으로 ＿＿＿＿＿＿ 업체를 적발하였다.
> • 신제품 개발 기술을 외국 회사에 ＿＿＿＿＿＿ 일이 발생했다.

① 버리는　　　② 보수하는　　　③ 배제하는　　　④ 유출하는　　　⑤ 출현하는

04 〈보기〉의 ㉠~㉢에 해당하는 어휘를 맞춤법에 맞게 쓴 것은?

> 보기
> ㉠ 비나 눈이 내려 날씨가 나쁘다.
> ㉡ 상처에 염증이 생겨 고름이 들게 되다.
> ㉢ 병이나 상처 따위를 잘못 다루어 상태가 더 나빠지다.

	㉠	㉡	㉢		㉠	㉡	㉢
①	굳다	곰다	덛나다	②	굳다	곪다	덛나다
③	굳다	곪다	덧나다	④	궂다	곪다	덛나다
⑤	궂다	곪다	덧나다				

05 다음 중 〈보기〉와 관련된 어휘로 알맞지 <u>않은</u> 것은?

> 보기
> 땅「명사」 강이나 바다와 같이 물이 있는 곳을 제외한 지구의 겉면

① 내륙　　　② 녹지　　　③ 대목　　　④ 습지　　　⑤ 터전

06 다음 중 사물의 상태를 표현하는 어휘로 알맞은 것은?

① 가누다   ② 기리다   ③ 고유하다   ④ 관조하다   ⑤ 섭취하다

07 다음 밑줄 친 말 중 〈보기〉의 뜻으로 쓰이지 않은 것은?

> **보기**
>
> 못 쓰게 된 것을 버리다.

① 이 신발은 낡아서 <u>폐기해야</u> 한다.
② 깨진 유리를 함부로 <u>폐기해서는</u> 안 된다.
③ 가전제품을 <u>폐기할</u> 때는 거쳐야 할 절차가 있다.
④ 양국 간 무역 조약을 <u>폐기한다는</u> 소식이 전해졌다.
⑤ 이사철이 되면서 쓰던 가구를 <u>폐기하는</u> 일이 늘어났다.

08 다음 중 〈보기〉와 관련된 어휘로 볼 수 없는 것은?

> **보기**
>
> 사고(思考) 「명사」 생각하고 궁리함. 예 사고 능력

① 도출하다   ② 고안하다   ③ 구상하다   ④ 자각하다   ⑤ 전시하다

09 다음 중 밑줄 친 어휘의 쓰임이 알맞지 않은 것은?

① 전기 제품을 함부로 <u>분해하다가</u> 감전되는 경우가 있다.
② 의논하는 사람이 많을수록 결론을 <u>방출하기</u> 어려워진다.
③ 엄마는 건강을 위해 탄산 음료를 우유로 <u>대체하자고</u> 하셨다.
④ 인터넷 덕분에 외국에 사는 사람들과 <u>교류하는</u> 일이 쉬워졌다.
⑤ 우리 회사는 인재를 <u>발굴하고</u> 키우는 데 최선을 다하고 있습니다.

[10-11] 다음 밑줄 친 말과 바꿔 쓸 어휘로 가장 알맞은 것은?

10 의사는 나에게 병을 앓고 난 뒤에도 남아 있는 <u>병적인 증상</u>이 없는지 물어보았다.

① 병명   ② 질병   ③ 증세   ④ 부작용   ⑤ 후유증

11 오랫동안 공사해 왔던 우리 동네의 강변 산책로가 드디어 <u>만들어져서 이루어졌다</u>.

① 공개되었다   ② 발표되었다   ③ 시작되었다   ④ 조성되었다   ⑤ 조작되었다

속담 연상 퀴즈

1 고래 싸움에 □□등 터진다.

강한 자들끼리 싸우는 통에 약한 자가 중간에 끼어
피해를 입게 됨을 비유적으로 이르는 말

2 천 리 길도 □□□부터

무슨 일이나 그 일의 시작이 중요하다는 말

3 개밥에 □□□

따돌림을 받아서 여럿의 축에 끼지 못하는 사람을
비유적으로 이르는 말

4 □도 갈아야 빛이 난다.

아무리 소질이 좋아도 이것을 잘 닦고 기르지 아니
하면 훌륭한 것이 되지 못한다는 말

5 공든 □이 무너지랴.

힘을 다하고 정성을 다하여 한 일은 그 결과가 반
드시 헛되지 아니함을 비유적으로 이르는 말

6 물에 빠지면 □□□□□라도 잡는다.

위급하면 무엇이나 닥치는 대로 잡고 늘어지게 됨
을 이르는 말

Ⅱ

표현력을 위한 생활 어휘

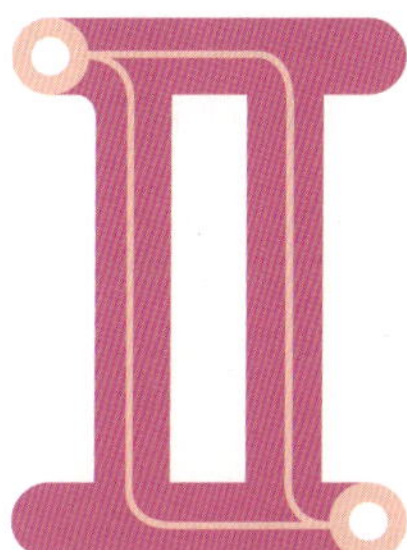

3주차

어휘 익히기

대상을 가리키는 말

*Q1~Q12에서, ㉠과 ㉡ 중 알맞은 표현을 골라 보세요. 채점 후, 틀린 어휘는 ☐에 표시해 두세요.

---

01 난리
어지러울 亂 / 떠날 離

❶ 전쟁이나 병란(兵亂)◆
예 대립하던 두 나라 사이에 결국 난리가 나고 말았다.

❷ 분쟁, 재해◆ 따위로 세상이 소란하고 질서가 어지러워진 상태
예 홍수로 인해 저지대에 난리가 났다.

Q1 알맞은 쓰임은? ㉠ 난리가 일어났다. ㉡ 난리가 도착했다.

◆ **병란** 나라 안에서 싸움질하는 난리

◆ **재해** 재앙으로 말미암아 받는 피해. 지진, 태풍, 홍수, 가뭄, 해일, 화재, 전염병 따위에 의하여 받게 되는 피해를 이른다.

---

02 눈시울

눈언저리◆의 속눈썹이 난 곳
예 슬픈 이야기를 듣고 나도 모르게 눈시울이 붉어졌다.

Q2 알맞은 쓰임은? ㉠ 초롱초롱한 눈시울 ㉡ 뜨거워진 눈시울

◆ **언저리** 둘레의 가 부분

---

03 덩굴

길게 뻗어 나가면서 다른 물건을 감기도 하고 땅바닥에 퍼지기도 하는 **식물의 줄기 ≒ 넝쿨**
예 덩굴 사이로 수박이 탐스럽게 열려 있다.

Q3 알맞은 쓰임은? ㉠ 은행나무 덩굴 ㉡ 참외 덩굴

---

04 만물
일만 萬 / 만물 物

세상에 있는 **모든 것**
예 만물에는 저마다의 질서가 있다.

Q4 알맞은 쓰임은? ㉠ 우주 만물 ㉡ 유일한 만물

---

05 생채기

손톱 따위로 할퀴거나 긁히어서 생긴 **작은 상처**
예 생채기에서 피가 나자 놀란 동생은 울음을 터뜨렸다.

Q5 알맞은 쓰임은? ㉠ 손바닥에 생채기가 박혔다. ㉡ 긁다가 생채기가 생겼다.

---

06 쑥대밭

❶ 쑥이 무성하게 우거져 있는 거친 땅
예 할머니가 쑥대밭에서 쑥을 잔뜩 캐 오셨다.

❷ 매우 어지럽거나 못 쓰게 된 모양을 비유적으로 이르는 말
예 친구들이 다녀간 후 내 방은 쑥대밭이 되었다.

Q6 알맞은 쓰임은? ㉠ 쑥대밭 같은 하늘 ㉡ 쑥대밭 같은 머리카락

☐ 07 수평선
물 水 / 평평할 平 / 선 線

1 물과 하늘이 맞닿아 경계를 이루는 선
예 수평선 너머로 작은 섬 하나가 보였다.

2 [수학] 수평면 위에 있는 직선
예 직각이 되게 수평선을 그었다.

Q7 알맞은 쓰임은?　ㄱ 바다 멀리 보이는 수평선　ㄴ 끝없이 펼쳐진 사막의 수평선

☐ 08 애호가
사랑 愛 / 좋을 好 / 집 家

어떤 사물을 사랑하고 좋아하는 사람
예 할아버지는 바둑 애호가이시다.

Q8 알맞은 쓰임은?　ㄱ 희망 애호가　ㄴ 동물 애호가

☐ 09 오금

1 무릎의 구부러지는 오목한 안쪽 부분
예 오금을 펴고 편안하게 앉았더니 다리가 저리지 않았다.

2 아래팔과 위팔을 이어 주는 뼈마디의 안쪽 부분
예 구부렸던 팔을 폈더니 오금이 당겼다.

Q9 알맞은 쓰임은?　ㄱ 오금이 저렸다.　ㄴ 오금이 성가셨다.

☐ 10 우레

뇌성과 번개를 동반하는 대기 중의 방전◆ 현상 = 천둥
예 번개가 보이더니 곧 우레가 쳤다.

Q10 알맞은 쓰임은?　ㄱ 쾅쾅 요란스런 우레　ㄴ 뭉게뭉게 피어나는 우레

◆ **방전** 전지나 축전기 또는 전기를 띤 물체에서 전기가 외부로 흘러나오는 현상

☐ 11 이물질
다를 異 / 만물 物 / 바탕 質

정상적이 아닌 다른 물질
예 신발 속에서 이물질의 감촉을 느꼈다.

Q11 알맞은 쓰임은?　ㄱ 음료에 이물질이 섞였다.　ㄴ 이물질로 음식을 만들었다.

☐ 12 청과물
푸를 靑 / 열매 果 / 만물 物

신선한 과일과 채소를 통틀어 이르는 말
예 그는 시장에서 청과물 장사를 하고 있다.

Q12 알맞은 쓰임은?　ㄱ 청과물 제조사　ㄴ 청과물 도매상

전쟁이나 재해 등의 재난을 '난리'라고 합니다. 이러한 전쟁이나 지진, 홍수 등의 재난을 피해 멀리 옮겨 가는 경우에는 '피난'을 사용할 수 있어요.

★ 헷갈리기 쉬운 어휘

난리 어지러울 亂 / 떠날 離
전쟁이나 병란(兵亂)
예 마을은 난리를 겪으며 폐허가 되었다.

VS

피난 피할 避 / 어지러울 難
재난을 피하여 멀리 옮겨 감.
예 지진이 나자 마을 사람들은 피난을 떠났다.

[01-04] 주어진 초성과 뜻에 알맞은 어휘를 빈칸에 넣어 문장을 완성하시오.

01 ㄴ ㄹ : 분쟁, 재해 따위로 세상이 소란하고 질서가 어지러워진 상태

→ 엊그제 내린 폭설로 인해 도로가 마비되는 ____________가 났다.

02 ㄴ ㅅ ㅇ : 눈언저리의 속눈썹이 난 곳

→ 우리 또래 친구의 애처로운 사연에 모두들 ____________이 붉어졌다.

03 ㅅ ㅊ ㄱ : 손톱 따위로 할퀴이거나 긁히어서 생긴 작은 상처

→ 모기에 물린 다리를 밤새 심하게 긁었더니 ____________가 생겼다.

04 ㅅ ㅍ ㅅ : 물과 하늘이 맞닿아 경계를 이루는 선

→ 바다에 와서 머나먼 ____________을 바라보니 답답했던 가슴이 탁 트이는 것 같았다.

[05-08] 다음 뜻에 알맞은 어휘를 찾아 연결하시오.

05 둘레의 가 부분 · · ㉠ 방전

06 나라 안에서 싸움질하는 난리 · · ㉡ 병란

07 재앙으로 말미암아 받는 피해 · · ㉢ 재해

08 전지나 축전기 또는 전기를 띤 물체에서 전기가 외부로 흘러나오는 현상 · · ㉣ 언저리

09 〈보기〉의 빈칸에 들어갈 어휘로 알맞은 것은?

> **보기**
> 큰 비가 오려는지 밤하늘에서 ____________가 울리고 있었다.

① 우래 ② 우레 ③ 우려 ④ 우례 ⑤ 우로

[10 - 14] 다음 문장에 어울리는 어휘를 골라 ○표 하시오.

10 인간은 (동물 / 만물)의 영장이라고 한다.

11 그는 문학을 매우 사랑하는 문학 (호사가 / 애호가)이다.

12 모래사장을 걸어 다녔더니 신발 속에서 (이물질 / 첨가물)이 느껴졌다.

13 그들 남매는 시장에서 신선한 과일과 채소를 파는 (청과물 / 수산물) 도매업자였다.

14 사흘 동안의 폭우로 뒤엉킨 (덩굴 / 덩어리) 사이로 드문드문 설익은 열매가 보였다.

15 〈보기〉의 빈칸에 들어갈 어휘로 가장 알맞은 것은?

> **보기**
>
> 오랫동안 가뭄에 시달렸던 ○○ 지역은 논과 밭의 작물을 살려 내기 위해 갖은 노력을 해 왔다. 그러나 이번 태풍이 몰고 온 이틀 동안의 폭우로 인해 마을 전체가 ___________이/가 되고 말았다. 마을 주민들은 그간의 노력이 헛고생이 되었다며 허탈해하고 있다.

① 논밭　　　　② 풀밭　　　　③ 민둥산　　　　④ 쑥대밭　　　　⑤ 황무지

[16 - 17] 〈보기〉의 어휘를 활용하여 다음 대화를 완성하시오.

> **보기**
>
> 무릎　　　오금　　　눈물샘　　　눈시울　　　뒤꿈치

> 가온: 연아야, 영화 진짜 재미있었지?
> 연아: 응. 매순간 얼마나 긴박감이 넘치는지 **16** (　　　　　　)이/가 저리고 머리털이 곤두서는 것 같더라. 한순간도 화면에서 눈을 떼지 못하겠더라고.
> 가온: 마지막 반전 부분은 정말 뭉클했어.
> 연아: 맞아. 여기저기 훌쩍이는 소리가 들려서 봤는데 다른 관객들도 **17** (　　　　　　)이/가 붉어졌더라.
> 가온: 응. 나도 눈물을 참을 수가 없었어.
> 연아: 시간이 어떻게 지나갔는지 모르겠어. 정말 멋진 영화였어.

시간·장소와 관련된 말

*Q1~Q14에서, ㉠과 ㉡ 중 알맞은 표현을 골라 보세요. 채점 후, 틀린 어휘는 ☐에 표시해 두세요.

☐ **01 겨를**

어떤 일을 하다가 생각 따위를 다른 데로 돌릴 수 있는 시간적인 여유
㉮ 농번기에는 잠시도 쉴 겨를이 없을 만큼 바쁘다.

Q1 알맞은 쓰임은? ㉠ 숨 돌릴 겨를이 없다. ㉡ 너무 바빠서 짐 놓을 겨를이 있다.

☐ **02 곶**
땅 이름 串

바다 쪽으로, 부리 모양으로 뾰족하게 뻗은 육지 = 갑
㉮ 바다로 뻗은 곶 끄트머리에 누군가 서 있었다.

Q2 알맞은 쓰임은? ㉠ 길고 뾰족한 곶 ㉡ 넓고 평평한 곶

☐ **03 글피**

모레◆의 다음 날
㉮ 글피까지 사흘의 시간을 더 드리겠습니다.

Q3 알맞은 쓰임은? ㉠ 어제 전날은 글피야. ㉡ 모레 다음 날은 글피야.

◆ **모레** 내일의 다음 날

☐ **04 금세**

지금 바로. '금시에'가 줄어든 말로 구어체◆에서 많이 사용된다.
㉮ 약을 먹은 효과가 금세 나타났다.

Q4 알맞은 쓰임은? ㉠ 금세 넓은 태평양 ㉡ 금세 져 버린 해

◆ **구어체** 글에서 쓰는 말투가 아닌, 일상적인 대화에서 주로 쓰는 말투

☐ **05 둔치**

❶ 물가의 언덕
㉮ 한강 둔치는 도심 속 쉼터로 자리매김하였다.

❷ 강, 호수 따위의 물이 있는 곳의 가장자리
㉮ 햇볕이 뜨거운 오후에는 호수 둔치에서 더위를 피했다.

Q5 알맞은 쓰임은? ㉠ 섬진강 둔치 ㉡ 소백산 둔치

☐ **06 모퉁이**

❶ 구부러지거나 꺾어져 돌아간 자리
㉮ 모퉁이에서 자전거가 갑자기 튀어나오는 바람에 급정차했다.

❷ 변두리◆나 구석진 곳
㉮ 방의 한쪽 모퉁이에 먼지가 쌓여 있다.

Q6 알맞은 쓰임은? ㉠ 고속 도로 모퉁이 ㉡ 좁은 골목 모퉁이

◆ **변두리** 어떤 지역의 가장자리가 되는 곳

☐ **07 사흘**

❶ 세 날
㉮ 축제는 사흘 동안 계속되었다.

❷ 매달 초하룻날부터 헤아려 셋째 되는 날 = 초사흗날
㉮ 누나는 이월 사흘에 아이를 낳았다.

Q7 알맞은 쓰임은? ㉠ 사흘이면 3일 쉬는 거야. ㉡ 사흘이면 4일 쉬는 거야.

☐ **08 서가**
글 書 / 시렁 架

문서나 책 따위를 얹어 두거나 꽂아 두도록 만든 선반
㉮ 다 읽은 책은 서가에 꽂아 두어야 한다.

Q8 알맞은 쓰임은? ㉠ 음식을 올려 두는 서가 ㉡ 책이 꽂혀 있는 서가

☐ **09 어스름**

조금 어둑한 상태. 또는 그런 때
예) 동지가 되니 일찍부터 저녁 어스름이 깔려 왔다.

Q9 알맞은 쓰임은?   ㄱ) 한낮 어스름   ㄴ) 새벽 어스름

☐ **10 여울**

강이나 바다 따위의 바닥이 얕거나 폭이 좁아 **물살이 세게 흐르는 곳**
예) 여울에 징검다리가 놓여 있었다.

Q10 알맞은 쓰임은?   ㄱ) 여울을 먹다.   ㄴ) 여울을 건너다.

☐ **11 입때**

지금까지. 또는 아직까지. 어떤 행동이나 일이 이미 이루어졌어야 함에
도 그렇게 되지 않았음을 불만스럽게 여기거나 또는 바람직하지 않은
행동이나 일이 현재까지 계속되어 옴을 나타낼 때 쓰는 말이다. = 여태
예) 나만 그 사실을 입때 모르고 있었다.

Q11 알맞은 쓰임은?   ㄱ) 그걸 입때 몰랐어?   ㄴ) 그가 살았던 입때의 일이다.

☐ **12 해껏**

해가 질 때까지
예) 아이들은 해껏 놀다가 삼삼오오 집으로 돌아갔다.

Q12 알맞은 쓰임은?   ㄱ) 그는 해껏 떠났다.   ㄴ) 그는 해껏 돌아오지 않았다.

☐ **13 허공**
빌 虛 / 빌 空

텅 빈 공중◆
예) 아무 말 없이 허공만 바라보았다.

Q13 알맞은 쓰임은?   ㄱ) 허공에 뜬 풍선   ㄴ) 허공에 심은 꽃

◆ **공중** 하늘과 땅 사이의 빈 곳

☐ **14 환절기**
바꿀 換 / 마디 節 / 기약할 期

철◆이 바뀌는 시기
예) 환절기에는 일교차가 커서 감기에 걸리기 쉽다.

Q14 알맞은 쓰임은?   ㄱ) 환절기 한여름   ㄴ) 환절기 건강 조심

◆ **철** 규칙적으로 되풀이되는 자연 현상에 따라서 일 년을 구분한 것 = 계절

⭐ **헷갈리기 쉬운 어휘**

사흘
세 날(3일)
예) 사흘 연휴라, 3일 동안 고향에 가려고 한다.

VS

나흘
네 날(4일)
예) 나흘 연휴라, 4일 동안 해외여행을 가려고 한다.

어휘 확인하기

* '어휘 익히기'에서 □에 표시된 어휘를 다시 한번 학습한 후, 다음 문제를 풀어 보세요!

[01-04] 주어진 초성과 뜻에 알맞은 어휘를 빈칸에 넣어 문장을 완성하시오.

01 ㄱ : 바다 쪽으로, 부리 모양으로 뾰족하게 뻗은 육지

→ 바다로 뻗어 나간 ___________ 부근에 배 한 척이 보였다.

02 ㅎ ㄲ : 해가 질 때까지

→ 아침부터 ___________ 부지런히 공부하니 보람이 느껴졌다.

03 ㅁ ㅌ ㅇ : 구부러지거나 꺾어져 돌아간 자리

→ 골목의 ___________를 돌다가 맞은편의 다른 사람과 부딪쳤다.

04 ㅇ ㅅ ㄹ : 조금 어둑한 상태. 또는 그런 때

→ 해가 거의 져 가는 ___________이 되어서야 부모님이 집에 돌아오셨다.

05 〈보기〉의 빈칸에 들어갈 어휘로 알맞은 것은?

> **보기**
> 그가 씨름 대회에서 우승했다는 소식이 마을 전체에 ___________ 퍼졌다.

① 근세 ② 금새 ③ 금세 ④ 금실 ⑤ 금지

[06-10] 다음 문장에 어울리는 어휘를 골라 ○표 하시오.

06 아이가 놓친 풍선이 (구름 / 허공)으로 날아가 버렸다.

07 모레와 그다음 날인 (글피 / 그제)까지 학원을 쉬게 되었다.

08 할머니는 (이때 / 입때) 휴대 전화로 문자 보내는 방법을 모르신다.

09 겨울에서 봄으로 바뀌는 (한가위 / 환절기)에는 감기에 걸리기 쉽다.

10 우리는 도서관에서 책을 (서가 / 서기)에 꽂아 두는 봉사 활동을 하였다.

11 〈보기〉의 ㉠, ㉡에 들어갈 어휘끼리 바르게 짝지어진 것은?

> 보기
>
> 나는 이번 시험에서 수학 성적을 올리고 싶었다. 그래서 지난주에는 월요일, 수요일, 금요일에 수학 공부를 하였고, 이번 주에는 월요일, 수요일, 금요일, 일요일에 수학 공부를 하였다. 지난주에는 (㉠), 이번 주에는 (㉡) 동안 수학 공부를 한 셈이다.

	㉠	㉡		㉠	㉡
①	이틀	사흘	②	사흘	이틀
③	사흘	나흘	④	나흘	닷새
⑤	나흘	사흘			

[12 - 13] 다음 장소에 해당하는 명칭을 〈보기〉에서 골라 넣으시오.

> 보기
>
> 둔치   여울   폭포   해변

12 휴가철이 끝나고 강 ____________에 쌓여 있는 쓰레기를 치우기 위해 주민 모두가 힘을 모았다.

13 어린 시절 강가에서 물놀이를 하다가 ____________에 휩쓸려 떠내려갈 뻔했던 아찔한 기억이 남아 있다.

14 〈보기〉의 빈칸에 들어갈 어휘로 알맞지 <u>않은</u> 것은?

> 보기
>
> 명절을 앞둔 요즈음 택배 기사들이 매우 바쁘다는 소식입니다. 수없이 쏟아지는 택배 물품을 제시간에 배송하기 위해 땀 흘리다 보면, 잠시 식사를 할 ____________조차 없다고 합니다.

① 틈   ② 겨를   ③ 시간   ④ 여유   ⑤ 장소

[15 - 18] 다음 말 상자에서 주어진 뜻에 해당하는 말을 찾아 어휘를 완성하시오.

15 하늘과 땅 사이의 빈 곳 → ☐☐

16 어떤 지역의 가장자리가 되는 곳 → ☐☐☐

문	허	공	중
체	철	말	리
어	투	두	절
구	변	중	심

17 규칙적으로 되풀이되는 자연 현상에 따라서 일 년을 구분한 것 → ☐

18 글에서 쓰는 말투가 아닌, 일상적인 대화에서 주로 쓰는 말투 → ☐☐☐

어휘 익히기

감정·상태와 관련된 말

*Q1~Q14에서, ㉠과 ㉡ 중 알맞은 표현을 골라 보세요. 채점 후, 틀린 어휘는 □에 표시해 두세요.

□ **01 각박하다**
새길 刻 / 얇을 薄

❶ 인정이 없고 삭막하다◆.
예 세상인심이 날이 갈수록 각박하다.

❷ 땅이 거칠고 기름지지 아니하다.
예 농부들의 정성으로 각박한 땅이 비옥하게 바뀌었다.

◆ **삭막하다** 쓸쓸하고 막막하다.

Q1 알맞은 쓰임은?　㉠ 각박한 인간관계　㉡ 각박한 옷의 무늬

□ **02 달갑다**

거리낌이나 불만이 없어 마음이 흡족하다◆.
예 오늘따라 동생의 장난이 달갑지 않았다.

◆ **흡족하다** 조금도 모자람이 없을 정도로 넉넉하여 만족하다.

Q2 알맞은 쓰임은?　㉠ 달갑게 미워하다.　㉡ 달갑게 여기다.

□ **03 대수롭다**

중요하게 여길 만하다.
예 여행에서 비를 만나는 것은 대수로운 일이 아니다.

Q3 알맞은 쓰임은?　㉠ 대수롭지 않은 구름　㉡ 대수롭지 않은 문제

□ **04 덧없다**

❶ 알지 못하는 가운데 지나가는 시간이 매우 빠르다.
예 그 오랜 시간이 참으로 덧없다.

❷ 보람이나 쓸모가 없어 헛되고 허전하다.
예 지나온 인생이 덧없어 보인다.

Q4 알맞은 쓰임은?　㉠ 덧없는 하늘　㉡ 덧없는 세월

□ **05 명료하다**
밝을 明 / 맑을 瞭

뚜렷하고 분명하다.
예 그의 말뜻이 무척 명료하였다.

Q5 알맞은 쓰임은?　㉠ 간단 명료한 결론　㉡ 길고 명료한 인사치레

□ **06 무료하다**
없을 無 / 귀 울릴 聊

흥미 있는 일이 없어 심심하고 지루하다.
예 텔레비전을 보아도 무료하기 그지없었다.

Q6 알맞은 쓰임은?　㉠ 무료한 시간을 보냈다.　㉡ 무료한 사은품을 받았다.

□ **07 버금가다**

으뜸◆의 바로 아래가 되다.
예 동생의 축구 실력은 형에 버금간다.

◆ **으뜸** 많은 것 가운데 가장 뛰어난 것. 또는 첫째가는 것

Q7 알맞은 쓰임은?　㉠ 고난에 버금가는 눈물　㉡ 프로 선수에 버금가는 실력

정답 Q : 1 ㉠ 2 ㉡ 3 ㉡ 4 ㉡ 5 ㉠ 6 ㉠ 7 ㉡

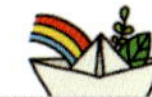

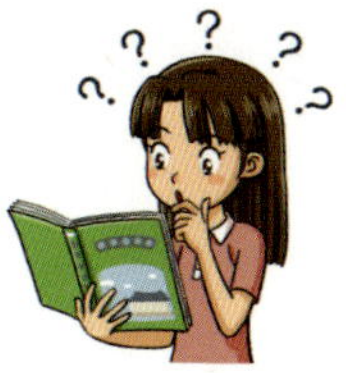

☐ 08 **생소하다**

날 生 / 트일 疏

어떤 대상이 친숙하지 못하고 낯이 설다.

㉡ 처음 가 본 곳이라 무척 생소하였다.

Q8 알맞은 쓰임은? ㉠ 늘 지나는 생소한 등굣길 ㉡ 처음 가 본 외국의 생소한 풍경

☐ 09 **아랑곳하다**

일에 나서서 참견하거나 관심을 두다.

㉡ 언니는 내 기분을 아랑곳하지 않는 것 같다.

Q9 알맞은 쓰임은? ㉠ 아랑곳하지 않고 무시하다. ㉡ 아랑곳하지 않고 존중하다.

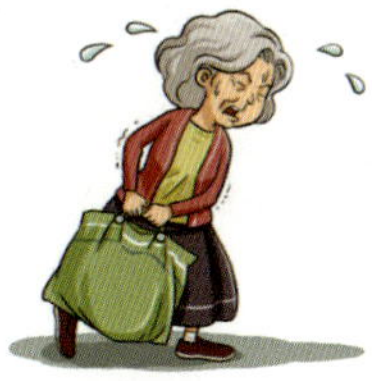

☐ 10 **애먹다**

속이 상할 정도로 어려움을 겪다.

㉡ 겁이 많고 운동 신경도 둔한 내가 자전거를 배우느라 애먹었다.

Q10 알맞은 쓰임은? ㉠ 시험 공부하느라 애먹었다. ㉡ 시험에 붙을까 봐 애먹었다.

☐ 11 **야멸차다** ☆

1 자기만 생각하고 남의 사정을 돌볼 마음이 거의 없다.

㉡ 우리만 남기고 가다니 정말 야멸차다.

2 태도가 차고 야무지다.

㉡ 그는 야멸차게 따지고 들었다.

Q11 알맞은 쓰임은? ㉠ 야멸차고 당당한 말투 ㉡ 야멸차고 부드러운 말투

☐ 12 **여의다**

1 부모나 사랑하는 사람이 죽어서 이별하다.

㉡ 그는 일찍 부모를 여의고 고아로 자랐다.

2 딸을 시집보내다.

㉡ 부부는 지난주에 둘째 딸을 여의었다.

Q12 알맞은 쓰임은? ㉠ 친구를 여의고 단짝이 되었다. ㉡ 남편을 여의고 과부가 되었다.

☐ 13 **열없다**

좀 겸연쩍고◆ 부끄럽다.

㉡ 많은 사람들 앞에서 발표하는 것이 열없어서 목소리가 떨렸다.

◆ **겸연쩍다** 쑥스럽거나 미안하여 어색하다.

Q13 알맞은 쓰임은? ㉠ 땅을 사서 열없다. ㉡ 낯선 만남에 열없다.

☐ 14 **해쓱하다**

얼굴에 핏기나 생기가 없어 파리하다◆.

㉡ 감기를 앓고 나자 얼굴이 해쓱하다.

◆ **파리하다** 몸이 마르고 낯빛이나 살색이 핏기가 전혀 없다.

Q14 알맞은 쓰임은? ㉠ 해쓱한 과일 ㉡ 해쓱한 얼굴

'**야멸차다**'는 자기만 생각하고 남을 돌보지 않는 태도를 말하는 반면 '**가멸차다**'는 재산이나 자원이 풍족하다는 의미를 지니고 있어요. 모양은 비슷하지만 전혀 다른 뜻을 지닌 두 어휘를 알아 두고 헷갈리지 않도록 조심해요.

☆ 헷갈리기 쉬운 어휘

야멸차다

자기만 생각하고 남의 사정을 돌볼 마음이 거의 없다.

㉡ 그 집은 이웃에게 야멸차게 굴었다.

VS

가멸차다

재산이나 자원 따위가 매우 많고 풍족하다.

㉡ 그 집은 대대로 가멸차게 살았다.

정답 Q : 8 ㉡ 9 ㉠ 10 ㉠ 11 ㉠ 12 ㉡ 13 ㉡ 14 ㉡

*'어휘 익히기'에서 ☐에 표시된 어휘를 다시 한번 학습한 후, 다음 문제를 풀어 보세요!

[01-04] 주어진 초성과 뜻에 알맞은 어휘를 빈칸에 넣어 문장을 완성하시오.

01 ㅂ ㄱ 가다: 으뜸의 바로 아래가 되다.

→ 동생의 피아노 연주 실력은 언니에 ___________가는 수준이 되었다.

02 ㅇ ㄹ ㄱ 하다: 일에 나서서 참견하거나 관심을 두다.

→ 내가 떳떳하면 남들의 시선이나 평판에 ___________하지 않아도 된다.

03 ㄷ ㅇ 다: 알지 못하는 가운데 지나가는 시간이 매우 빠르다.

→ 할아버지는 인생을 돌아보며 ___________게 지나간 세월을 아쉬워하셨다.

04 ㅇ ㅁ ㅊ 다: 자기만 생각하고 남의 사정을 돌볼 마음이 거의 없다.

→ 평소 상냥했던 아주머니가 오늘은 무슨 일인지 아들의 부탁을 ___________게 거절했다.

05 〈보기〉의 빈칸에 들어갈 어휘로 가장 알맞은 것은?

> **보기**
>
> 스마트폰이 대중화되면서 줄임말 사용이 늘고 있다. 이러한 현상은 10대에서부터 20대에 이르기까지 주로 젊은 층에서 생겨나기 시작했다. 중장년층의 경우, 젊은이들이 사용하는 줄임말을 ___________ 느끼면서 세대 간 의사소통에 어려움을 겪기도 한다.

① 단순하게　　② 복잡하게　　③ 생소하게　　④ 익숙하게　　⑤ 친근하게

[06-09] 다음 뜻에 알맞은 어휘를 찾아 연결하시오.

06 쓸쓸하고 막막하다.　　　　　• 　　• ㉠ 겸연쩍다

07 쑥스럽거나 미안하여 어색하다.　　• 　　• ㉡ 삭막하다

08 몸이 마르고 낯빛이나 살색이 핏기가 전혀 없다.　　• 　　• ㉢ 파리하다

09 조금도 모자람이 없을 정도로 넉넉하여 만족하다.　　• 　　• ㉣ 흡족하다

[10 - 13] 다음 밑줄 친 말과 바꿔 쓰기에 알맞은 어휘를 〈보기〉에서 골라 문맥에 맞게 쓰시오.

> 보기
>
> 열없다　　　　각박하다　　　　대수롭다　　　　명료하다

10 그에게 이번 사건은 <u>중요하게 여길 만하지</u> 않았다.　　　→ ___________

11 역사 속 성인들의 가르침은 하나같이 <u>뚜렷하고 분명하다</u>.　　　→ ___________

12 경제 상황이 좋지 않은 나라에서는 사는 게 <u>인정이 없고 삭막하다</u>.　　　→ ___________

13 우리 둘 모두 이유 없이 화를 낸 것이 <u>좀 겸연쩍고 부끄러워서</u> 얼굴이 붉어졌다.　　　→ ___________

14 밑줄 친 어휘 중 그 의미가 <u>다른</u> 하나는?

① 할머니를 <u>여읜</u> 어머니는 병이 들고 말았다.
② 아버지를 <u>여의고</u> 나서 뒤늦은 후회를 하였다.
③ 배우자를 <u>여읜다</u>는 것은 말할 수 없는 슬픔이다.
④ 그와 그의 동생은 부모를 일찍 <u>여의고</u> 힘들게 살아왔다.
⑤ 부부는 가난 속에서도 밝게 자란 딸을 <u>여의며</u> 가슴이 벅찼다.

[15 - 18] 다음 문장에 어울리는 어휘를 골라 ○표 하시오.

15 오른팔에 붕대를 한 상태로 옷을 입느라 (애탔다 / 애먹었다).

16 그 아이는 오랫동안 병에 시달린 (해쓱한 / 화사한) 얼굴로 미소를 지어 주었다.

17 친구가 내 생일에 우리 집까지 찾아와 축하해 줘서 (고까운 / 달가운) 마음이 들었다.

18 휴일에 아무런 일 없이 집에서 지루하게 보내게 되니 문득 (무료한 / 활발한) 느낌이 들었다.

성격·태도와 관련된 말

*Q1~Q14에서, ㉠과 ㉡ 중 알맞은 표현을 골라 보세요. 채점 후, 틀린 어휘는 ☐에 표시해 두세요.

---

01 객쩍다
손님 客

행동이나 말, 생각이 **쓸데없고 싱겁다.**
예 그런 객쩍은 소리는 그만두어라.

Q1 알맞은 쓰임은?　㉠ 객쩍은 말을 하다.　㉡ 객쩍은 음식을 먹다.

---

02 경청하다
기울 傾 / 들을 聽

귀를 기울여 듣다.
예 원활한 대화를 위해서는 상대의 말을 경청해야 한다.

Q2 알맞은 쓰임은?　㉠ 회화 작품을 경청하다.　㉡ 바이올린 연주를 경청하다.

---

03 괴팍하다 ✿
어그러질 乖 / 괴팍할 愎

붙임성◆이 없이 **까다롭고 별나다.**
예 그 노부부는 성미가 둘 다 괴팍하였다.

Q3 알맞은 쓰임은?　㉠ 괴팍한 성격　㉡ 괴팍한 소리

◆ **붙임성** 남과 잘 사귀는 성질이나 수단

---

04 낙천적
즐길 樂 / 하늘 天 / 과녁 的

세상과 인생을 **즐겁고 좋은 것으로 여기는 것**
예 그 가족은 세상을 낙천적으로 바라보았다.

Q4 알맞은 쓰임은?　㉠ 낙천적인 비판　㉡ 낙천적인 태도

---

05 내성적
안 內 / 살필 省 / 과녁 的

겉으로 드러내지 아니하고 **마음속으로만 생각하는 것**
예 그는 내성적이고 낯을 많이 가리는 성격이다.

Q5 알맞은 쓰임은?　㉠ 내성적인 성격　㉡ 내성적인 주장

---

06 느물거리다

말이나 행동을 자꾸 **능글맞게◆ 하다.**
예 그녀는 그의 느물거리는 태도가 몹시 불쾌했다.

Q6 알맞은 쓰임은?　㉠ 느물거리며 웃었다.　㉡ 느물거리며 울었다.

◆ **능글맞다** 태도가 음흉하고 능청스러운 데가 있다.

---

07 담박하다
묽을 淡(물 맑을 澹) / 배댈 泊

❶ 욕심이 없고 **마음이 깨끗하다.** = 담백하다
예 그는 성격이 소탈하고 담박하였다.
❷ 음식이 **느끼하지 않고 산뜻하다.** = 담백하다
예 맑은 국은 담박하게 끓여야 한다.

Q7 알맞은 쓰임은?　㉠ 담박한 성격　㉡ 담박한 충동

---

08 미욱하다

하는 짓이나 됨됨이가 매우 **어리석고 미련하다.**
예 그는 어려서부터 미욱한 성품 때문에 주위의 미움을 샀다.

Q8 알맞은 쓰임은?　㉠ 미욱한 사건　㉡ 미욱한 인물

정답 Q : 1 ㉠　2 ㉡　3 ㉠　4 ㉡　5 ㉠　6 ㉠　7 ㉠　8 ㉡

☐ 09 박절하다
닥칠 迫 / 끊을 切

1 인정♦이 없고 쌀쌀하다.
예 놀부는 흥부를 박절하게 쫓아내었다.

2 일이 바싹 닥쳐서 매우 급하다. = 다급하다
예 약속 시간에 늦을까 봐 박절한 마음이 들었다.

♦ **인정** 남을 동정하는 따뜻한 마음

Q9 알맞은 쓰임은? ㄱ 박절하게 대하다. ㄴ 박절하게 살피다.

☐ 10 생경하다
날 生 / 굳을 硬

1 세상 물정에 어둡고 완고하다♦.
예 그는 시대의 변화를 모르는 채 생경한 태도로 살아갔다.

2 익숙하지 않아 어색하다.
예 처음 접한 남미의 음식은 생경하였지만 맛이 좋았다.

♦ **완고하다** 융통성이 없이 올곧고 고집이 세다.

Q10 알맞은 쓰임은? ㄱ 생경한 변화 ㄴ 생경한 익숙함

☐ 11 어정거리다

키가 큰 사람이나 짐승이 이리저리 천천히 걷다.
예 하는 일 없이 어정거리며 빈둥대는 그를 보니 화가 치밀었다.

Q11 알맞은 쓰임은? ㄱ 느릿느릿 어정거리다. ㄴ 재빠르게 어정거리다.

☐ 12 웅숭깊다

1 생각이나 뜻이 크고 넓다.
예 스승님은 마음씨가 웅숭깊었다.

2 사물이 되바라지지♦ 아니하고 깊숙하다.
예 설악산 계곡은 아주 웅숭깊었다.

♦ **되바라지다** 튀어져 나오고 벌어져서 아늑한 맛이 없다.

Q12 알맞은 쓰임은? ㄱ 웅숭깊은 기술 ㄴ 웅숭깊은 배려

☐ 13 진득하다

1 성질이나 행동이 검질기게♦ 끈기가 있다.
예 학생들은 선생님이 오실 때까지 진득하게 앉아 있었다.

2 잘 끊어지지 아니할 정도로 눅진하고 차지다♦.
예 찹쌀을 넣은 밥이 아주 진득하니 입맛을 돋우었다.

♦ **검질기다** 성질이나 행동이 몹시 끈덕지고 질기다.

♦ **차지다** 반죽이나 밥, 떡 따위가 끈기가 많다.

Q13 알맞은 쓰임은? ㄱ 진득하게 기다리다. ㄴ 진득하게 서두르다.

☐ 14 패기
으뜸 霸 / 기운 氣

어떤 어려운 일이라도 해내려는 굳센 기상이나 정신
예 선수들의 얼굴에는 패기가 넘쳤다.

Q14 알맞은 쓰임은? ㄱ 상냥한 패기 ㄴ 힘찬 패기

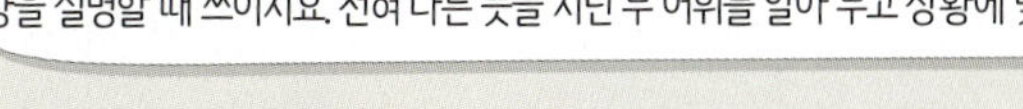

☆ 헷갈리기 쉬운 어휘

괴팍하다 어그러질 乖 / 괴팍할 愎
붙임성이 없이 까다롭고 별나다.
예 그 아저씨는 마을에서 괴팍하기로 소문이 났다.

VS

괴상하다 어그러질 乖 / 항상 常
보통과 달리 괴이하고 이상하다.
예 그 나무는 모양이 매우 괴상하다.

＊'어휘 익히기'에서 ☐에 표시된 어휘를 다시 한번 학습한 후, 다음 문제를 풀어 보세요!

[01-04] 주어진 초성과 뜻에 알맞은 어휘를 빈칸에 넣어 문장을 완성하시오.

01 ㅇ ㅅ ㄱ 다: 생각이나 뜻이 크고 넓다.

→ 그는 비록 가난했지만 ____________은 태도로 시련과 역경을 헤쳐 나갔다.

02 ㄱ ㅉ 다: 행동이나 말, 생각이 쓸데없고 싱겁다.

→ 삼촌은 어른이지만 ____________은 말을 많이 해서 놀림을 받곤 한다.

03 ㄴ ㅊ ㅈ : 세상과 인생을 즐겁고 좋은 것으로 여기는 것

→ 부모님께 칭찬을 받으면 세상 모든 것이 ____________으로 느껴진다.

04 ㅁ ㅇ 하다: 하는 짓이나 됨됨이가 매우 어리석고 미련하다.

→ 실수를 해도 스스로를 ____________하다고 생각하지 않는 것이 중요하다.

05 밑줄 친 어휘 중 그 의미가 다른 하나는?

① 그는 가볍지 않고 진득한 성격을 지녔다.
② 면담 차례가 될 때까지 진득하게 기다렸다.
③ 밀가루 반죽이 너무 진득하게 되어 물을 추가하였다.
④ 시험공부를 하려면 자리에 진득하게 앉아 있어야 한다.
⑤ 위기를 겪으면서도 진득하게 노력하여 회사를 발전시켰다.

[06-09] 다음 문장에 어울리는 어휘를 골라 ○표 하시오.

06 중요한 경기를 앞두고 연습하는 선수들에게서 (인기 / 패기)가 느껴졌다.

07 그 집 식구들은 성격이 (친절해서 / 괴팍해서) 이웃들과 잘 어울리지 못한다.

08 경서는 어려서부터 말수가 적고 (긍정적 / 내성적)이어서 속마음을 알 수가 없다.

09 그 사람은 밤늦게까지 동네를 (빈정거리는 / 어정거리는) 것으로 보아 직업이 없는 듯하다.

10 〈보기〉의 ㉠와 ㉡에 공통적으로 들어갈 어휘로 가장 알맞은 것은?

> **보기**
>
> 오늘의 요리인 탕평채는 녹두묵에 고기볶음과 데친 미나리, 구운 김 등을 섞어 만듭니다. 흰색과 붉은색, 푸른색, 검은색의 재료들이 조화를 이루는 음식이죠. 다양한 재료가 들어가는데도 맛이 깔끔하고 매우 (㉠) 것을 보면, 이 음식을 즐긴 조상님들도 욕심이 없고 깨끗한 (㉡) 마음씨를 지녔던 것이 아닐까요?

① 진한 ② 강렬한 ③ 담박한
④ 심심한 ⑤ 화끈한

[11-14] 다음 밑줄 친 말과 바꿔 쓰기에 알맞은 어휘를 〈보기〉에서 골라 문맥에 맞게 쓰시오.

> **보기**
>
> 경청하다 박절하다 생경하다 느물거리다

11 우리는 한 친구의 고민을 진지하게 <u>귀를 기울여 들었다.</u> → ____________

12 그는 모두가 싫어하는데도 눈치도 없이 <u>말을 자꾸 능글맞게 하였다.</u> → ____________

13 그는 산속에 오래 살아서인지 <u>세상 물정에 어둡고 완고한</u> 사고방식을 가졌다. → ____________

14 층간 소음으로 아파트 주민들은 서로를 <u>인정이 없고 쌀쌀하게</u> 대하고 있다. → ____________

15 〈보기〉의 ㉠~㉢에 들어갈 어휘를 순서대로 짝지은 것은?

> **보기**
>
> • 갓 지어 윤기가 흐르고 (㉠) 밥은 쫀득한 식감이 일품이다.
> • 천성이 게으르고 성격도 (㉡) 그를 고지식한 장인은 탐탁지 않아 했다.
> • 운동선수들은 강한 체력과 (㉢) 성격을 가지고 있어야 혹독한 훈련을 견딜 수 있다.

① 뜨끈한, 불같은, 여린
② 차진, 능글맞은, 검질긴
③ 꼬들꼬들한, 낙천적인, 여린
④ 뜨끈한, 싹싹한, 우유부단한
⑤ 차진, 능청스러운, 우유부단한

16 다음 글의 빈칸에 들어갈 어휘로 가장 알맞은 것은?

> 우리의 전통을 지키고 계승하는 것을 매우 중요하다고 생각하시는 할아버지께서는 벌써 50년째 낡은 한옥에 살고 계신다. 명절 때마다 많은 사람이 모이면 화장실과 주방에 대한 불평불만이 끊이질 않아, 한옥을 현대식으로 수리하자고 조심스럽게 말씀드렸다. 그러나 할아버지께서 어찌나 ____________ 그 누구도 할아버지의 고집을 꺾을 수 없었다.

① 완숙하신지 ② 완전하신지 ③ 완곡하신지
④ 완벽하신지 ⑤ 완고하신지

DAY 17

행동을 나타내는 말

*Q1~Q14에서, ㉠과 ㉡ 중 알맞은 표현을 골라 보세요. 채점 후, 틀린 어휘는 ☐에 표시해 두세요.

☐ **01 거스르다**

❶ 일이 돌아가는 상황이나 흐름과 반대되거나 어긋나는 태도를 취하다.
예 시대를 거스르는 복고풍의 문화와 감성이 인기를 끌고 있다.

❷ 남의 말이나 가르침, 명령 따위와 어긋나는 태도를 취하다.
예 그는 상사의 지시를 거스르고 멋대로 행동했다.

Q1 알맞은 쓰임은? ㉠ 명령을 거스르다. ㉡ 문턱을 거스르다.

☐ **02 건사하다**

❶ 제게 딸린 것을 잘 보살피고 돌보다.
예 그들은 아이들을 잘 건사하였다.

❷ 물건을 잘 거두어♦ 보호하다.
예 안 입는 옷은 따로 건사해 두었다가 필요한 사람에게 나눠 주었다.

Q2 알맞은 쓰임은? ㉠ 욕심을 건사하다. ㉡ 식구들을 건사하다.

♦ **거두다** 벌여 놓거나 차려 놓은 것을 정리하다.

☐ **03 기승부리다**
기운 氣 / 이길 勝

❶ 성미가 억척스럽고♦ 굳세어 좀처럼 굽히려고 하지 않다.
예 그는 기승부린다고 비난을 듣기도 한다.

❷ 기운이나 힘 따위가 성해서 좀처럼 누그러들지 않다.
예 무더위가 기승부리고 있습니다.

Q3 알맞은 쓰임은? ㉠ 산불이 기승부리다. ㉡ 온정이 기승부리다.

♦ **억척스럽다** 어떤 어려움에도 굴하지 아니하고 몹시 모질고 끈덕지게 일을 해 나가는 태도가 있다.

☐ **04 눙치다**

❶ 마음 따위를 풀어 누그러지게♦ 하다.
예 아이의 해맑은 웃음은 그 어떤 슬픔과 분노도 눙치는 힘이 있다.

❷ 어떤 행동이나 말 따위를 문제 삼지 않고 넘기다.
예 지금까지 한 말을 그냥 눙치고 넘어가려고?

Q4 알맞은 쓰임은? ㉠ 얼렁뚱땅 눙치다. ㉡ 진지하게 눙치다.

♦ **누그러지다** 딱딱한 성질이 부드러워지거나 약하여지다.

☐ **05 동조하다**
같을 同 / 고를 調

남의 주장에 자기의 의견을 일치시키거나 보조를 맞추다.
예 제 의견에 동조하시는 분은 손을 들어 주십시오.

Q5 알맞은 쓰임은? ㉠ 동조하는 식사 ㉡ 동조하는 태도

☐ **06 동하다**
움직일 動

어떤 욕구나 감정 또는 기운이 일어나다.
예 감기가 낫자 입맛이 동하였다.

Q6 알맞은 쓰임은? ㉠ 지식이 동하다. ㉡ 호기심이 동하다.

☐ **07 우회하다**
멀 迂 / 돌 廻(돌아올 回)

곧바로 가지 않고 멀리 돌아서 가다.
예 퇴근 시간이니 막히지 않는 길로 우회해서 가자.

Q7 알맞은 쓰임은? ㉠ 길을 우회하다. ㉡ 기쁨을 우회하다.

☐ **08 유발하다**
꾈 誘 / 필 發

어떤 것이 다른 일을 일어나게 하다.
예 흡연은 폐암을 비롯한 각종 질병을 유발한다.

Q8 알맞은 쓰임은? ㉠ 의자를 유발하는 탁자 ㉡ 문제를 유발하는 원인

정답 Q:1 ㉠ 2 ㉡ 3 ㉠ 4 ㉠ 5 ㉡ 6 ㉡ 7 ㉠ 8 ㉡

09 일구다

① 논밭을 만들기 위하여 **땅을 파서 일으키다.**
예 농부는 농사지을 땅을 힘겹게 일구었다.

② **현상이나 일 따위를 일으키다.**
예 삼일 운동은 우리 민족의 가슴에 독립의 열망을 일구었다.

Q9 **알맞은 쓰임은?**　　ㄱ ◯ 농토를 일구다.　　ㄴ ◯ 건물을 일구다.

10 저지레

일이나 물건에 **문제가 생기게 만들어 그르치는♦ 일**
예 그는 어릴 때 온갖 저지레를 다 치고 다니는 사고뭉치였다.

Q10 **알맞은 쓰임은?**　　ㄱ ◯ 저지레를 듣다.　　ㄴ ◯ 저지레를 치다.

♦ **그르치다** 잘못하여 일을 그릇되게 하다.

11 종종거리다

발걸음을 가까이 자주 떼며 계속 빨리 걷다.
예 그는 식사 준비를 위해 집 안에서 바쁘게 종종거렸다.

Q11 **알맞은 쓰임은?**　　ㄱ ◯ 다급하게 종종거리다.　　ㄴ ◯ 여유롭게 종종거리다.

12 파하다
파할 罷

어떤 일을 마치거나 그만두다.
예 학교가 파하고 친구들과 공원에서 축구를 하였다.

Q12 **알맞은 쓰임은?**　　ㄱ ◯ 기차가 파하였다.　　ㄴ ◯ 모임이 파하였다.

13 포효하다
으르렁거릴 咆 /
으르렁거릴 哮

① **사나운 짐승이 울부짖다.**
예 어디선가 산짐승이 포효하는 소리가 들려왔다.

② **사람, 기계, 자연물 따위가 세고 거칠게 소리를 내다.**
예 아이를 잃고 포효하는 그녀에게 어떤 말도 위로가 되지 않았다.

Q13 **알맞은 쓰임은?**　　ㄱ ◯ 포효하는 자장가　　ㄴ ◯ 포효하는 울음소리

14 해소하다
풀 解 / 꺼질 消

① **어려운 일이나 문제가 되는 상태를 해결하여 없애 버리다.**
예 저출산 문제를 해소하기 위한 실효성 있는 정책이 필요하다.

② **어떤 관계를 풀어서 없애 버리다.**
예 그와의 나쁜 인연을 해소하였다.

Q14 **알맞은 쓰임은?**　　ㄱ ◯ 문제를 해소하다.　　ㄴ ◯ 상식을 해소하다.

'**거스르다**'는 반대하는 태도나 행동을 표현하는 말이에요. 이에 비해 '**거슬리다**'는 언짢은 기분이나 감정을 표현하는 말이고요. 두 어휘의 쓰임을 알아 두고 상황에 맞게 사용하도록 해요.

★ **헷갈리기 쉬운 어휘**

거스르다

① 일이 돌아가는 상황이나 흐름과 반대되거나 어긋나는 태도를 취하다. / ② 남의 말이나 가르침, 명령 따위와 어긋나는 태도를 취하다.
예 그는 상식을 거스르는 파격적인 행동으로 시선을 끌었다.

VS

거슬리다

순순히 받아들여지지 않고 언짢은 느낌이 들며 기분이 상하다.
예 수시로 울려 대는 휴대 전화 소리가 유난히 거슬렸다.

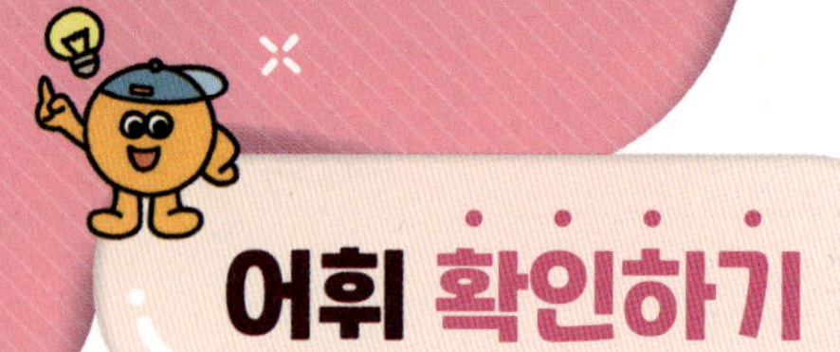

어휘 확인하기

*'어휘 익히기'에서 ☐에 표시된 어휘를 다시 한번 학습한 후, 다음 문제를 풀어 보세요!

[01-04] 주어진 초성과 뜻에 알맞은 어휘를 빈칸에 넣어 문장을 완성하시오.

01 ㅍ 하다: 어떤 일을 마치거나 그만두다.

→ 학교 수업이 ___________하고 나서 친구들과 놀러 나갔다.

02 ㅍ ㅎ 하다: 사나운 짐승이 울부짖다.

→ 동물원에 갔다가 우리 안에서 ___________하는 사자를 보았다.

03 ㅇ ㄱ 다: 논밭을 만들기 위하여 땅을 파서 일으키다.

→ 아버지와 어머니는 밭을 ___________느라 구슬땀을 흘리셨다.

04 ㅈ ㅈ ㄹ : 일이나 물건에 문제가 생기게 만들어 그르치는 일

→ 그는 침착하지 못한 성격 탓에 갖은 ___________를 치고 다녔다.

05 다음 중 밑줄 친 어휘의 쓰임이 적절하지 **않은** 것은?

① 가족 간의 갈등이 <u>해소되어</u> 화목해졌다.
② 오랫동안 그를 괴롭혔던 문제가 <u>해소되었다</u>.
③ 주민들의 협조로 동네 주차난이 <u>해소되었다</u>.
④ 복잡한 기계 장치를 <u>해소하여</u> 부품들로 나누었다.
⑤ 국가의 적극적인 정책만이 실업난을 <u>해소할</u> 수 있다.

[06-09] 다음 문장에 어울리는 어휘를 골라 ○표 하시오.

06 8월이 되면서 무더위와 열대야가 (기승부리고 / 고집부리고) 있다.

07 민철이는 고집이 세서 남의 의견에 (동조하는 / 동참하는) 경우가 없다.

08 어머니는 큰 병을 앓고 나서 입맛이 (진하지 / 동하지) 않는다고 하셨다.

09 폐플라스틱은 환경 오염을 (유지하는 / 유발하는) 큰 원인으로 알려져 있다.

[10 - 13] 다음 밑줄 친 말과 바꿔 쓰기에 알맞은 어휘를 〈보기〉에서 골라 문맥에 맞게 쓰시오.

> **보기**
>
> 능치다   건사하다   우회하다   종종거리다

10 누나는 어린 동생을 <u>잘 보살피고 돌보기</u> 위해 노력하였다.　　→ ____________

11 그는 공사 중인 도로를 <u>곧바로 가지 않고 멀리 돌아서 갔다</u>.　　→ ____________

12 채린이는 마음이 급한지 <u>발걸음을 가까이 자주 떼며 계속 빨리 걸었다</u>.　　→ ____________

13 민지는 친구들이 화가 났을 때 <u>마음을 풀어 누그러지게 하는</u> 말재주를 지녔다.　　→ ____________

14 〈보기〉의 ㉠~㉢에 들어갈 어휘끼리 바르게 짝지어진 것은?

> **보기**
>
> 　잘못에 대한 지적이나 충고는 귀에 (　㉠　) 경우가 많다. 그러나 나를 아끼는 부모님이나 선생님의 충고를 무턱대고 (　㉡　) 것이 옳은 일일까? 감정적인 행동보다는 옳고 그름을 곰곰이 따져 본 후에 따르거나 (　㉢　) 것이 좋을 것 같다.

	㉠	㉡	㉢		㉠	㉡	㉢
①	거스르는	거스르는	거슬리는	②	거스르는	거슬리는	거스르는
③	거슬리는	거스르는	거슬리는	④	거슬리는	거스르는	거스르는
⑤	거슬리는	거슬리는	거스르는				

[15 - 18] 다음 뜻에 알맞은 어휘를 찾아 연결하시오.

15　잘못하여 일을 그릇되게 하다.　　•　　• ㉠ 거두다

16　벌여 놓거나 차려 놓은 것을 정리하다.　　•　　• ㉡ 그르치다

17　딱딱한 성질이 부드러워지거나 약하여지다.　　•　　• ㉢ 누그러지다

18　어떤 어려움에도 굴하지 아니하고 몹시 모질고 끈덕지게 일을 해 나가는 태도가 있다.　　•　　• ㉣ 억척스럽다

어휘 익히기

뜻을 명확히 하는 말

*Q1~Q14에서, ㉠과 ㉡ 중 알맞은 표현을 골라 보세요. 채점 후, 틀린 어휘는 ☐에 표시해 두세요.

☐ 01 거침없이

일이나 행동 따위가 중간에 걸리거나 막힘이 없이
예 세월이 거침없이 흘러간다.

Q1 알맞은 쓰임은?　㉠ 거침없이 대답하다.　㉡ 거침없이 머뭇거리다.

☐ 02 단연코
끊을 斷 / 그럴 然

확실히 단정할* 만하게 = 단연
예 급식실에 1등으로 도착한 사람은 단연코 나였다.

Q2 알맞은 쓰임은?　㉠ 단연코 시행하다.　㉡ 단연코 애매하다.

◆ **단정하다** 딱 잘라서 판단하고 결정하다.

☐ 03 대개
큰 大 / 대개 概

일반적*인 경우에 = 대부분
예 신학기가 되면 대개 분위기가 어수선하다.

Q3 알맞은 쓰임은?　㉠ 오늘따라 대개 바쁘다.　㉡ 대개 강아지들은 귀엽다.

◆ **일반적** 일부에 한정되지 아니하고 전체에 걸치는 것

☐ 04 뜬금없이

갑작스럽고도 엉뚱하게
예 그는 침묵을 지키다가 뜬금없이 노래를 불렀다.

Q4 알맞은 쓰임은?　㉠ 뜬금없이 시간이 흐르다.　㉡ 뜬금없이 눈물을 흘리다.

☐ 05 반드시

틀림없이 꼭
예 약속은 반드시 지켜야 한다.

Q5 알맞은 쓰임은?　㉠ 식후에 반드시 양치해라.　㉡ 허리 펴고 반드시 앉아라.

☐ 06 부단히
아닐 不 / 끊을 斷

꾸준하게 잇대어 끊임이 없이
예 그는 긴 무명 시절 동안에도 부단히 애쓴 끝에 큰 성공을 거뒀다.

Q6 알맞은 쓰임은?　㉠ 부단히 애쓰는 사람　㉡ 부단히 사는 생물

☐ 07 부득불
아닐 不 / 얻을 得 / 아닐 不

하지 아니할 수 없어. 또는 마음이 내키지 아니하나 마지못하여
예 부득불 다른 방법을 찾아보았다.

Q7 알맞은 쓰임은?　㉠ 부득불 아름답다.　㉡ 부득불 양보하다.

☐ 08 새삼

❶ 이전의 느낌이나 감정이 다시금 새롭게
예 오랜만에 모교에 찾아왔더니 새삼 추억이 떠오른다.

❷ 하지 않던 일을 새로 하여 갑작스러운 느낌이 들게
예 겉치레에는 무관심하던 친구가 새삼 멋을 부렸다.

Q8 알맞은 쓰임은?　㉠ 새삼 낯설다.　㉡ 새삼 익숙하다.

□ **09 애먼**

❶ 일의 결과가 다른 데로 돌아가 **억울하게 느껴지는**
예 광역 철도 신설 계획의 발표로 애먼 사람들이 피해를 보았다.

❷ 일의 결과가 다른 데로 돌아가 **엉뚱하게 느껴지는**
예 애먼 일에 신경쓰느라 공부에 집중하지 못한다.

Q9 알맞은 **쓰임은?**　㉠ ○ 애먼 사람을 탓하다.　㉡ ○ 애먼 여행을 떠나다.

□ **10 여지없이**
남을 餘 / 땅 地

더 어찌할 나위가 없을 만큼 가차◆ 없이. 또는 달리 어찌할 방법이나 가능성이 없이
예 이번에도 우리 팀의 프로젝트는 여지없이 실패하고 말았다.

◆ **가차** 사정을 보아줌.

Q10 알맞은 **쓰임은?**　㉠ ○ 여지없이 적중하다.　㉡ ○ 여지없이 행복하다.

□ **11 지지리**

아주 몹시. 또는 지긋지긋하게
예 지지리 못난 사람 같으니.

Q11 알맞은 **쓰임은?**　㉠ ○ 지지리 가난한 사람　㉡ ○ 지지리 흥겨운 잔치

□ **12 짐짓**

❶ 마음으로는 그렇지 않으나 **일부러 그렇게**
예 헤어진 남자 친구와 마주친 그녀는 짐짓 태연한 척했다.

❷ **아닌 게 아니라 정말로**
예 듣던 대로 짐짓 기가 막혔다.

Q12 알맞은 **쓰임은?**　㉠ ○ 짐짓 놀라는 체하다.　㉡ ○ 짐짓 누명을 쓰다.

□ **13 틈틈이**

❶ **틈이 난 곳마다**
예 틈틈이 방수 페인트를 칠해 누수를 막았다.

❷ **겨를◆이 있을 때마다**
예 나는 따로 공부 시간을 내기가 어려워 틈틈이 외우고 익혔다.

◆ **겨를** 어떤 일을 하다가 생각 따위를 다른 데로 돌릴 수 있는 시간적인 여유

Q13 알맞은 **쓰임은?**　㉠ ○ 틈틈이 간직하다.　㉡ ○ 틈틈이 연락하다.

□ **14 홀연히**
소홀히 할 忽 / 그럴 然

뜻하지 아니하게 **갑자기**
예 아무 말도 없이 홀연히 떠나간 친구가 원망스러웠다.

Q14 알맞은 **쓰임은?**　㉠ ○ 홀연히 돌아오다.　㉡ ○ 홀연히 머무르다.

'반드시'는 '틀림없이 꼭', '반듯이'는 '바르게'를 말해요. 전혀 다른 뜻을 지닌 어휘이므로, 헷갈리지 말고 상황에 맞게 사용해야 해요.

☆ 헷갈리기 쉬운 어휘

반드시
틀림없이 꼭
예 이 책은 반드시 읽어야 한다.

VS

반듯이
작은 물체, 또는 생각이나 행동 따위가 비뚤어지거나 기울거나 굽지 아니하고 바르게
예 자세를 반듯이 하고 앉아라.

정답 Q : 9 ㉠　10 ㉠　11 ㉠　12 ㉠　13 ㉡　14 ㉠

어휘 확인하기

＊'어휘 익히기'에서 □에 표시된 어휘를 다시 한번 학습한 후, 다음 문제를 풀어 보세요!

[01-04] 주어진 초성과 뜻에 알맞은 어휘를 빈칸에 넣어 문장을 완성하시오.

01 ㄷ ㄱ : 일반적인 경우에

→ 이모는 요즘 ___________ 집에서 회사 일을 처리하고 있다.

02 ㅈ ㅈ : 마음으로는 그렇지 않으나 일부러 그렇게

→ 친구는 다 알면서도 내 얘기에 ___________ 놀라는 표정을 지었다.

03 ㅂ ㄷ ㅂ : 마음이 내키지 아니하나 마지못하여

→ 모두가 거부하는 바람에 ___________ 은정이가 학급 회장을 맡게 되었다.

04 ㄱ ㅊ ㅇ ㅇ : 일이나 행동 따위가 중간에 걸리거나 막힘이 없이

→ 어머니는 할머니를 향해 그동안 가슴속에 묻어 두었던 말들을 ___________ 쏟아냈다.

05 〈보기〉의 ㉠～㉢에 들어갈 어휘끼리 바르게 짝지어진 것은?

> **보기**
>
> 　우리 부모님이 자주 하시는 말씀이 있다. 건강을 위해 아침밥은 (　㉠　) 먹어야 하고, 의자에 는 (　㉡　) 앉아야 한다는 것이다. 살면서 (　㉢　) 실천해야 할 것이 있다는 것은 조금 불 편할 수도 있지만 건강하고 바른 삶을 위해 꼭 필요한 일이다.

	㉠	㉡	㉢		㉠	㉡	㉢
①	반드시	반드시	반듯이	②	반드시	반듯이	반듯이
③	반드시	반듯이	반드시	④	반듯이	반드시	반드시
⑤	반듯이	반듯이	반드시				

[06-09] 다음 문장에 어울리는 어휘를 골라 ○표 하시오.

06 어릴 때 살던 동네에 가 보니 (거의 / 새삼) 그 시절 친구들이 그리워졌다.

07 연락이 없던 친구가 전화해서 (뜬금없이 / 어림없이) 여행을 가자고 하였다.

08 아이들은 축구 시합에서 졌다고 (애먼 / 엄한) 사람에게 원망을 쏟아부었다.

09 연습이 부족해서 달리기 시합에서 (난데없이 / 여지없이) 꼴찌를 하고 말았다.

[10 - 13] 다음 밑줄 친 말과 바꿔 쓰기에 알맞은 어휘를 〈보기〉에서 고르시오.

> 보기
>
> 단연코　　　부단히　　　틈틈이　　　홀연히

10 그 집은 <u>뜻하지 아니하게 갑자기</u> 이사를 가 버렸다.　　　→ ___________

11 언니는 공부를 하면서 <u>겨를이 있을 때마다</u> 피아노를 친다.　　　→ ___________

12 화장실이 고장 난 것은 <u>확실히 단정할 만하게</u> 내 잘못이 아니다.　　　→ ___________

13 민수는 <u>꾸준하게 잇대어 끊임이 없이</u> 노력한 끝에 원하는 학교에 진학했다.　　　→ ___________

14 〈보기〉의 빈칸에 들어갈 어휘로 알맞지 <u>않은</u> 것은?

> 보기
>
> 　노인이 되어 뒤돌아보니 참으로 힘겨운 인생이었네요. 저는 ___________ 가난한 집에서 태어나서 밥을 굶는 날이 많았답니다. 경제 개발이 시작되고 일자리를 얻고 나서야 조금씩 가난에서 벗어나게 되었죠. 요즘 사람들은 상상하기 힘들겠지만요.

① 몹시　　　　② 아주　　　　③ 심지어　　　　④ 지지리　　　　⑤ 지긋지긋하게

[15 - 17] 빈칸에 공통으로 들어갈 어휘를 〈보기〉에서 찾아 쓰시오.

> 보기
>
> 가차　　　단정　　　일반적

15 하루에 세 끼를 먹는 게 (　　　　)이다. / (　　　　)인 통념을 부정하다.　　　→ ___________

16 더 이상 생각해 볼 (　　　　)도 없다. / (　　　　) 없이 주먹을 휘두르다.　　　→ ___________

17 그가 범인일 것이라고 (　　　　)하다. / 이번 계획은 확실하게 성공할 것이라고 (　　　　)하다.

　　　→ ___________

01 〈보기〉의 ㉠~㉢에 들어갈 어휘를 순서대로 짝지은 것은?

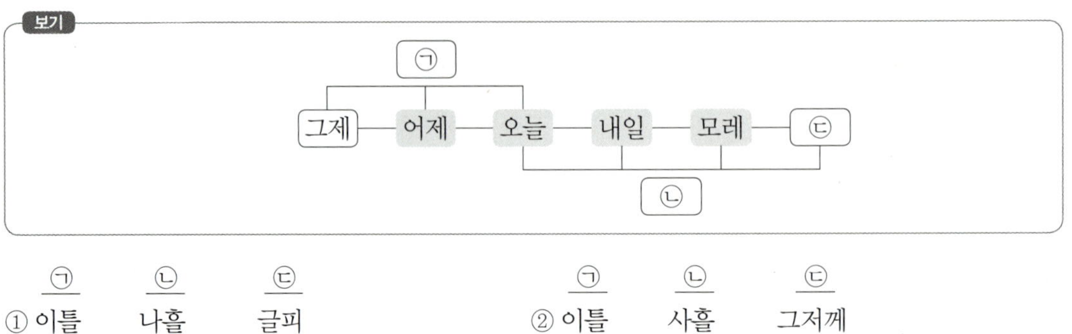

	㉠	㉡	㉢		㉠	㉡	㉢
①	이틀	나흘	글피	②	이틀	사흘	그저께
③	사흘	나흘	그저께	④	나흘	사흘	글피
⑤	사흘	나흘	글피				

02 다음 중 사람의 성격이나 태도를 표현하는 어휘가 <u>아닌</u> 것은?

① 괴팍하다　　② 미욱하다　　③ 진득하다　　④ 해쓱하다　　⑤ 느물거리다

03 다음 어휘의 사전적 의미가 알맞지 <u>않은</u> 것은?

① 오금: 무릎의 구부러지는 오목한 안쪽 부분
② 뜬금없이: 대수롭지 아니하거나 쓸모가 없이
③ 둔치: 강, 호수 따위의 물이 있는 곳의 가장자리
④ 짐짓: 마음으로는 그렇지 않으나 일부러 그렇게
⑤ 청과물: 신선한 과일과 채소를 통틀어 이르는 말

04 빈칸에 공통으로 들어갈 어휘로 알맞은 것은?

① 감당　　② 단정　　③ 인식　　④ 점검　　⑤ 해소

05 〈보기〉의 ㉠~㉢에 들어갈 어휘를 맞춤법에 맞게 쓴 것은?

	㉠	㉡	㉢		㉠	㉡	㉢
①	틈틈이	홀연이	부단이	②	틈틈이	홀연이	부단히
③	틈틈이	홀연히	부단히	④	틈틈히	홀연이	부단이
⑤	틈틈히	홀연히	부단히				

06 다음 밑줄 친 어휘 중 〈보기〉의 뜻으로 쓰이지 <u>않은</u> 것은?

> <보기>
>
> 기운이나 힘 따위가 성해서 좀처럼 누그러들지 않다.

① 사흘 간 <u>기승부리던</u> 산불을 겨우 잡았다고 한다.
② 꽃샘추위가 <u>기승부리는</u> 날씨에도 봄꽃은 아름다웠다.
③ 한여름 무더위가 <u>기승부리고</u> 있어서 건강을 해치기 쉽다.
④ 그 집 식구들은 모두 성미가 억척스러워 <u>기승부린다는</u> 말을 듣는다.
⑤ 미세 먼지가 <u>기승부리는</u> 날에는 외출을 삼가고 실내 환기를 잘 해야 한다.

07 〈보기〉의 ㉠~㉢에 들어갈 어휘끼리 바르게 짝지어진 것은?

> <보기>
>
> 하늘이 어두워지더니 (㉠) 소나기가 쏟아지기 시작했다. (㉡)까지 치면서 요란하게 비가 내렸다. 우산을 준비하지 못한 사람들은 (㉢) 기상청 담당자를 탓하기도 했다.

	㉠	㉡	㉢		㉠	㉡	㉢
①	금새	우뢰	엄한	②	금새	우레	엄한
③	금세	우뢰	엄한	④	금새	우뢰	애먼
⑤	금세	우레	애먼				

08 다음 중 밑줄 친 어휘의 쓰임이 알맞지 <u>않은</u> 것은?

① <u>덧없이</u> 흘러간 세월을 한탄만 하고 있을 수는 없다.
② 농부인 삼촌은 땅을 <u>일구느라</u> 구슬땀을 흘리고 계셨다.
③ 그 사건은 <u>반드시</u> 우리 모임 사람들과 아무 관련이 없다.
④ 선생님이 자리를 비운 사이 교실은 <u>쑥대밭</u>이 되어 버렸다.
⑤ 값진 성과를 거둔 국가 대표 선수들을 보니 <u>눈시울</u>이 뜨거워졌다.

09 〈보기〉의 예로 사용할 수 <u>없는</u> 어휘는?

> <보기>
>
> 명사 뒤에 '-하다'를 붙여 어떤 행동을 나타내는 말을 만들 수 있다.

① 건사　　　② 경청　　　③ 동조　　　④ 억척　　　⑤ 우회

[10-11] 다음 밑줄 친 말과 바꿔 쓸 어휘로 가장 알맞은 것은?

10 평소 다정한 어머니가 크게 화를 내는 것이 <u>친숙하지 못하고 낯이 설었다.</u>
　① 두려웠다　　② 고민하였다　　③ 생소하였다　　④ 의심하였다　　⑤ 피곤하였다

11 그들 노부부는 한평생을 가난하게 살았지만, <u>욕심이 없고 마음이 깨끗했다.</u>
　① 다정하였다　　② 담박하였다　　③ 소심하였다　　④ 정갈하였다　　⑤ 평온하였다

다음 그림을 보고 빈칸을 채워 속담을 완성하세요.

1 닭 쫓던 ☐ 지붕만 쳐다본다

하던 일이 실패로 돌아가거나 남보다 뒤떨어져 어찌할 도리가 없이 됨을 비유적으로 이르는 말

2 불 난 데 ☐☐☐ 한다

남의 재앙을 더욱 커지게 만드는 것을 비유적으로 이르는 말

3 ☐☐에 가서 숭늉 찾는다

일의 질서와 순서도 모르고 성급하게 덤빔을 비유적으로 이르는 말

4 모기 보고 ☐ 빼기

대단치 않은 일에 쓸데없이 크게 성을 내는 것을 이르는 말

5 못된 송아지 엉덩이에 ☐이 난다

되지못한 것이 엇나가는 짓만 한다는 말

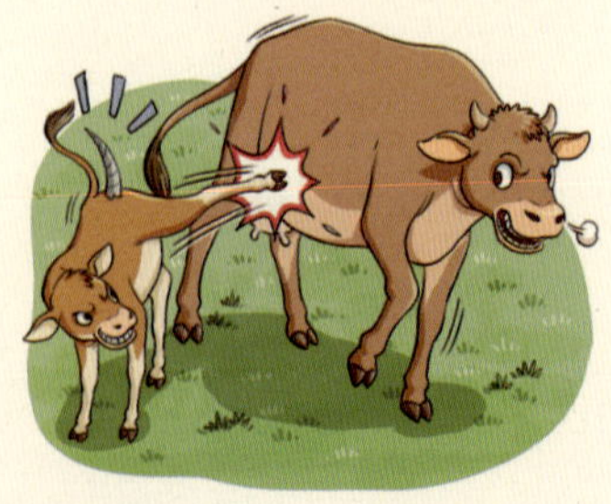

6 재주는 ☐이 넘고 돈은 왕서방이 받는다

수고하는 사람은 따로 있고 그 일에 대한 대가는 다른 사람이 받는다는 말

Ⅲ

국어 개념 어휘
+ 한자 성어

4주차

문학 필수 개념어_ 시

*제시된 어휘의 의미를 익히고, 잘 이해되지 않는 어휘는 ☐에 표시해 두세요.

☐ **01 시적 화자**

시 詩 / 과녁 的 / 말씀 話 / 사람 者

시 속에서 말하고 있는 사람

> **예시** 나 보기가 역겨워 / 가실 때에는 / 죽어도 아니 눈물 흘리우리다 – 김소월, 「진달래꽃」
>
> **설명** 「진달래꽃」을 쓴 시인은 김소월이지만, 이 시의 시적 화자는 임을 떠나보내는 여인입니다.

☐ **02 심상**

마음 心 / 모양 象

시어에 의해 마음속에 떠오르는 구체적이고 선명한 영상이나 감각적 인상

시각적 심상	눈으로 느낄 수 있는 시각적 시어나 시구에서 떠오르는 상
청각적 심상	귀로 느낄 수 있는 청각적 시어나 시구에서 떠오르는 상
후각적 심상	냄새를 나타내는 후각적 시어나 시구에서 떠오르는 상
미각적 심상	맛을 나타내는 시어나 시구에서 떠오르는 상
촉각적 심상	피부의 감각을 나타내는 시어나 시구에서 떠오르는 상

> **설명** 한 종류의 감각적 인상이 다른 종류의 감각적 인상으로 옮겨 표현된 것이 '공감각적 심상'입니다.

☐ **03 운율**

운 韻 / 음률 律

시에 쓰인 말에서 느껴지는 가락

외형률	시의 표면에 드러나는 운율 • 음수율: 음절의 수를 규칙적으로 반복하여 생기는 가락 • 음보율: 호흡의 덩어리인 음보를 규칙적으로 반복하여 생기는 가락
내재율	일정한 규칙 없이 배열된 시어 속에 있는 운율

☐ **04 상징**

모양 象 / 부를 徵

나타내려는 개념이나 사상 등을 구체적인 사물이나 감각적인 말을 사용하여 표현하는 방법

> **예시** 아아, 님은 갔지마는 나는 님을 보내지 아니하였습니다.
> 제 곡조를 못 이기는 사랑의 노래는 님의 침묵을 휩싸고 돕니다. – 한용운, 「님의 침묵」
>
> **설명** '님'은 '빼앗긴 조국'을 상징합니다.

☐ **05 비유**

견줄 非 / 비유할 喻

어떤 현상이나 사물을 직접 설명하지 않고 다른 비슷한 현상이나 사물에 빗대어 표현하는 방법

> **예시** 내 마음은 호수요 – 김동명, 「내 마음은」
> 원관념   보조 관념
> **설명** '내 마음'을 '호수'에 비유하고 있습니다. 이때 실제 표현하려는 대상인 '내 마음'을 '원관념'이라고 하고, 원관념을 표현하기 위해 빗대는 대상인 '호수'를 '보조 관념'이라고 합니다.

☐ **06 직유법**

바로 直 / 비유할 喻 / 방법 法

비슷한 모양이나 성질을 가진 두 대상을 '∼같이', '∼처럼', '∼듯이'와 같은 표현으로 연결하여 비유하는 방법

> **예시** 구름에 달 가듯이 가는 나그네 – 박목월, 「나그네」
>
> **설명** '나그네'가 가는 모습을 '∼듯이'라는 표현을 사용해 구름에 달이 가는 모습에 비유하고 있습니다.

07 은유법

숨을 隱 / 비유할 喻 / 방법 法

'A는 B이다.' 또는 'A의 B'와 같이 숨겨서 비유하는 표현 방법

> **예시** 구름은 / 보랏빛 색지 위에 / 마구 칠한 한 다발 장미 — 김광균, 「데생」
>
> **설명** '구름(A)'을 '한 다발 장미(B)'에 비유하여 표현하고 있습니다.

08 의인법 ⭐

비길 擬 / 사람 人 / 방법 法

사람이 아닌 것을 마치 사람이 느끼거나 행동하는 것처럼 표현하는 방법

> **예시** 바다가 불러 주는 자장 노래에 — 한인현, 「섬집 아기」
>
> **설명** 무생물인 '바다'가 마치 사람인 양 자장 노래를 불러 준다고 표현하고 있습니다.

09 대유법

대신할 代 / 비유할 喻 / 방법 法

사물의 한 부분이나 특징 등을 들어 그 자체나 전체를 나타내는 방법

> **예시** 우리에게 빵을 달라.   펜은 칼보다 강하다.
>
> **설명** '음식'을 대표하는 말로 '빵'이, '문화의 힘'을 대표하는 말로 '펜'이, '무력의 힘'을 대표하는 말로 '칼'이 쓰이고 있습니다.

10 반어법

돌이킬 反 / 말씀 語 / 방법 法

실제 말하고자 하는 본래의 뜻과는 반대로 표현하는 방법

> **예시** 이 얼마나 유익한 명상인가? / 까다롭고 주의 사항이 많은 명상 끝에 / 맛이 좋고 영양 많은 미국식 간식이 만들어졌다. — 장정일, 「햄버거에 대한 명상」
>
> **설명** 겉으로는 햄버거를 만드는 일이 '유익한 명상'이라고 표현하고 있지만, 속뜻은 햄버거의 맛과 영양 등을 반어적으로 비판하면서 궁극적으로 '햄버거'가 상징하는 자본주의를 비판하고 있습니다.

11 역설법

거스릴 逆 / 말씀 說 / 방법 法

논리적으로 모순되거나 이치에 어긋난 듯하지만, 그 속에 진실을 담고 있는 표현 방법

> **예시** 우리들의 사랑을 위하여서는 / 이별이, 이별이 있어야 하네 — 서정주, 「견우의 노래」
>
> **설명** 사랑과 이별은 상충되는 개념이므로 사랑을 위해 이별이 있어야 한다는 것은 논리적으로 모순된 듯하지만, 이별을 해 보아야 사랑이 더욱 성숙해진다는 의미를 강조하여 표현하고 있습니다.

⭐ 헷갈리기 쉬운 어휘

의인법 비길 擬 / 사람 人 / 방법 法

사람이 아닌 것을 마치 사람이 느끼거나 행동하는 것처럼 표현하는 방법

예 돌담에 속삭이는 햇발

VS

활유법 살 活 / 비유할 喻 / 방법 法

무생물을 생물인 것처럼 표현하는 방법

예 바위가 꿈틀거린다.

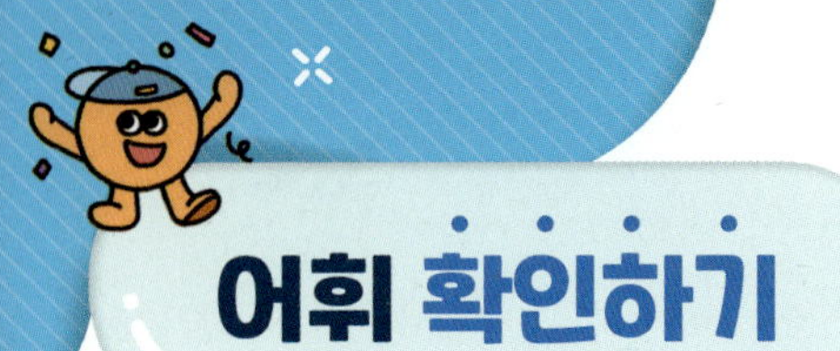

어휘 확인하기

*'어휘 익히기'에서 ☐에 표시된 어휘를 다시 한번 학습한 후, 다음 문제를 풀어 보세요!

[01-03] 다음 설명이 맞으면 ○, 틀리면 ×에 표시하시오.

01 시에서 말하고 있는 사람인 시적 화자는 시를 쓴 시인이다. (○, ×)

02 상징은 나타내려는 개념이나 사상을 구체적인 사물이나 감각적인 말로 표현하는 방법이다. (○, ×)

03 역설은 겉으로는 모순되거나 이치에 어긋나는 듯하지만, 그 속에 참된 진실이나 교훈을 담고 있다.

(○, ×)

04 〈보기〉의 ㉠, ㉡의 예로 알맞지 <u>않은</u> 것은?

> **보기**
>
> 　어떤 현상이나 사물을 직접 설명하지 않고 다른 비슷한 현상이나 사물에 빗대어 설명하는 것을 비유라고 한다. 이때 표현하고자 하는 대상은 ㉠'원관념'이라고 하고, 빗대어 표현한 대상은 ㉡'보조 관념'이라고 한다.

	비유적 표현	㉠	㉡
①	시간은 금이다.	시간	금
②	사과 같은 내 얼굴	사과	내 얼굴
③	구슬처럼 고운 목소리	목소리	구슬
④	호수가 보석처럼 빛난다.	호수	보석
⑤	담임 선생님은 호랑이다.	담임 선생님	호랑이

[05-08] 다음 문장에서 사용된 비유법이 무엇인지 〈보기〉에서 찾아 쓰시오.

> **보기**
>
> 대유법　　　은유법　　　의인법　　　직유법

05 나의 마음은 고요한 물결　　　→ ＿＿＿＿＿＿＿

06 꽃잎이 나를 보고 손짓한다.　　　→ ＿＿＿＿＿＿＿

07 세월은 강물처럼 흘러간다.　　　→ ＿＿＿＿＿＿＿

08 사람은 빵만으로 살 수 없다.　　　→ ＿＿＿＿＿＿＿

09 다음 시에 드러난 심상으로 볼 수 <u>없는</u> 것은?

> 흙이 풀리는 내음새
> 강바람은 / 산짐승의 우는 소릴 불러
> 다 녹지 않은 얼음장 울멍울멍 떠내려간다.
>
> 진종일 / 나룻가에 서성거리다
> 행인의 손을 쥐면 따뜻하리라.
>
> – 오장환, 「고향 앞에서」

① 시각적 심상 ② 청각적 심상 ③ 후각적 심상
④ 미각적 심상 ⑤ 촉각적 심상

10 다음 중 '운율'에 대해 <u>잘못</u> 이해하고 있는 친구는 누구인지 쓰시오.

> 형우: 우리 시에서 외형률을 만드는 요소로는 음수율과 음보율이 있지.
> 정현: 4음보라고 하면 4음절의 수가 규칙적으로 반복된다고 생각하면 돼.
> 성태: 운율은 시에 쓰인 말에서 느껴지는 가락을 의미해.
> 영진: 운율은 크게 시의 표면에 드러나는 운율인 외형률과 일정한 규칙 없이 시어 속에 은근히 배어
>   있는 내재율로 나눌 수 있어.

11 〈보기〉의 ㉠과 같은 표현 방법이 사용된 예로 알맞은 것은?

> 보기
>
> 나 보기가 역겨워 / 가실 때에는
> 말없이 고이 보내 드리우리다
>
> 영변에 약산 / 진달래꽃
> 아름 따다 가실 길에 뿌리우리다
>
> 가시는 걸음 걸음 / 놓인 그 꽃을
> 사뿐히 즈려 밟고 가시옵소서
>
> ㉠나 보기가 역겨워 / 가실 때에는
> 죽어도 아니 눈물 흘리우리다
>
> – 김소월, 「진달래꽃」

① (실수로 그릇을 깬 아이에게 엄마가) "잘했다."
② (생일을 맞은 친구에게) "진심으로 생일 축하해."
③ (장난을 치다가 다친 친구에게) "내가 너 그럴 줄 알았다."
④ (학교를 가는 아이에게 엄마가) "오늘 수업 준비물은 잘 챙겼지?"
⑤ (수업 중 떠드는 아이에게 선생님이) "수업 중에 떠들면 안 된다고 했지?"

DAY 20
어휘 익히기
문학 필수 개념어_ 소설

＊제시된 어휘의 의미를 익히고, 잘 이해되지 않는 어휘는 ☐에 표시해 두세요.

☐ **01 인물**
사람 人 / 물건 物

작품에 등장하는 사람 및 그 사람의 역할과 개성을 아울러 이르는 말

> **예시** 정(鄭)나라 어느 고을에 벼슬에 뜻이 없는 선비가 살았으니, 북곽 선생이라 했다. (중략) 그 고을 동쪽에서 동리자라는 미모의 과부가 있었다.   – 박지원, 「호질」
> **설명** 이 소설에 등장하는 인물은 '북곽 선생'과 '동리자'입니다.

☐ **02 개성적 인물**
낱 個 / 성품 性 / 과녁 的 /
사람 人 / 물건 物

특정한 집단이나 계층의 보편적 성격을 지니지 않는 인물

> **예시** 현대 소설에 등장하는 대부분의 인물들은 개인만의 분명하고 독특한 성격을 지닌 인물로 개성적 인물이라고 할 수 있다.

☐ **03 전형적 인물**
법 典 / 모형 型 / 과녁 的 /
사람 人 / 물건 物

어떤 집단이나 계층을 대표하는 인물

> **예시** 「춘향전」의 '변 사또'는 탐관오리의 특징을 가장 잘 보여 주는 전형적인 인물이다.

☐ **04 평면적 인물**
평평할 平 / 모양 面 / 과녁
的 / 사람 人 / 물건 物

작품 속에서 처음부터 끝까지 성격이 변하지 않는 인물

> **예시** 「흥부와 놀부」에서 '흥부'는 타고난 본성이 곧고 착한 인물로, 처음부터 끝까지 성격이 변하지 않고 착한 모습을 보여 주므로 평면적 인물이다.

☐ **05 입체적 인물**
설 立 / 몸 體 / 과녁 的 /
사람 人 / 물건 物

작품 속에서 성격이 변하거나 발전하는 인물

> **예시** 이광수의 소설 『무정』의 '박영채'는 전통적 가치관에서 벗어나 근대적인 가치관에 눈을 뜨는 입체적 인물이다.

☐ **06 사건**
일 事 / 사건 件

작품 속에서 인물의 말과 행동이나 서술자의 서술에 의해 구체화되는 온갖 일

> **예시** 오정희의 소설 「소음 공해」는 주인공 '나'가 계속되는 위층의 소음을 참다못해 경비실을 통해 간접적으로 항의하면서 사건이 시작된다.

☐ **07 배경**
뒤 背 / 경치 景

소설에서 인물들이 생활하고 행동하는 때와 장소

> **예시** 오정희의 소설 「소음 공해」는 '현대의 어느 아파트'를 배경으로 이웃 간에 벌어지는 층간 소음 문제를 다루고 있다.

☐ **08 갈등**
칡 葛 / 등나무 藤

소설에서 인물들이 칡덩굴과 등나무 덩굴처럼 복잡하게 얽혀 대립하는 것

내적 갈등	한 개인의 내면에서 이루어지는 심리적 갈등
외적 갈등	인물과 그를 둘러싼 외부적 요인들(인물, 사회, 운명, 자연)과의 갈등

09 일인칭 시점
한一 / 사람 人 / 일컬을 稱 / 볼 視 / 점 點

작품 속의 인물인 '나'가 이야기의 전달자로 등장하여 이야기를 서술하는 시점. 일인칭 주인 공 시점과 일인칭 관찰자 시점이 있음.

일인칭 주인공 시점	일인칭 관찰자 시점
• 작품 속 '나'가 주인공이자 서술자임. • 주인공의 내면 심리를 제시하는 데 효과적임. • 독자에게 신뢰감과 친근감을 줌. • 서술자와 독자와의 심적 거리가 가까움.	• '나'가 주인공의 이야기를 관찰해 객관적 시각으로 서술함. • '나'의 눈에 비친 외부 세계만을 다루므로 주인공의 내면 심리를 알 수 없음. • '나'가 주인공의 모습을 직접 묘사하고 그의 행동을 언급할 수 있음.

10 삼인칭 시점 ☆
석三 / 사람 人 / 일컬을 稱 / 볼 視 / 점 點

서술자가 소설 속에 등장하지 않고 소설 밖에서 서술하는 시점. 작가 관찰자 시점과 전지적 작가 시점이 있음.

작가 관찰자 시점	전지적 작가 시점
• 서술자가 외부 관찰자의 위치에서 외부적인 사실만을 관찰하고 묘사함. • 극적이고 객관적인 특성을 지님. • 주제가 암시적으로 제시됨.	• 서술자가 신처럼 전지전능한 입장에서 작품 속의 인물들의 심리와 감정까지 분석하여 서술함. • 서술자가 작품에 관여하는 정도가 크므로 독자의 상상력이 제한될 수 있음.

11 구성 단계
얽을 構 / 이룰 成 / 층계 段 / 섬돌 階

소설 속에서 이야기가 구성되는 차례. 소설의 이야기는 일반적으로 '발단 – 전개 – 위기 – 절 정 – 결말'의 구성 단계로 전개됨.

발단	인물과 배경이 소개되고 사건의 실마리가 제시됨.
전개	사건이 점차 발전하며, 인물들 사이의 갈등이 시작됨.
위기	긴장감과 갈등이 고조되며, 극적 반전을 가져오는 계기가 마련됨.
절정	긴장감과 갈등이 최고조에 이르며, 사건 해결의 실마리가 드러남.
결말	갈등이 해소되고 사건이 해결되며, 주인공의 운명이 결정됨.

12 문체
글월 文 / 몸 體

문장에 드러나는 작가의 개성이나 문장의 개성적 특징으로 간결체 · 만연체 · 우유체 · 강건 체 · 화려체 · 건조체 등이 있음.

※ 문체의 구성 요소

서술	서술자가 독자에게 인물, 사건, 배경 등을 직접 이야기하는 방식. 사건 진행을 빠르게 함.
묘사	서술자가 객관적인 위치에서 인물, 사건, 배경 등을 장면화하여 대상을 재현하는 것
대화	등장인물이 주고받는 말에 의한 표현으로서 사건 전개, 인물 성격을 제시하는 역할을 함.

> 삼인칭 시점 중에서 전지적 작가 시점은 작품 밖의 서술자가 작중 인물들의 심리와 감정까지 분석하여 서술하는 것이에요. 이와는 조금 다른 개념으로 서술자가 인물에 대해 직접 평가하고 자신의 판단을 제시하기도 하는 경우를 '서술자의 개입'이라고 해요.

☆ 헷갈리기 쉬운 어휘

삼인칭 시점 석三 / 사람 人 / 일컬을 稱 / 볼 視 / 점 點
서술자가 소설 속에 등장하지 않고 소설 밖에서 서술하는 시점
예 사내는 이내 물체의 정체를 알 수 있었다. 다름 아니라 그것은 방금 숲속의 불빛에 쫓겨 온 한 마리 새였다.
– 이청준, 「잔인한 도시」

VS

서술자의 개입 펼 敍 / 펼 述 / 사람 者 / 낄 介 / 들 入
서술자가 작품에 끼어들어 자신의 목소리를 내는 것
예 그러고는 다시 강남홍에게 달려들더니 홀연 몸을 솟구치며 말에서 떨어졌다. 어찌된 일인지 모르겠구나. 다음 회를 보시라.
– 남영로, 「옥루몽」

어휘 확인하기

[01-05] 다음 소설의 구성 단계와 「홍길동전」의 이야기 내용을 관련지어 연결하시오.

01 발단 ·

· ㉠ 홍 판서의 서자로 태어난 길동은 천대를 받으며 자람.

02 전개 ·

· ㉡ 길동이 탐관오리를 벌하고 백성을 돕자 임금은 그를 잡아들일 것을 명함.

03 위기 ·

· ㉢ 나라에서는 길동을 잡는 데 실패하고 길동은 율도국으로 향함.

04 절정 ·

· ㉣ 길동은 율도국에서 이상국을 세우고 정치를 펼치다가 신선이 됨.

05 결말 ·

· ㉤ 서자를 차별하는 제도에 반항하며 집을 나간 길동은 도적 활빈당의 두목이 됨.

06 〈보기〉의 ㉠~㉢에 들어갈 어휘들끼리 알맞게 짝지어진 것은?

> **보기**
>
> 「흥부전」에서 흥부는 처음부터 끝까지 변함없이 착한 성격을 지니고 있으므로 (㉠) 인물이다. 반면에, 놀부는 작품 초반에는 심술궂은 성격이었으나 지나친 욕심으로 모든 재산을 잃은 후에는 개과천선하여 착한 성격으로 바뀌는 변화의 양상을 보이므로 (㉡) 인물이라고 볼 수있다. 성격에 따라 인물을 분류하기도 하는데, 「태평천하」의 윤 직원 영감은 구한말과 일제 강점기에 친일적인 행각으로 부를 축적한 대표적 지주의 모습을 보여 주므로 (㉢) 인물이다.

① ㉠: 개성적, ㉡: 전형적, ㉢: 입체적

② ㉠: 입체적, ㉡: 평면적, ㉢: 개성적

③ ㉠: 전형적, ㉡: 평면적, ㉢: 개성적

④ ㉠: 주동적, ㉡: 입체적, ㉢: 전형적

⑤ ㉠: 평면적, ㉡: 입체적, ㉢: 전형적

07 〈보기〉의 소설에서 '서술자의 개입'이 드러난 문장을 찾아 쓰시오.

> **보기**
>
> 별안간 '싱싱 청과물'이란 간판을 내건 가게가 등장했다. 싱싱 청과물의 주인 사내는 이제 막 이사 와서 동네 형편은 전혀 모르는 듯했다. 무작정 과일전만 벌였으면 혹시 괜찮았을 것을 눈치도 없이 '부식 일절 가게 안에 있음'이란 종이 쪽지를 붙여 놓고 파, 콩나물, 두부, 상추, 양파 따위 부식 '일절'이 아닌 '일체'를 팔기 시작했다. 참 답답한 노릇이었다.
>
> — 양귀자, 「원미동 사람들」

08 〈보기〉의 소설에 대한 설명으로 알맞은 개념어를 찾아 ○표 하시오.

> **보기**
>
> 　장인님은 더 약이 바짝 올라서 잡은 참 지게막대기로 내 어깨를 그냥 나려 갈겼다. 정신이 다 아찔하다. 다시 고개를 들었을 때 그때엔 나도 온몸에 약이 올랐다. 이 녀석의 장인님을 하고 눈에서 불이 퍽 나서 그 아래 밭 있는 넝 알로 그대로 떼밀어 굴려 버렸다.
>
> — 김유정, 「봄봄」

→ 이 장면은 데릴사위인 주인공 '나'가 예비 장인과 벌이는 (내적 갈등 / 외적 갈등)을 보여 주고 있다.

[09 - 12] 다음 설명에 해당하는 소설의 시점을 〈보기〉에서 찾아 쓰시오.

> **보기**
>
> 작가 관찰자 시점　　　전지적 작가 시점　　　일인칭 주인공 시점　　　일인칭 관찰자 시점

09 작품 속 '나'가 주인공이자 서술자이다. → ＿＿＿＿＿＿＿＿＿

10 작품 속에서 '나'의 눈에 비친 외부 세계만을 다루는 제한이 있다. → ＿＿＿＿＿＿＿＿＿

11 서술자가 작품에 관여하는 정도가 크므로 독자의 상상력이 제한될 수 있다. → ＿＿＿＿＿＿＿＿＿

12 서술자가 소설 밖 관찰자의 위치에서 외부적인 사실만을 관찰하고 묘사한다. → ＿＿＿＿＿＿＿＿＿

13 〈보기〉의 소설에서 알 수 있는 특징으로 가장 알맞은 것은?

> **보기**
>
> 　이때에 누구의 입에선가, 때레라! 하는 고함소리가 나왔다. 다음 순간 간난이 할아버지의 양옆 사람들이 주욱 개를 향해 달려들며 몽둥이를 내리쳤다. 그와 동시에 간난이 할아버지는 푸른 불꽃이 자기 다리 곁을 빠져나가는 것을 느꼈다. 뒤이어 누구의 입에선가, 누가 빈틈을 냈어? 하는 흥분에 찬 목소리가 들렸다. 그리고 저마다, 거 누구야? 거 누구야? 하고 못마땅해하는 말소리 속에 간난이 할아버지 턱밑으로 디미는 얼굴이 있어,
> 　"아주반이웨다레(아주버님이시군요.)."
> 하는 것은 동장네 절가였다.
>
> — 황순원, 「목넘이 마을의 개」

① 입체적인 인물을 설정하여 작품의 주제를 암시하고 있다.
② 간결한 문체를 사용하여 긴박한 분위기를 드러내고 있다.
③ 서로 다른 시선을 가진 서술자들이 사회 현실을 풍자적으로 비판하고 있다.
④ 작품 속의 주인공이 직접 자신이 겪은 경험에 대해 담백하게 서술하고 있다.
⑤ 시각과 청각, 후각 등의 감각적인 표현을 사용하여 여러 가지 인상을 떠올리게 하고 있다.

어휘 익히기

비문학 필수 개념어

＊제시된 어휘의 의미를 익히고, 잘 이해되지 않는 어휘는 ☐에 표시해 두세요.

01 정의
정할 定 / 뜻 義

어떤 말이나 **사물의 뜻을 명백히 밝혀 규정하는** 서술 방식

예시 비만은 체내에 지방이 과잉 축적된 상태를 말한다.

설명 '비만'이라는 용어의 개념을 정의하고 있습니다.

02 비교
견줄 比 / 견줄 較

둘 이상의 대상에 대하여 **공통점이나 유사점을 중심으로 서술**하는 방식

예시 소설과 희곡은 모두 작가가 상상하여 꾸며 낸 허구적 이야기를 다룬다는 특징이 있다.

설명 소설과 희곡을 비교하여 공통점을 서술하고 있습니다.

03 대조
마주할 對 / 비칠 照

둘 이상의 **대상의 차이점을 중심으로 서술**하는 방식

예시 부엉이는 주황색 바탕에 눈동자만 검은색을 띠는 데 반해, 올빼미는 눈 전체가 검은색이라는 차이가 있다.

설명 부엉이와 올빼미의 차이점을 대조하고 있습니다.

04 분석
나눌 分 / 쪼갤 析

복잡하게 이루어진 **하나의 대상을 세부 요소로 나누어 서술**하는 방식

예시 곤충은 벌레를 통틀어 이르는 말로, 곤충의 몸은 머리, 가슴, 배의 세 부분으로 되어 있다.

설명 곤충이라는 대상을 세부 요소로 나누어 분석하고 있습니다.

05 분류
나눌 分 / 무리 類

어떤 대상을 일정한 **기준에 따라 종류별로 묶어 서술**하는 방식

예시 바이올린, 비올라, 첼로는 현악기이고, 플루트와 클라리넷은 관악기이며, 심벌즈와 팀파니는 타악기이다. 이것은 서양 악기를 연주 형태에 따라 분류한 것이다.

설명 서양 악기를 일정한 기준에 따라 묶어 분류하고 있습니다.

06 예시
법식 例 / 보일 示

어떤 사실이나 현상에 대해 **구체적인 예를 들어 설명**하는 방식

예시 용역은 생산과 소비에 필요한 노동력을 제공하는 활동을 이르는 말이다. 예를 들어, 교사가 학생들을 가르치거나 미용사가 손님의 머리를 손질하는 일, 운전기사가 상품을 운송하는 일 등이 용역이라고 할 수 있습니다.

설명 구체적 예를 들어 '용역'에 대한 이해를 돕고 있습니다.

07 과정
지날 過 / 길 程

일이 진행되어 가는 **경로를 밝히는 전개 방식**

예시 도넛을 만들려면, 우선 밀가루, 버터, 효모, 물 등을 적정한 비율로 혼합하여 반죽한다. 반죽이 완성되면 일정한 크기로 잘라 도넛 모양으로 만든다. 성형이 끝나면 30분 정도 발효를 거친 후에 180도의 기름에 튀겨 낸다.

설명 도넛을 만드는 과정을 순서에 따라 차근차근 설명하고 있습니다.

08 인과
말미암을 因 / 열매 果

어떤 결과를 가져오게 한 **원인을 분석하거나** 어떤 원인에 의해 **결과적으로 일어난 일을 분석하여 설명**하는 방법

예시 비가 오면 교통사고 사망률이 증가한다. 왜냐하면 빗길에서는 맑은 날에 비해 운전자의 시야가 확보되기 어렵고, 빗물에 젖은 노면과 자동차 타이어 사이에 수막 현상이 생길 수도 있기 때문이다.

설명 비와 교통사고 사망률 간의 상관관계를 원인과 결과로 나누어 분석하여 설명하고 있습니다.

09 글쓰기의 과정

계획하기	글을 쓰는 목적, 예상 독자, 주제 등을 설정함.
내용 생성하기	주제에 맞게 내용을 구상하고, 필요한 자료나 글감을 모아 내용을 생성함.
내용 조직하기	수집한 글감을 글의 주제와 목적에 맞게 배치하고, 개요 작성을 통해 설계도를 완성함.
내용 표현하기	조직한 내용을 바탕으로 실제로 글을 씀.
고쳐쓰기	일차적으로 완성된 글인 초고를 좀 더 완결된 글로 만들기 위해 내용을 수정·보완함.

설명 글은 일반적으로 '계획하기 → 내용 생성하기 → 내용 조직하기 → 내용 표현하기 → 고쳐쓰기'의 단계를 거쳐 씁니다.

10 재구성의 원리
다시 再 / 얽을 構 / 이룰 成

효과적인 전개를 위해 **글의 순서를 새롭게 구성**하는 일

예시 누에는 태어난 지 20일 만에 몸무게가 1,000배나 늘어난다. 이처럼 놀라운 성장 속도 덕에 식용 곤충은 매우 경제적인 식재료로 각광받고 있다. 큰 메뚜기의 경우에는 하루 만에 몸집이 2배 이상 커질 수 있다.

설명 글의 흐름을 고려할 때, 밑줄 친 문장은 바로 앞 문장과 순서를 바꾸어 재구성하는 것이 좋습니다.

'**분류**'가 하위 항목을 상위 항목으로 서술하는 방식이라면, '**구분**'은 상위 항목을 하위 항목으로 서술하는 방식이에요.

★ **헷갈리기 쉬운 어휘**

분류 나눌 分 / 무리 類
어떤 대상을 일정한 기준에 따라 종류별로 묶어 서술하는 방식
예 축구, 농구, 야구, 배구는 구기 종목이다.
분류: 하위 항목 → 상위 항목

VS

구분 구분할 區 / 나눌 分
일정한 기준에 따라 전체를 몇 가지로 나누어 서술하는 방식
예 구기 종목에는 축구, 농구, 야구, 배구 등이 있다.
구분: 상위 항목 → 하위 항목

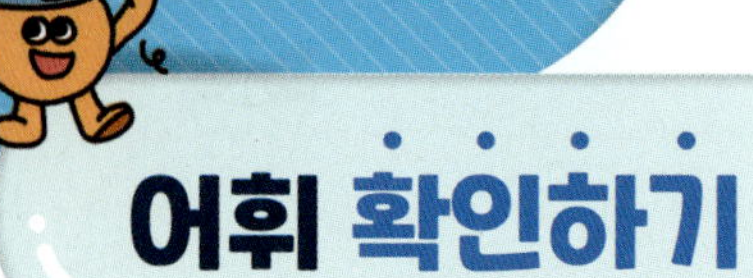

＊'어휘 익히기'에서 ☐에 표시된 어휘를 다시 한번 학습한 후, 다음 문제를 풀어 보세요!

[01-04] 다음 뜻에 해당하는 어휘를 주어진 초성을 참고하여 쓰시오.

01 어떤 말이나 사물의 뜻을 명백히 밝혀 규정하는 서술 방식

→ ㅈ ㅇ : ____________

02 어떤 대상을 일정한 기준에 따라 종류별로 묶어 서술하는 방식

→ ㅂ ㄹ : ____________

03 복잡하게 이루어진 하나의 대상을 세부 요소로 나누어 서술하는 방식

→ ㅂ ㅅ : ____________

04 어떤 결과를 가져오게 한 원인을 분석하거나 어떤 원인에 의해 결과적으로 일어난 일을 분석하여 설명하는 방법

→ ㅇ ㄱ : ____________

[05-08] (가)~(라)에 쓰인 설명 방법을 〈보기〉에서 찾아 쓰시오.

> (가) 개나리, 벚꽃, 진달래 등은 우리나라에 흔히 피는 봄꽃이다.
> (나) '톨레랑스'는 프랑스어로, 나와 다른 사람의 차이를 인정하고 그 차이에 대해 너그러운 마음을 가지는 것을 의미한다.
> (다) 회화와 사진은 대상의 형태에 바탕을 둔 외형적 이미지를 통해 작가의 생각이나 느낌을 나타내는 시각 예술이라는 공통점이 있다.
> (라) 서양 종은 종 위쪽이 좁고 아래쪽은 벌어져 있다. 이에 반해 우리 종은 몸통 선이 부드럽게 내려오다 아랫부분이 약간 안쪽으로 오므라져 있다.

보기			
대조	분류	비교	정의

05 (가)에 쓰인 설명 방법 : ____________   **06** (나)에 쓰인 설명 방법 : ____________

07 (다)에 쓰인 설명 방법 : ____________   **08** (라)에 쓰인 설명 방법 : ____________

09 다음 중 글쓰기의 과정에 해당하지 <u>않는</u> 것은?

① 계획하기   ② 내용 생성하기   ③ 내용 전달하기
④ 내용 표현하기   ⑤ 고쳐쓰기

[10-12] 〈보기〉에 대한 설명이 맞으면 ○, 틀리면 ×에 표시하시오.

> **보기**
>
> 지구의 내부는 지각, 맨틀, 외핵, 내핵 등으로 이루어져 있다. 지각은 흙과 암석으로 되어 있는 지구의 가장 바깥쪽 부분을 말한다. 지각의 평균 두께는 35km 가량이며 가볍고 단단한 암석층으로 되어 있다. 맨틀은 지각 아래에서부터 지하 2,900km까지 분포하는데 지각보다 무거운 감람암으로 이루어져 있다. 외핵은 2,900km에서 5,100km까지 존재하며 맨틀과 내핵 사이에서 액체로 구성되어 있다. 내핵은 지하 5,100km에서 지구 중심을 이루는 물질로 외핵보다 뜨겁지만 고체 상태를 유지하고 있다.

10 대상에 대해 정의하고 있다. (○ , ×)

11 대상을 이해하기 쉽도록 예를 들어 설명하고 있다. (○ , ×)

12 대상을 이루는 부분들을 세부적으로 나누어 분석하고 있다. (○ , ×)

[13-16] 글의 목적을 고려할 때 가장 알맞은 설명 방식을 〈보기〉에서 찾아 쓰시오.

> **보기**
>
> 구분　　과정　　분석　　인과

13 음식을 만드는 방법을 설명하는 글 → ___________

14 컴퓨터를 세부 부품들로 나누어 설명하는 글 → ___________

15 우리 눈에 하늘이 파랗게 보이는 원인을 설명하는 글 → ___________

16 계절에는 '봄', '여름', '가을', '겨울'이 있음을 설명하는 글 → ___________

17 글의 흐름에 맞게 ㉠~㉣의 문장을 순서대로 배열하시오.

> ㉠ 특히 보건소는 지저분한 벽 때문에 주변 공간까지 황폐해 보입니다. ㉡ 우리 동네에는 칠이 벗겨진 벽을 그대로 방치한 건물이 많습니다. ㉢ 저희는 이 공공건물에 생동감을 불어넣고자 벽화 그리기를 제안합니다. ㉣ 그래서 주민들이 자주 찾고 싶어 하는 공간이라는 생각이 들지 않습니다.

(㉡ → 　　　 → 　　　 → 　　　)

어휘 익히기

문법 필수 개념어

*제시된 어휘의 의미를 익히고, 잘 이해되지 않는 어휘는 ☐에 표시해 두세요.

☐ **01 품사**
물건 品 / 말 詞

단어를 형태, 기능, 의미에 따라 나눈 갈래

형태에 따라	기능에 따라	의미에 따라
형태가 변하지 않음. (불변어)	체언	명사 / 대명사 / 수사
	수식언	관형사 / 부사
	관계언	조사
	독립언	감탄사
형태가 변함.(가변어)	용언	동사 / 형용사

설명 품사는 단어의 형태 변화의 여부, 문장 속에서 담당하고 있는 기능, 그리고 단어가 나타내는 의미를 기준으로 분류할 수 있습니다.

☐ **02 체언**
몸 體 / 말씀 言

문장에서 몸체의 역할을 하는 명사, 대명사, 수사를 통틀어 이르는 말

예시 지우는 바다를 좋아한다.

설명 명사인 '지우'와 '바다'는 체언입니다. 체언은 문장에서 뼈대가 되고 의미의 중심이 됩니다.

☐ **03 용언**
쓸 用 / 말씀 言

문장에서 서술어의 기능을 하는 동사, 형용사를 통틀어 이르는 말

예시 그녀는 노래를 부른다.
창밖의 경치가 아름답다.

설명 '부르다'는 주어의 동작이나 과정을 나타내는 동사이고, '아름답다'는 주어의 성질이나 상태를 나타내는 형용사입니다. 동사와 형용사는 모두 용언에 해당하는 품사입니다.

☐ **04 활용**
살 活 / 쓸 用

동사나 형용사와 같은 용언이 문법 기능에 따라 여러 가지 모양으로 바뀌는 것

예시 나는 밥을 먹는다.
나는 과일을 먹고, 과자도 먹는다.
어제 먹은 케이크는 정말 맛있었다.
나는 내일 피자를 먹을 것이다.

설명 '먹다'라는 동사는 '먹는다, 먹고, 먹은, 먹을' 등 문장에서 다양한 형태로 활용될 수 있습니다.

☐ **05 수식언**
꾸밀 修 / 꾸밀 飾 / 말씀 言

뒤에 오는 말을 수식하거나 한정하기 위하여 첨가하는 관형사와 부사를 통틀어 이르는 말

예시 저 사람은 선생님이다.
어서 오십시오.

설명 '사람'이라는 체언을 꾸미는 '저'와 '오십시오'라는 용언을 꾸미는 '어서'는 모두 수식언입니다. 수식언 중에서도 관형사는 체언을 꾸며 주고, 부사는 용언이나 관형사, 다른 부사, 때로는 문장 전체를 꾸며 주기도 합니다.

06 관계언
관계할 關 / 맬 係 / 말씀 言

체언 뒤에 결합해 다른 말과의 **문법적 관계를 나타내거나**, 특별한 뜻을 더해 주는 말(= 조사)

예시 꽃이 피었다. → 격 조사
사과와 배는 모두 과일이다. → 접속 조사
동생도 춤을 잘 춘다. → 보조사

설명 조사는 그 기능과 의미에 따라 격 조사, 접속 조사, 보조사로 나누어집니다. 조사 중에서도 서술격 조사 '–이다'는 동사나 형용사처럼 활용할 수 있는 가변어라는 특성을 가지고 있습니다.

07 독립언
홀로 獨 / 설 立 / 말씀 言

문장에서 다른 성분에 얽매이지 않고 **독립적으로 사용되는 단어**로 주로 놀람, 느낌, 부름이나 대답을 나타내는 말(= 감탄사)

예시 어머나, 깜짝이야!
네, 그렇게 할게요.

설명 독립언인 감탄사는 형태가 변하지 않고, 조사와 결합하지 않는 특성이 있습니다.

08 어절 ☆
말씀 語 / 마디 節

문장을 구성하고 있는 각각의 마디. 문장 성분의 최소 단위로서 **띄어쓰기의 단위**가 된다.

예시 오늘은 / 날씨가 / 참 / 좋다.

설명 띄어 쓰는 단위로 나누어진 도막을 '어절'이라고 하는데, 위 문장은 4개의 어절로 이루어져 있습니다. 체언은 조사와 결합하여 하나의 어절을 이룹니다.

09 어근
말씀 語 / 뿌리 根

단어에서 **실질적 의미를 나타내는** 중심이 되는 **부분**

예시 김 → 하나의 어근으로 이루어진 단일어
김밥 → '김(어근) + 밥(어근)' → 합성어

설명 하나의 어근만으로 이루어진 단어를 '단일어'라고 하고, 두 개 이상의 어근이 결합된 단어는 '합성어'라고 합니다.

10 접사
접할 接 / 말씀 辭

단독으로 쓰이지 아니하고 항상 **다른 어근이나 단어에 붙어 새로운 단어를 구성하는 부분**

예시 한겨울 → '한(접사) + 겨울(어근)' → 파생어

설명 어근과 접사로 구성된 단어를 '파생어'라고 합니다.

> **어절**의 수는 문장 전체에서 띄어쓰기한 횟수보다 1개가 많고, **음절**의 수는 모음의 수와 일치해요.

☆ 헷갈리기 쉬운 어휘

어절 말씀 語 / 마디 節
문장을 구성하고 있는 각각의 마디. 문장 성분의 최소 단위로서 띄어쓰기의 단위가 됨.
예 산과 들에 꽃이 피었다.
→ 산과 / 들에 / 꽃이 / 피었다.
→ 4개의 어절

VS

음절 소리 音 / 마디 節
한 번에 소리 낼 수 있는 소리마디로 모음은 단독으로 한 음절이 되기도 함.
예 산과 들에 꽃이 피었다.
→ [산과드레꼬치피어따, 산과드레꼬치피얻따]
→ 9개의 음절

* '어휘 익히기'에서 ☐에 표시된 어휘를 다시 한번 학습한 후, 다음 문제를 풀어 보세요!

[01-04] 다음 설명이 맞으면 ○, 틀리면 ×에 표시하시오.

01 문장에서 몸체의 역할을 하는 체언은 형태가 변하지 않는다. (○, ×)

02 동사는 문법 기능에 따라 형태가 변하지만, 형용사는 변하지 않는다. (○, ×)

03 단어를 기능에 따라 분류하면 체언, 수식언, 관계언, 감탄사, 용언으로 나눌 수 있다. (○, ×)

04 '놀람, 느낌, 대답이나 부름' 등을 나타내는 독립언은 활용될 수 없고 조사와도 결합하지 않는다. (○, ×)

05 〈보기〉의 ㉠, ㉡의 예로 알맞지 <u>않은</u> 것은?

> **보기**
>
> 단어에서 실질적 의미를 나타내는 중심이 되는 부분을 ㉠'어근'이라고 하고, 다른 어근이나 단어에 붙어서 의미를 한정하고 새로운 단어를 구성하는 부분을 ㉡'접사'라고 한다.

단어	㉠	㉡
① 덧신	신	덧
② 헛수고	수고	헛
③ 짓누르다	누르다	짓
④ 새까맣다	까맣다	새
⑤ 애호박	애	호박

06 〈보기〉의 (가), (나)에 대한 설명으로 알맞지 <u>않은</u> 것은?

> **보기**
>
> (가) 철수는 학교에 간다.
> (나) 그 사과는 참 맛있다.

① (가)는 3개의 어절로 이루어진 문장이다.
② (가)의 '철수'와 '학교'를 단어의 기능에 따라 분류하면 명사이다.
③ (나)의 '그'는 뒤에 오는 명사 '사과'를 수식하므로 '관형사'이다.
④ (나)의 '참'은 뒤에 오는 형용사 '맛있다'를 수식하므로 '부사'이다.
⑤ (가)의 '간다'와 (나)의 '맛있다'는 문법 기능에 따라 활용이 가능한 용언이다.

[07 - 10] 다음 문장에서 밑줄 친 부분의 품사는 무엇인지 〈보기〉에서 찾아 쓰시오.

> **보기**
>
> 부사   조사   감탄사   관형사

07 <u>이런!</u> 열쇠를 집에 두고 나왔네.   → __________________

08 웃는 얼굴이 <u>저</u> 얼굴보다 보기 좋다.   → __________________

09 입추가 지나니 바람이 <u>제법</u> 선선하다.   → __________________

10 나비의 날갯짓 하나가 지구 반대편에 태풍<u>을</u> 일으킬 수 있다.   → __________________

11 〈보기〉의 ㉠, ㉡에 들어갈 어휘를 순서대로 쓰시오.

> **보기**
>
> • 성질이 비슷한 단어끼리 모아 형태, 기능, 의미에 따라 분류한 것을 (㉠)(이)라고 한다.
> • '자다'라는 용언이 '잔, 자는, 잘' 등으로 문장 안의 문법 기능에 따라 여러 가지 모양으로 바뀌는 것을 (㉡)(이)라고 한다.

㉠ : __________________________   ㉡ : __________________________

[12 - 13] 다음 뜻에 해당하는 어휘에 V표 하시오.

12 단어에서 실질적 의미를 나타내는 중심이 되는 부분   → ☐ 어근   ☐ 접사

13 한 번에 소리 낼 수 있는 소리마디로 이것의 수는 모음의 수와 일치함.   → ☐ 어절   ☐ 음절

14 다음 중 문법 개념어에 대한 설명으로 알맞지 <u>않은</u> 것은?

① 활용할 수 있는 용언에는 동사와 형용사가 있다.
② 두 개 이상의 어근이 결합한 단어를 합성어라고 한다.
③ 문장 성분의 최소 단위로 띄어쓰기의 단위가 되는 것은 어절이다.
④ 수식언에는 관형사와 부사가 있는데, 체언을 꾸미는 것은 부사이고 동사나 형용사를 꾸미는 것은 관형사이다.
⑤ 체언 뒤에 결합해서 다른 말과의 문법적 관계를 나타내거나, 특별한 뜻을 더해 주는 말을 관계언이라고 하고 조사가 이에 해당된다.

한자 성어 (1)

*Q1~Q7에서 괄호 안의 알맞은 표현을 골라 보세요. 채점 후, 틀린 어휘는 ☐에 표시해 두세요.

---

01 감언이설
달 甘 / 말씀 言 / 이로울 利 / 말씀 說

귀가 솔깃하도록 **남의 비위를 맞추거나 이로운 조건을 내세워 꾀는 말**
(예) 그는 감언이설에 넘어가 큰 계약을 덜컥 하고 말았다.

02 견물생심
볼 見 / 물건 物 / 날 生 / 마음 心

어떠한 실물을 보게 되면 그것을 **가지고 싶은 욕심이 생김.**
(예) 견물생심이라고 우연히 주운 지갑을 보니 마음이 흔들렸다.

Q1 알맞은 단어는?
물욕이 없던 사람일지라도 큰 돈을 보면 (㉠ 감언이설 / ㉡ 견물생심)하여 헛된 욕망을 쫓기도 하고, 굳은 신념을 가진 사람일지라도 자신을 칭찬하는 (㉠ 감언이설 / ㉡ 견물생심) 앞에서 흔들려 자신의 신념에 반하는 선택을 하기도 한다.

---

03 안하무인
눈 眼 / 아래 下 없을 無 / 사람 人

눈 아래에 사람이 없다는 뜻으로, **방자하고** 교만하여 다른 사람을 업신여김을 이르는 말

◆ **방자하다** 어려워하거나 조심스러워하는 태도가 없이 무례하고 건방지다.

(예) 그는 큰 성공을 거둔 이후 다른 사람들을 안하무인으로 대하기 시작했다.

04 역지사지
바꿀 易 / 땅 地 / 생각 思 / 갈 之

처지를 바꾸어서 생각하여 봄.
(예) 역지사지의 태도를 갖는다면 상대방을 이해하기가 훨씬 수월하다.

Q2 알맞은 단어는?
조직의 리더가 필수적으로 갖추어야 할 덕목 중 하나는 (㉠ 안하무인 / ㉡ 역지사지)의 마음이다. 사람은 누구나 자신의 입장에서 생각하고 이를 가장 합리적이라고 여기기 때문이다. 자신의 권력을 무기로 (㉠ 안하무인 / ㉡ 역지사지)하는 리더는 갈등과 분열을 일으킬 뿐이다.

---

05 사필귀정
일 事 / 반드시 必 / 돌아올 歸 / 바를 正

모든 일은 반드시 바른길로 돌아감.
(예) 사필귀정을 마음에 새기고 정진하면 반드시 좋은 결과가 있을 것이다.

06 수불석권
손 手 / 아닐 不 / 풀 釋 / 책 卷

손에서 책을 놓지 아니하고 늘 글을 읽음.
(예) 어린 시절부터 수불석권하던 그는 한국을 대표하는 소설가가 되었다.

Q3 알맞은 단어는?
올해 S대학의 최고령 합격자인 그는 낮에는 택배를 배달하고 밤에는 (㉠ 사필귀정 / ㉡ 수불석권)하며 하루하루를 열심히 살았다고 말했다. 그의 합격을 두고 주변 사람들은 (㉠ 사필귀정 / ㉡ 수불석권)이라며 노력은 절대 배신하지 않는다는 교훈을 다시 한 번 깨달았다고 전했다.

---

07 감탄고토
달 甘 / 삼킬 吞 / 쓸 苦 / 토할 吐

달면 삼키고 쓰면 뱉는다는 뜻으로, **자신의 비위에 따라서 사리의 옳고 그름을 판단함을 이르는 말**
(예) 타고난 기회주의자인 그는 감탄고토하는 태도 때문에 주변의 빈축을 샀다.

08 다다익선
많을 多 / 많을 多 / 더할 益 / 착할 善

많으면 많을수록 더욱 좋음.
(예) 공사 현장에서 안전을 위한 장비와 점검은 다다익선이다.

Q4 알맞은 단어는?
수령의 횡포는 고을 전체를 쑥대밭으로 만들고 있었다. 각종 뇌물은 (㉠ 감탄고토 / ㉡ 다다익선)(이)라며 거두어들이고, 관리를 등용할 때는 (㉠ 감탄고토 / ㉡ 다다익선)하며 부정부패를 일삼았다.

09 배은망덕
등 背 / 은혜 恩 / 잊을 忘 / 덕 德

남에게 입은 은덕을 저버리고 배신하는 태도가 있음.
예 그러고도 미안한 줄을 모르다니 배은망덕하구나.

10 아전인수
나 我 / 밭 田 / 끌 引 / 물 水

자기 논에 물 대기라는 뜻으로, 자기에게만 이롭게 되도록 생각하거나 행동함을 이르는 말
예 그들은 계속 아전인수 격으로 다투는 바람에 어떠한 결론도 맺지 못했다.

Q5 알맞은 단어는?
그동안 정성스레 길러 준 은혜는 모르고 부모에게 대드는 자식을 보며 사람들은 (㉠배은망덕 / ㉡아전인수)이/가 따로 없다고 손가락질을 했다. 이를 두고 자신의 자식은 천성이 자유분방한 탓에 자기에게 스스럼없이 대하는 것이라고 말하는 그 부모의 태도는 (㉠배은망덕 / ㉡아전인수) 그 자체였다.

11 조변석개
아침 朝 / 변할 變 / 저녁 夕 / 고칠 改

아침저녁으로 뜯어고친다는 뜻으로, 계획이나 결정 따위를 일관성이 없이 자주 고침을 이르는 말
예 시험이 코앞인데 그렇게 공부 계획을 조변석개해서야 되겠습니까?

12 주마간산 ☆
달릴 走 / 말 馬 / 볼 看 / 뫼 山

말을 타고 달리며 산천을 구경한다는 뜻으로, 자세히 살피지 아니하고 대충대충♦ 보고 지나감을 이르는 말
예 그 어떤 절경일지라도 주마간산으로 본다면 제대로 즐길 수가 없다.

♦ 대충대충 일이나 행동을 적당히 하는 모양

Q6 알맞은 단어는?
잘못된 공부 방법 중에 대표적인 것은 공부 계획을 (㉠조변석개 / ㉡주마간산)하는 것이다. 일관성 없이 계획을 계속해서 수정하는 것은 시간만 낭비하는 일이다. 그다음으로 책의 내용을 정독하지 않고 시간에 쫓겨 (㉠조변석개 / ㉡주마간산)하는 것도 잘못된 공부 방법 중 하나이다.

13 전전반측
돌아누울 輾 / 돌아누울 轉 / 돌이킬 反 / 곁 側

누워서 몸을 이리저리 뒤척이며♦ 잠을 이루지 못함.
예 그녀는 타지에서 홀로 생활하는 아들 걱정에 매일 밤을 전전반측하였다.

♦ 뒤척이다 물건이나 몸을 이리저리 뒤집다.

14 침소봉대
바늘 針 / 작을 小 / 몽둥이 棒 / 클 大

작은 일을 크게 불리어 떠벌림♦.
예 그는 어떤 일이든 침소봉대하는 호들갑스러운 성격이다.

♦ 떠벌리다 이야기를 과장하여 늘어놓다.

Q7 알맞은 단어는?
사람들이 하는 걱정의 대부분은 일어나지도 않을 일에 관한 것이다. 만약 걱정이 지나쳐 마음이 불안하고 (㉠전전반측 / ㉡침소봉대)하는 일이 잦다면 자신이 문제의 본질을 떠나 매우 사소하고 희박한 부정적 요소들만을 (㉠전전반측 / ㉡침소봉대)하고 있지는 않은지 냉정하게 살펴볼 필요가 있다.

☆ 헷갈리기 쉬운 어휘

주마간산 달릴 走 / 말 馬 / 볼 看 / 뫼 山
말을 타고 달리며 산천을 구경한다는 뜻으로, 자세히 살피지 아니하고 대충대충 보고 지나감을 이르는 말
예 사내는 무슨 일이든 주마간산하여 꼼꼼하지 못한 구석이 있었다.

VS

주마가편 달릴 走 / 말 馬 / 더할 加 / 채찍 鞭
달리는 말에 채찍질한다는 뜻으로, 잘하는 사람을 더욱 장려함을 이르는 말
예 선생님께서 너를 유독 엄하게 대하는 것을 야속하게 생각하지 말고 주마가편이라 여기고 조금 더 노력해 보자꾸나.

정답 Q : 5 ㉠, ㉡ 6 ㉠, ㉡ 7 ㉠, ㉡

＊'어휘 익히기'에서 □에 표시된 어휘를 다시 한번 학습한 후, 다음 문제를 풀어 보세요!

[01-04] 다음 뜻에 해당하는 한자 성어를 주어진 초성을 참고하여 쓰시오.

01 작은 일을 크게 불리어 떠벌림.
→ ㅊ ㅅ ㅂ ㄷ : _______________

02 손에서 책을 놓지 아니하고 늘 글을 읽음.
→ ㅅ ㅂ ㅅ ㄱ : _______________

03 남에게 입은 은덕을 저버리고 배신하는 태도가 있음.
→ ㅂ ㅇ ㅁ ㄷ : _______________

04 어떠한 실물을 보게 되면 그것을 가지고 싶은 욕심이 생김.
→ ㄱ ㅁ ㅅ ㅅ : _______________

[05-08] 다음 빈칸에 들어갈 한자 성어를 〈보기〉에서 찾아 쓰시오.

> **보기**
>
> 감언이설　　　감탄고토　　　다다익선　　　역지사지

05 용돈으로 얼마가 적당하겠냐고 물으시는 아버지께 나는 웃으며 _____________(이)라고 대답했다.

06 내가 이장일 때는 살갑게 굴던 사람들이었건만, 내 신세가 초라해지니 바로 _____________하더군요.

07 엄마는 매번 사소한 일로 다투는 동생과 나에게 _____________의 마음으로 조금만 더 생각해 보라고 타이르셨다.

08 친구를 사귈 때에는 _____________에 넘어가지 말고 나를 진정으로 위해 주는 진실한 사람을 분별하여 사귀어야 한다.

09 〈보기〉에서 설명하는 한자 성어로 알맞은 것은?

> **보기**
>
> • '달리는 말에 채찍질 한다'라는 속담과 같은 의미를 가지고 있다.
> • 열심히 하고 있는 사람에게 더 잘하라고 격려하고 권장한다는 뜻으로 쓰인다.

① 조삼모사　　　② 조변석개　　　③ 주마가편　　　④ 주마간산　　　⑤ 중언부언

[10 - 12] 다음 밑줄 친 어휘의 뜻을 〈보기〉에서 찾아 그 기호를 쓰시오.

> **보기**
> ㉠ 모든 일은 반드시 바른길로 돌아감.
> ㉡ 자기 논에 물 대기라는 뜻으로, 자기에게만 이롭게 되도록 생각하거나 행동함을 이르는 말
> ㉢ 아침저녁으로 뜯어고친다는 뜻으로, 계획이나 결정 따위를 일관성이 없이 자주 고침을 이르는 말

10 시도 때도 없이 <u>조변석개</u>해서야, 일의 진척이 있을 수가 없지. ( )

11 재개발 계획이 가시화되자, 그들은 모두 <u>아전인수</u> 격으로 각자의 이익을 셈하기에 바빴다. ( )

12 인내심을 갖고 기다리면 <u>사필귀정</u>이 될 것이니, 고난과 역경이 와도 조금만 참고 버텨 봅시다. ( )

13 다음 빈칸에 공통으로 들어갈 한자 성어로 가장 알맞은 것은?

> • 선영이는 자신의 거짓말이 탄로날까 봐 ___________ 하였다.
> • 내일 있을 면접 때문에 긴장이 되어 밤새 ___________ 하였다.
> • 어머니께서는 아무리 자식이 장성하여도 자식 걱정에 ___________ 하신다.

① 전무후무 ② 전전반측 ③ 전화위복 ④ 절차탁마 ⑤ 절치부심

[14 - 15] 다음 빈칸에 알맞은 말을 채워 한자 성어의 뜻풀이를 완성하시오.

14 안 하 무 인 (眼下無人)
→ 눈 아래에 사람이 없다는 뜻으로, 방자하고 교만하여 다른 사람을 ( )을 이르는 말

15 주 마 간 산 (走馬看山)
→ 말을 타고 달리며 산천을 구경한다는 뜻으로, 자세히 살피지 아니하고 ( ) 보고 지나감을 이르는 말

DAY 24

한자 성어 (2)

*Q1~Q7에서 괄호 안의 알맞은 표현을 골라 보세요. 채점 후, 틀린 어휘는 □에 표시해 두세요.

---

01 군계일학
무리 群 / 닭 鷄 / 하나 - / 학 鶴

닭의 무리 가운데에서 한 마리의 학이란 뜻으로, **많은 사람 가운데서 뛰어난 인물을 이르는 말**
예 그는 어려서부터 어디를 가든 눈에 띄는 <u>군계일학</u> 같은 존재였다.

02 학수고대
학 鶴 / 머리 首 / 힘쓸 苦 / 기다릴 待

학의 목처럼 목을 길게 빼고 **간절히 기다림.**
예 모두가 자유로운 삶으로 돌아가기를 <u>학수고대</u>하고 있다.

Q1 알맞은 단어는? 이번에 출시되는 제품은 개발팀의 독보적 (㉠ 군계일학 / ㉡ 학수고대)인 박 대리가 고안하였다. 본격적인 출시를 앞둔 지금, 개발팀 모두가 소비자의 폭발적인 반응만을 (㉠ 군계일학 / ㉡ 학수고대)하고 있다.

---

03 교각살우
바로잡을 矯 / 뿔 角 / 죽일 殺 / 소 牛

소의 뿔을 바로잡으려다가 소를 죽인다는 뜻으로, **잘못된 점을 고치려다가 그 방법이나 정도가 지나쳐 오히려 일을 그르침을 이르는 말**
예 타일에 낀 물때를 닦으려다 타일을 깬 것은 <u>교각살우</u>와 같다.

04 신출귀몰
귀신 神 / 날 出 / 귀신 鬼 / 잠길 沒

귀신같이 나타났다가 사라진다는 뜻으로, 그 움직임을 쉽게 알 수 없을 만큼 **자유자재로 나타나고 사라짐을 비유적으로 이르는 말**
예 그는 워낙에 <u>신출귀몰</u>하여 사람들을 긴장하게 했다.

Q2 알맞은 단어는? 의적 홍길동의 (㉠ 교각살우 / ㉡ 신출귀몰)한 행적에 관아가 떠들썩했다. 홍길동을 잡기 위해 집집마다 모든 사람을 수색하고, 길 가는 행인들 모두를 막아 세워 검문했지만 이러한 노력은 사람들의 불만만을 키우는 (㉠ 교각살우 / ㉡ 신출귀몰)와/과 같을 뿐, 홍길동의 흔적을 찾기에는 역부족이었다.

---

05 수주대토
지킬 守 / 그루 株 / 기다릴 待 / 토끼 兔

한 가지 일에만 얽매여♦ **발전을 모르는 어리석은 사람을 비유적으로 이르는 말**
예 <u>수주대토</u>는 노력하지 않고 옛 방식만 고집하는 이를 비판하는 말이다.

♦ **얽매이다** 마음대로 행동할 수 없도록 몹시 구속하다.

06 온고지신
따뜻할 溫 / 옛 故 / 알 知 / 새 新

옛것을 익히고 그것을 미루어서 새것을 앎.
예 우리 동아리에서는 고전 읽기를 통해 <u>온고지신</u>의 정신을 배웁니다.

Q3 알맞은 단어는? 손님이 오기만을 가만히 기다리는 것은 (㉠ 수주대토 / ㉡ 온고지신)와/과 같은 행동이에요. 당신의 특기를 살려 (㉠ 수주대토 / ㉡ 온고지신)의 정신으로 전통과 현대가 어우러진 요리를 개발해 보세요.

---

07 절차탁마
끊을 切 / 갈 磋 / 닦을 琢 / 갈 磨

옥이나 돌 따위를 갈고 닦아서 빛을 낸다는 뜻으로, **부지런히 학문과 덕행을 닦음을 이르는 말**
예 그는 작년의 실패를 극복하고 <u>절차탁마</u>하여 올해는 수석의 영예를 안았다.

08 청출어람
푸를 靑 / 날 出 / 어조사 於 / 쪽 藍

쪽에서 뽑아낸 푸른 물감이 쪽보다 더 푸르다는 뜻으로, **제자나 후배가 스승이나 선배보다 나음을 비유적으로 이르는 말**
예 하루하루가 <u>청출어람</u>이니 가르치는 보람이 있구나.

Q4 알맞은 단어는? 온전한 배움은 좋은 스승을 만나는 것과 자기 자신을 잘 다스리는 두 단계를 거쳐야만 완성된다. 좋은 스승을 만나 그의 가르침을 더욱 발전시켜 (㉠ 절차탁마 / ㉡ 청출어람)하는 것이 배움의 첫 번째 단계라면, 이것을 온전히 자신의 것으로 만들기 위해 (㉠ 절차탁마 / ㉡ 청출어람)하는 것이 두 번째 단계이다.

정답 Q : 1 ㉠, ㉡ 2 ㉡, ㉠ 3 ㉠, ㉡ 4 ㉡, ㉠

09 각고면려
새길 刻 / 괴로울 苦 / 힘쓸 勉 / 힘쓸 勵

어떤 일에 고생을 무릅쓰고◆ 몸과 마음을 다하여, 무척 애를 쓰면서 부지런히 노력함.
예) 올림픽에서 3관왕을 이루기까지 그녀는 매일같이 <u>각고면려</u>하며 훈련했다.

◆ **무릅쓰다** 힘들고 어려운 일을 참고 견디다.

10 개과천선
고칠 改 / 지날 過 / 바꿀 遷 / 착할 善

지난날의 잘못이나 허물을 고쳐 올바르고 착하게 됨.
예) 불량했던 모습을 버리고 <u>개과천선</u>한 그를 보니 감회가 새로웠다.

11 임기응변
임할 臨 / 틀 機 / 응할 應 / 변할 變

그때그때 처한 사태에 맞추어 즉각 그 자리에서 결정하거나 처리함.
예) 숙제를 깜빡한 영수는 <u>임기응변</u>으로 위기를 모면했다.

Q5 알맞은 단어는?
회사는 노조의 요구에 (㉠ 개과천선 / ㉡ 임기응변)(으)로 일관하는 태도를 버리고 (㉠ 개과천선 / ㉡ 임기응변)한 변화한 모습을 보여 주십시오. 사측에서 (㉠ 각고면려 / ㉡ 임기응변)하여 노조의 요구 사항을 반영한 새로운 안을 제안한다면, 즉각 파업을 철회할 것을 약속합니다.

12 연목구어
인연 緣 / 나무 木 / 구할 求 / 물고기 魚

나무에 올라가서 물고기를 구한다는 뜻으로, 도저히 불가능한 일을 굳이 하려 함을 비유적으로 이르는 말
예) 남극에 가서 얼음을 파는 것은 <u>연목구어</u>나 다름없지.

13 허장성세
빌 虛 / 베풀 張 / 소리 聲 / 기세 勢

실속은 없으면서 큰소리치거나 허세를 부림.
예) 툭하면 <u>허장성세</u>만 일삼는 그의 말은 믿을 수가 없다.

Q6 알맞은 단어는?
불길이 번져 오자 그는 가족들을 안심시키려고 나름 (㉠ 연목구어 / ㉡ 허장성세)를 부려 보았다. 하지만 극한의 위기 상황에서 소량의 물로 불길을 잡으려는 것은 (㉠ 연목구어 / ㉡ 허장성세)나 다름없는 일이었다.

14 무위도식 ☆
없을 無 / 할 爲 / 다만 徒 / 먹을 食

하는 일 없이 놀고먹음.
예) 경제 불황으로 인해 <u>무위도식</u>하고 있는 실업 인구가 늘어났다.

15 반포지효
돌이킬 反 / 먹일 哺 / 갈 之 / 효도 孝

까마귀 새끼가 자라서 늙은 어미에게 먹이를 물어다 주는 효(孝)라는 뜻으로, 자식이 자란 후에 어버이의 은혜를 갚는 효성을 이르는 말
예) 유교적 사상이 근본인 우리나라에서는 <u>반포지효</u>를 중요 덕목으로 삼는다.

Q7 알맞은 단어는?
그는 나이가 차도록 (㉠ 무위도식 / ㉡ 반포지효)하며 부모님을 고생시키고 있었다. 하지만 그가 감독한 독립 영화가 관객과 평론가들의 호평을 받게 되자 그는 (㉠ 무위도식 / ㉡ 반포지효)할 수 있게 되었다.

☆ 헷갈리기 쉬운 어휘

무위도식 없을 無 / 할 爲 / 다만 徒 / 먹을 食
하는 일 없이 놀고먹음.
예) 젊고 건강한 몸이 있는데 <u>무위도식</u>하고 있지 말고 일거리를 찾아보아라.

VS

무위자연 없을 無 / 할 爲 / 스스로 自 / 그럴 然
사람의 힘을 더하지 않은 그대로의 자연. 또는 그런 이상적인 경지
예) 그는 도심을 벗어나 <u>무위자연</u>을 벗 삼는 노후를 즐기고 있다.

＊'어휘 익히기'에서 ☐에 표시된 어휘를 다시 한번 학습한 후, 다음 문제를 풀어 보세요!

[01-04] 다음 한자 성어에 해당하는 뜻을 찾아 연결하시오.

01 각고면려 •

• ㉠ 학의 목처럼 목을 길게 빼고 간절히 기다림.

02 수주대토 •

• ㉡ 한 가지 일에만 얽매여 발전을 모르는 어리석은 사람을 비유적으로 이르는 말

03 절차탁마 •

• ㉢ 어떤 일에 고생을 무릅쓰고 몸과 마음을 다하여, 무척 애를 쓰면서 부지런히 노력함.

04 학수고대 •

• ㉣ 옥이나 돌 따위를 갈고 닦아서 빛을 낸다는 뜻으로, 부지런히 학문과 덕행을 닦음을 이르는 말

[05-08] 주어진 초성과 뜻에 알맞은 한자 성어를 빈칸에 넣어 문장을 완성하시오.

05 ㅇ ㄱ ㅇ ㅂ : 그때그때 처한 사태에 맞추어 즉각 그 자리에서 결정하거나 처리함.

→ ___________에 급급한 현실성 없는 대안에 사람들은 실망했다.

06 ㄱ ㄱ ㅇ ㅎ : 닭의 무리 가운데에서 한 마리의 학이란 뜻으로, 많은 사람 가운데서 뛰어난 인물을 이르는 말

→ 수많은 사람들 사이에서도 나에게는 그의 모습이 ___________처럼 한눈에 들어온다.

07 ㅅ ㅊ ㄱ ㅁ : 귀신같이 나타났다가 사라진다는 뜻으로, 그 움직임을 쉽게 알 수 없을 만큼 자유자재로 나타나고 사라짐을 비유적으로 이르는 말

→ 수혁이가 모처럼 진득하게 공부를 좀 하나 했더니 잠깐 사이에 ___________하게 사라져 버렸어.

08 ㅂ ㅍ ㅈ ㅎ : 까마귀 새끼가 자라서 늙은 어미에게 먹이를 물어다 주는 효(孝)라는 뜻으로, 자식이 자란 후에 어버이의 은혜를 갚는 효성을 이르는 말

→ 신체적 장애를 가졌음에도 불구하고 부모님을 향한 극진한 ___________를 실천하는 그의 모습은 사람들의 심금을 울렸다.

09 〈보기〉와 관련 있는 한자 성어로 가장 알맞은 것은?

> **보기**
> - 운동도 하지 않으면서 살이 빠지기를 기대하는 것
> - 실업률이 날로 증가하고 있는 추세인데, 경제 성장을 기대하는 것
> - 이론에만 치우친 교육을 하면서 창의력 있는 인재를 양성하려는 것

① 역지사지　　　② 연목구어　　　③ 온고지신　　　④ 와신상담　　　⑤ 일취월장

[10 - 13] 다음 설명에 해당하는 한자 성어를 〈보기〉에서 찾아 쓰시오.

> **보기**
> 교각살우　　　무위도식　　　온고지신　　　청출어람

10 하는 일 없이 놀고먹는다는 뜻으로 게으른 한량을 가리키는 말이야.　→ ____________

11 옛것을 익히고 그것을 미루어서 새것을 안다는 뜻으로, 과거를 바탕으로 미래를 준비해야 한다는 의미야.　→ ____________

12 소의 뿔을 바로잡으려다가 소를 죽인다는 뜻으로, 잘못된 점을 고치려다가 그 방법이나 정도가 지나쳐 오히려 일을 그르침을 이르는 말이야. 이와 비슷한 우리말 속담에는 '빈대 잡으려다 초가삼간 태운다.'가 있어.　→ ____________

13 쪽에서 뽑아낸 푸른 물감이 쪽보다 더 푸르다는 뜻으로, 제자나 후배가 스승이나 선배보다 나음을 비유적으로 이르는 말이야. 흔히 배움의 길에는 더 늦게 들어섰지만, 천부적인 재능이 있거나 피나는 노력을 통해 자신의 스승 또는 선배보다 높은 경지에 이른 사람을 나타낼 때 사용하곤 해.　→ ____________

[14 - 16] 다음 말 상자에서 주어진 뜻에 해당하는 한자 성어를 찾아 쓰시오.

14 실속은 없으면서 큰소리치거나 허세를 부림. → ☐☐☐☐

15 지난날의 잘못이나 허물을 고쳐 올바르고 착하게 됨. → ☐☐☐

16 사람의 힘을 더하지 않은 그대로의 자연. 또는 그런 이상적인 경지 → ☐☐☐☐

허	상	구	선	양
강	장	천	어	연
연	과	성	자	회
개	목	위	세	수
치	무	정	진	유

종합 문제

01 다음 중 밑줄 친 부분에 드러난 심상으로 알맞지 <u>않은</u> 것은?

① 메마른 입술에 <u>쓰디쓰다.</u> → 미각적 심상
② 분수처럼 흩어지는 <u>푸른 종소리</u> → 청각적 심상
③ 젊은 아버지의 <u>서느런</u> 옷자락에 → 촉각적 심상
④ 방 안에서는 <u>새 옷의 내음새</u>가 나고 → 후각적 심상
⑤ 길은 한 줄기 <u>구겨진 넥타이</u>처럼 풀어져 → 시각적 심상

02 비유에 대한 설명으로 올바르지 <u>않은</u> 것은?

① 비유는 현상이나 사물을 직접 설명하지 않고 다른 대상에 빗대어 표현하는 기법이다.
② 직유법은 '구름처럼 하얀 솜사탕'과 같이 원관념을 보조 관념에 직접적으로 연결하여 표현하는 기법이다.
③ 은유법은 '고독은 나의 광장'과 같이 연결어를 사용하지 않고 두 대상이 동일한 것처럼 표현하는 기법이다.
④ 활유법은 '스물세 해 동안 나를 키운 건 팔 할이 바람이다.'와 같이 사람이 아닌 사물에게 인격을 부여하는 표현 기법이다.
⑤ 대유법은 '빼앗긴 들에도 봄은 오는가'에서 '들'을 '조국'으로 나타낸 것처럼 한 부분을 가지고 그 사물 전체를 나타내는 표현 기법이다.

03 〈보기〉의 (가)~(다)에 나타난 특징으로 알맞지 <u>않은</u> 것은?

> (가) 새침하게 흐린 품이 눈이 올 듯하더니 눈은 아니 오고 얼다가 만 비가 추적추적 내리는 날이었다. 이날이야말로 동소문 안에서 인력거꾼 노릇을 하는 김 첨지에게는 오래간만에도 닥친 운수 좋은 날이었다.
>
> (나) "이런 오라질 년, 주야장천 누워만 있으면 제일이야! 남편이 와도 일어나지를 못해."
> 라는 소리와 함께 발길로 누운 이의 다리를 몹시 찼다. 그러나 발길에 채이는 건 사람의 살이 아니고 나뭇등걸과 같은 느낌이 있었다. 이때에 빽빽 소리가 응아 소리로 변하였다. 개똥이가 울었던 젖을 빼어 놓고 운다.
>
> (다) 김 첨지는 미친 듯이 제 얼굴을 죽은 아내의 얼굴에 한데 비벼대며 중얼거렸다.
> "설렁탕을 사다 놓았는데 왜 먹지를 못하니, 왜 먹지를 못하니…… 괴상하게도 오늘은 운수가, 좋더니만……."
>
> – 현진건, 「운수 좋은 날」

① 흐리고 비가 추적추적 내리는 배경은 작품 전체의 어두운 분위기를 형성한다.
② 비속어와 현실감 있는 대화를 통해 인물을 구체적이고 생생하게 드러내고 있다.
③ 서술자가 작품 속에 등장하지 않고 작품 밖에서 서술하는 삼인칭 시점의 소설이다.
④ 작품의 주인공인 김 첨지는 일제 강점기 가난한 하층민의 삶을 대표하는 전형적인 인물이다.
⑤ '운수 좋은 날'이라는 작품의 제목은 김 첨지의 아내가 죽은 날을 역설적으로 표현하여 그 의미를 강조하고 있다.

04 〈보기〉의 ㉠~㉢에 들어갈 어휘들끼리 알맞게 짝지은 것은?

> **보기**
>
> 　설명의 방법에는 여러 가지가 있다. 두 가지 이상의 대상을 설명할 때, 공통점이나 유사점을 중심으로 설명하는 것은 (　㉠　)이고, 차이점을 중심으로 설명하는 것은 (　㉡　)이다. 또한 어떤 대상을 일정한 기준에 따라 종류별로 묶어 서술할 때에는 (　㉢　)의 방법을 사용하기도 한다.

① ㉠: 비교, ㉡: 대조, ㉢: 분류　　　　② ㉠: 비교, ㉡: 대조, ㉢: 예시

③ ㉠: 분석, ㉡: 분류, ㉢: 예시　　　　④ ㉠: 정의, ㉡: 대조, ㉢: 인과

⑤ ㉠: 정의, ㉡: 비교, ㉢: 예시

05 〈보기〉의 품사에 대한 설명 중에서 올바른 것으로만 짝지어진 것은?

> **보기**
>
> ㉠ 의미에 따라 품사를 분류하면 총 8개로 나눌 수 있다.
> ㉡ 수사는 결합하는 조사의 종류에 따라 활용되기도 한다.
> ㉢ 체언은 문장에서 중심이 되고 뼈대가 되는 역할을 한다.
> ㉣ 독립언과 수식언은 형태가 변하지 않는 불변어에 속한다.
> ㉤ 동사와 형용사와 서술격 조사 '-이다'는 용언으로 분류한다.

① ㉠, ㉡　　　② ㉠, ㉢　　　③ ㉢, ㉣　　　④ ㉢, ㉤　　　⑤ ㉣, ㉤

06 다음 한자 성어의 사전적 의미로 알맞지 <u>않은</u> 것은?

① 절차탁마(切磋琢磨): 부지런히 학문과 덕행을 닦음.

② 침소봉대(針小棒大): 작은 일을 크게 불리어 떠벌림.

③ 사필귀정(事必歸正): 모든 일은 반드시 바른길로 돌아감.

④ 온고지신(溫故知新): 옛것을 익히고 그것을 미루어서 새것을 앎.

⑤ 주마가편(走馬加鞭): 자세히 살피지 아니하고 대충대충 보고 지나감.

07 밑줄 친 한자 성어의 쓰임이 알맞지 <u>않은</u> 것은?

① 그는 투자금을 3배로 불려 준다는 사기꾼의 <u>감언이설</u>에 속고 말았다.

② 상담 시에는 상담사들을 <u>반포지효</u>하는 마음으로 공손하게 말해야 한다.

③ 설거지를 시켰을 뿐인데 그릇을 전부 깨 버렸으니 <u>교각살우</u>가 따로 없구나.

④ 농부가 한 해 동안 <u>각고면려</u>하여 키운 농작물을 감사하는 마음으로 먹어야 한다.

⑤ 정부는 <u>무위도식</u>하는 청년 실업자들을 위해 경기 부양책과 취업 정책을 하루빨리 개선해야 한다.

08 밑줄 친 어휘와 바꿔 쓰기에 알맞지 <u>않은</u> 것은?

① 그는 툭하면 <u>이랬다저랬다</u> 하니 비위를 맞출 수가 없다. → 조변석개

② 우선은 <u>미봉책</u>일지라도 비가 새지 않도록 조치를 취하였다. → 임기응변

③ 지나치게 <u>과장해서</u> 말하는 것은 상대에게 불안감을 조성할 수 있다. → 침소봉대

④ 명품으로 둘러싸인 화려한 매장을 보니 <u>물욕</u>이 생기는 것은 어찌할 수 없었다. → 견물생심

⑤ 가재는 게 편인지라 의료 분쟁에서 의료적 과실을 <u>전문적으로 증명하기는</u> 어렵다. → 군계일학

속담 연상 퀴즈

>> 다음 그림을 보고 빈칸을 채워 속담을 완성하세요.

1 □□□도 맞들면 낫다

쉬운 일이라도 협력하여 하면 훨씬 쉽다는 말

2 □□□도 두들겨 보고 건너라

잘 아는 일이라도 세심하게 주의를 하라는 말

3 □ 묻은 개가 겨 묻은 개 나무란다

자기는 더 큰 흉이 있으면서 도리어 남의 작은 흉을 본다는 말

4 □□□□이 어둡다

대상에서 가까이 있는 사람이 도리어 대상에 대하여 잘 알기 어렵다는 말

5 □며 겨자 먹기

싫은 일을 억지로 마지못하여 함을 비유적으로 이르는 말

6 개천에서 □ 난다

시원찮은 환경이나 변변찮은 부모에게서 빼어난 인물이 나는 경우를 이르는 말

일차별
어휘 TEST

DAY 01 어휘

정답과 해설 · 28쪽

[01-04] 다음 뜻에 해당하는 어휘를 주어진 초성을 참고하여 쓰시오.

01 일반적으로 널리 통하는 개념 → ㅌ ㄴ : __________

02 사물이나 범위의 안에 들어 있다. → ㄴ ㅈ ㅎ ㄷ : __________

03 방법이나 태도 따위가 한결같은 성질 → ㅇ ㄱ ㅅ : __________

04 사람으로서 마땅히 행하거나 지켜야 할 도리 → ㅇ ㄹ : __________

[05-09] 다음 빈칸에 들어갈 어휘를 〈보기〉에서 찾아 쓰시오.

> **보기**
> 구현   반증   섭리   타당성   필연적

05 그의 말이 틀렸다는 것은 여러 증거들로 충분히 __________되었다.

06 인구가 도시로 모이는 도시화 현상은 근대화의 __________인 결과이다.

07 우리 조상들은 자연의 __________을/를 따르며 모든 생명을 귀하게 여겼다.

08 사람에게는 삶의 의미를 실제로 __________해 나가는 즐거움과 보람이 필요하다.

09 그의 주장은 언뜻 보면 __________이/가 있는 듯하지만 곰곰이 생각해 보면 모순투성이다.

[10-12] 다음 문장에 어울리는 어휘를 골라 ○표 하시오.

10 자신의 단점에 대한 정확한 (상식 / 인식)은 변화의 시작이라고 할 수 있다.

11 맑고 밝은 하늘과 따가운 햇살은 한국의 (전형적 / 전문적)인 가을 날씨이다.

12 우리는 국민이 권력을 가지고 그 권력을 스스로 행사하는 (주위 / 주의)를 지지한다.

✔ **맞힌 개수는?** 12개 중 __________개   ✔ **다시 확인할 어휘는?** __________

DAY 02 어휘

정답과 해설 · 28쪽

[01-04] 다음 뜻에 해당하는 어휘를 주어진 초성을 참고하여 쓰시오.

01 있는 힘을 다하여 싸우거나 노력함. → ㅂ ㅌ : ____________

02 권력이나 폭력으로 남을 꼼짝 못 하게 강제로 누름. → ㅇ ㅈ : ____________

03 한때 매우 성하던 현상이나 일이 끝나거나 없어지다. → ㅈ ㅅ ㄷ ㄷ : ____________

04 직접적으로 무력을 사용하지 않고, 경제·외교·정보 따위를 수단으로 하는 국제적 대립 → ㄴ ㅈ : ____________

[05-09] 다음 빈칸에 들어갈 어휘를 〈보기〉에서 찾아 쓰시오.

> 보기
>
> 고비   근원   기원   변천   정체성

05 김치는 오랜 역사를 통해 ____________을/를 겪었다.

06 청소년기는 자신의 ____________을/를 확립하는 시기이다.

07 두 나라 간 분쟁의 ____________은/는 오래된 역사적 갈등에 있다.

08 2002년 월드컵은 한국 축구가 발전하는 ____________이/가 되었다.

09 의사는 환자의 상태로 보아 오늘 밤이 ____________(이)라면서 보호자에게 주의를 당부하였다.

[10-13] 다음 문장에 어울리는 어휘를 골라 ○표 하시오.

10 이 도자기는 (고증 / 고안)을 거쳐 조선 시대 유물임이 밝혀졌다.

11 일제 강점의 (전성기 / 암흑기)에 우리 민족이 겪은 어려움은 이루 다 말할 수 없다.

12 링컨은 온갖 (인습 / 습관)의 굴레를 벗어던지고 차별받는 사람들의 편이 되고 싶었다.

13 주변 국가들에 대해 (이타적 / 배타적)인 정책을 펼치는 것은 평화를 위해 옳지 않은 방식이다.

✓ 맞힌 개수는? 13개 중 ________개   ✓ 다시 확인할 어휘는? ____________

정답과 해설 · 28쪽

[01-04] 다음 뜻에 알맞은 어휘를 찾아 연결하시오.

01 서로서로 시기하고 미워함. · · ㉠ 반목

02 수입이 적어 몹시 가난한 사람 · · ㉡ 영세민

03 권리나 권한 등을 본래의 목적이나 범위를 벗어나 함부로 행사하다. · · ㉢ 건전하다

04 사상이나 사물 따위의 상태가 한쪽으로 치우치지 않고 정상적이며 위태롭지 아니하다. · · ㉣ 남용하다

[05-09] 다음 빈칸에 들어갈 어휘를 〈보기〉에서 찾아 쓰시오.

> **보기**
>
> 공익　　관례　　낙후　　배후　　사각지대

05 이 사건의 ___________에는 커다란 음모가 숨어 있다.

06 공직자들은 어떤 경우에도 ___________을/를 먼저 생각해야 한다.

07 국가 간의 문제는 국제적 ___________을/를 따르는 것이 일반적이다.

08 그 지역은 아직 전기 시설조차 되어 있지 않은 ___________된 마을이다.

09 적군은 아군 레이더망의 ___________을/를 교묘하게 이용해 기습 공격을 퍼부었다.

[10-13] 다음 문장에 어울리는 어휘를 골라 ○표 하시오.

10 연체료 (부가 / 부과) 여부는 종합 자료실에 문의하십시오.

11 나는 아침을 (건실 / 부실)하게 먹으면 하루 종일 기운이 없다.

12 생존 경쟁에서 (나태 / 도태)되지 않으려면 자신만의 능력을 키워야 한다.

13 과학 기술의 발전은 생활을 편리하게 해 주었지만, 생태계 파괴와 같은 (방해 / 폐해)도 가져왔다.

✓ 맞힌 개수는?　13개 중 _______개　　✓ 다시 확인할 어휘는?

정답과 해설 · 28쪽

[01-04] 다음 뜻에 해당하는 어휘를 주어진 초성을 참고하여 쓰시오.

01 자기 의견 또는 자기 소속 정당의 주장을 선전하며 돌아다님. → ㅇ ㅅ : __________

02 정치적·사회적·경제적으로 구분된 서로 대립되는 세력의 어느 한쪽 → ㅈ ㅇ : __________

03 이전부터 의논하여 오면서도 아직 해결되지 않은 채 남아 있는 문제나 의안 → ㅎ ㅇ : __________

04 사유 재산 제도를 폐지하고 생산 수단을 사회화하여 자본주의 제도의 사회적·경제적 모순을 극복한 사회 제도를 실현하려는 사상. 또는 그 운동 → ㅅ ㅎ ㅈ ㅇ : __________

[05-10] 다음 문장에 어울리는 어휘를 골라 ○표 하시오.

05 심판이 (공정 / 긍정)하지 않았다고 비난하는 사람들이 있었다.

06 보험 회사는 보험 계약 내용에 따라 보상금 지급을 (이행 / 발행)하였다.

07 히말라야 산 정상을 (극복 / 정복)하는 것이 그녀가 올해 세운 목표이다.

08 회원이 되면 시설을 할인된 가격으로 이용할 수 있는 (주권 / 특권)이 주어진다.

09 이제 우리 사회도 학력이나 (서열 / 나열)보다는 능력이 승진의 기준이 되어야 한다.

10 (소유자 / 유권자)는 여러 방면에서 후보들을 정확하게 파악하고 난 후에 투표를 해야 한다.

[11-13] 빈칸에 들어갈 어휘로 가장 알맞은 것은?

11 언론은 __________인 보도를 자제해야 한다.
① 구체적　　② 사실적　　③ 선동적　　④ 보편적　　⑤ 합리적

12 그 나라는 다음 올림픽 개최 후보지로 __________되고 있다.
① 평론　　② 반론　　③ 언론　　④ 변론　　⑤ 거론

13 러일 전쟁이 일어나자 우리나라는 국외 __________을 선언하며 전쟁에 휘말리지 않으려 하였다.
① 자립　　② 설립　　③ 대립　　④ 중립　　⑤ 수립

✔ 맞힌 개수는?　13개 중 __________개　　✔ 다시 확인할 어휘는? __________

[01-04] 다음 뜻에 알맞은 어휘를 찾아 연결하시오.

01 살림을 살아 나갈 방법과 도리

02 물건이나 영역, 지위 따위를 차지하다.

03 전에 없던 것을 처음으로 생각하여 지어내거나 만들어 내다.

04 토지, 자원, 노동력 따위 생산의 여러 요소들이 투입된 양과 그것으로써 이루어진 생산물 산출량의 비율

- ㉠ 생계
- ㉡ 생산성
- ㉢ 점유하다
- ㉣ 창출하다

[05-10] 다음 빈칸에 들어갈 어휘를 〈보기〉에서 찾아 쓰시오.

> 보기
>
> 매매   보증   빈곤   손실   투자   활성화

05 농부들은 농산물을 헐값으로 ___________하지 말라고 호소한다.

06 청년들의 취업 ___________을/를 위한 방안이 마련되어야 한다.

07 제품 보증서는 해당 제품의 품질 ___________ 내용을 담고 있다.

08 오랜 장마로 농촌 지역은 경제적인 ___________을/를 입게 되었다.

09 대학교 입시 위주의 교육은 청소년들의 정서적 ___________을/를 불러온다.

10 사람들은 주식에 ___________하여 큰 이익을 본 그에게 비법을 전수받고 싶어 했다.

[11-13] 다음 문장에 어울리는 어휘를 골라 ○표 하시오.

11 우리 집은 (가계 / 가사)가 넉넉하지는 않아도 화목하다.

12 대부분의 주식은 하락세인데, 일부 종목의 주가만 (강세 / 강도)를 보인다.

13 경기가 침체되자 많은 기업들은 신규 채용 인원을 (감산 / 감축)하기로 하였다.

✓ 맞힌 개수는? 13개 중 _________개   ✓ 다시 확인할 어휘는?

DAY 06 어휘

[01-04] 주어진 뜻풀이를 참고하여 십자말풀이를 완성하시오.

01 ① 법률이나 명령 따위를 어김.

02 ② 법령이나 규범에 맞는. 또는 그런 것

03 ㉠ 조약, 법, 공문서 따위의 효력이 나타나다. 또는 그 효력을 나타내다.

04 ㉡ 법률이나 규칙 따위의 작용

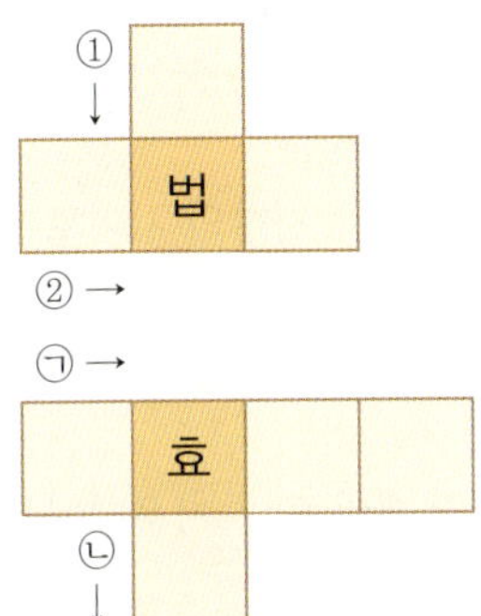

[05-10] 다음 빈칸에 들어갈 어휘를 〈보기〉에서 찾아 쓰시오.

> **보기**
>
> 개정   영리   조세   존속   준수   혐의

05 현장에서는 안전 수칙을 ___________ 해야 한다.

06 아직도 한반도에는 냉전의 상황이 ___________ 하고 있는 것이 현실이다.

07 새로운 지도자는 그동안 국민들을 힘들게 했던 악법을 ___________ 하였다.

08 어린 학생들도 독립 만세 운동에 가담했다는 ___________ (으)로 일본 경찰에게 잡혀갔다.

09 기업은 본래 ___________ 을/를 추구하지만, 자선 사업 등 사회에 기여하는 활동을 하기도 한다.

10 정부는 산불 피해를 입은 주민들에게 세금을 줄여 주는 ___________ 감면 혜택을 주기로 하였다.

[11-13] 다음 문장에 어울리는 어휘를 골라 ○표 하시오.

11 한쪽의 말만 듣고 그를 범인으로 단정하는 것은 (부당 / 정당)하다.

12 판사는 그의 범행을 (보증 / 입증)할 만한 증거가 없다며 무죄를 선언하였다.

13 우리 사회의 문제를 파악하고 해결책을 (모색 / 내색)하는 것이 무엇보다 시급한 일이다.

✔ **맞힌 개수는?**   13개 중 _______ 개   ✔ **다시 확인할 어휘는?** ___________

DAY 07 어휘

[01-04] 다음 뜻에 해당하는 어휘를 주어진 초성을 참고하여 쓰시오.

01 국제법에서, 국가의 통치권이 미치는 구역 → ㅇ ㅌ : __________

02 온도나 지형의 차이로 말미암아 일어나는 공기의 흐름 → ㄱ ㄹ : __________

03 알려지지 않은 사물이나 사실 따위를 샅샅이 더듬어 조사함. → ㅌ ㅅ : __________

04 세계의 해양 가운데에서 특히 넓은 해역을 차지하는 대규모의 바다 → ㄷ ㅇ : __________

[05-09] 다음 문장에 어울리는 어휘를 골라 ○표 하시오.

05 강변의 (산책로 / 습지)에는 철새들의 먹잇감이 풍부하다.

06 우리나라 (내륙 / 해안) 지역에는 산이 많이 분포하고 있다.

07 눈과 우박이 섞여 내리는 (궂은 / 심한) 날씨 속에 출발하였다.

08 세계에서 가장 높은 산은 (층고 / 해발) 8,848m인 에베레스트이다.

09 배를 타고 물살이 센 (급류 / 저수지)를 내려가는 스포츠가 유행하고 있다.

[10-14] 빈칸에 들어갈 어휘로 가장 알맞은 것은?

10 폭우로 인한 __________로 한강 댐의 수위가 높아지고 있다.
① 강수　　　② 냉수　　　③ 온수　　　④ 침수　　　⑤ 해수

11 빅뱅 이론은 우주가 __________ 과정을 설명해 주는 과학 이론이다.
① 구현된　　　② 생산된　　　③ 생성된　　　④ 인식된　　　⑤ 정리된

12 등산을 준비하면서 지도를 활용했더니 산의 __________에 조금 밝아졌다.
① 높이　　　② 섭리　　　③ 식물　　　④ 장점　　　⑤ 지형

13 그날 행사에서는 여러 대의 드론이 갑자기 __________ 모두를 놀라게 하였다.
① 반복되어　　　② 복합되어　　　③ 신설되어　　　④ 연출되어　　　⑤ 출현하여

14 얼마 전에 우리 마을에 산책하기 좋은 공원이 __________ 많은 사람이 몰렸다.
① 개척되어　　　② 공급되어　　　③ 인정되어　　　④ 조성되어　　　⑤ 종식되어

✓ **맞힌 개수는?** 　14개 중 __________개　　　✓ **다시 확인할 어휘는?**

DAY 08 어휘

[01-04] 다음 뜻에 해당하는 어휘에 V표 하시오.

01 치료하여 병을 낫게 함. → ☐ 치유 ☐ 쾌유

02 주기적으로 자꾸 되풀이하여 돎. → ☐ 선회 ☐ 순환

03 몸을 움직임. 또는 그런 짓이나 태도 → ☐ 거동 ☐ 미동

04 병을 앓을 때 나타나는 여러 가지 상태나 모양 → ☐ 감염 ☐ 증상

[05-09] 다음 빈칸에 들어갈 어휘를 〈보기〉에서 찾아 쓰시오.

> **보기**
> 염증   위생   이식   처방   후유증

05 교통사고의 ___________ 때문인지 온몸이 아팠다.

06 장기 ___________만이 그가 살 수 있는 유일한 길이다.

07 항생제를 사용하여 목 안에 생긴 ___________을/를 치료하였다.

08 의사의 ___________대로 운동과 식사 습관을 고쳐 나가기로 하였다.

09 집에 돌아오자마자 손을 깨끗이 씻어 ___________ 관리를 철저히 하자.

[10-14] 빈칸에 들어갈 어휘로 가장 알맞은 것은?

10 그는 오랫동안 굶어서 몸을 제대로 ___________ 못하였다.
① 품지   ② 가누지   ③ 대들지   ④ 달려들지   ⑤ 충돌하지

11 씻지 않은 손으로 만지면 상처 부위가 ___________ 수 있다.
① 덧날   ② 야윌   ③ 여윌   ④ 축날   ⑤ 덧붙을

12 손가락에 박힌 가시를 뽑지 않고 두었더니 손가락이 ___________ 버렸다.
① 곪아   ② 옮아   ③ 터져   ④ 부러져   ⑤ 사라져

13 건강 정보를 통해 자신이 ___________ 증상이 어떤 병인지 짐작해 볼 수 있다.
① 만드는   ② 비교하는   ③ 소유하는   ④ 자각하는   ⑤ 호소하는

14 다양한 채소에 들어 있는 영양분을 골고루 ___________ 것이 그의 건강한 식사 비결이다.
① 알아내는   ② 섭취하는   ③ 수용하는   ④ 인식하는   ⑤ 합성하는

✓ 맞힌 개수는? 14개 중 ___________개   ✓ 다시 확인할 어휘는? ___________

DAY 09 어휘

[01-04] 다음 뜻에 해당하는 어휘를 주어진 초성을 참고하여 쓰시오.

01 들인 노력과 얻은 결과의 비율 → ㅎ ㅇ : ___________

02 연구하여 새로운 안을 생각해 내다. → ㄱ ㅇ ㅎ ㄷ : ___________

03 시대사조, 학문, 유행 따위의 맨 앞장 → ㅊ ㄷ : ___________

04 묵은 풍속, 관습, 조직, 방법 따위를 완전히 바꾸어서 새롭게 함. → ㅎ ㅅ : ___________

[05-09] 다음 문장에 어울리는 어휘를 골라 ○표 하시오.

05 실제 건물을 측정해 보니 설계도와 (오차 / 오해)가 있었다.

06 이번 사건은 우리 사회에 커다란 (인식 / 파장)을 몰고 왔다.

07 길고양이는 본능적으로 위험을 (감지하고 / 계산하고) 달아났다.

08 모래사장 위에 자전거 여러 대가 지나간 (궤적 / 인적)이 남아 있었다.

09 여기서는 태양광 에너지를 (동력 / 수력)으로 이용해 공장을 운영하고 있다.

[10-14] 빈칸에 들어갈 어휘로 가장 알맞은 것은?

10 층간 소음 해결을 위한 방법을 ___________ 위하여 투표를 실시하였다.
① 감시하기   ② 도출하기   ③ 방지하기   ④ 투자하기   ⑤ 예고하기

11 이 방은 발전소의 각종 설비를 종합적으로 ___________ 있는 공간이다.
① 강조하고   ② 나열하고   ③ 방치하고   ④ 안전하고   ⑤ 제어하고

12 화학 시간에 수소와 산소가 일정한 비율로 ___________ 물이 된다는 것을 배웠다.
① 경쟁하면   ② 분석하면   ③ 연결하면   ④ 융합하면   ⑤ 활용하면

13 정부는 김장 물가의 안정을 위하여 비축해 둔 배추와 무 등을 시중에 ___________.
① 발송하였다   ② 방출하였다   ③ 소비하였다   ④ 거론하였다   ⑤ 확산하였다

14 정책에 반대하는 사람을 무조건 ___________ 하는 리더는 조직을 이끌어 나갈 수 없다.
① 강요하기만   ② 단정하기만   ③ 배제하기만   ④ 지속하기만   ⑤ 개정하기만

✔ 맞힌 개수는?   14개 중 ___________ 개   ✔ 다시 확인할 어휘는?   ___________

DAY 10 어휘

[01-04] 다음 뜻에 해당하는 어휘를 주어진 초성을 참고하여 쓰시오.

01 기교를 나타내는 방법 → ㄱ ㅂ : ___________

02 감각을 자극하는. 또는 그런 것 → ㄱ ㄱ ㅈ : ___________

03 삼차원의 공간적 부피를 가진 물체를 보는 것과 같은 느낌을 주는 → ㅇ ㅊ ㅈ : ___________

04 물체가 빛을 받을 때 빛의 파장에 따라 그 거죽에 나타나는 특유한 빛 → ㅅ ㅊ : ___________

[05-09] 다음 문장에 어울리는 어휘를 골라 ○표 하시오.

05 봄이 주는 활기찬 (생동감 / 이질감)을 즐기러 소풍을 갔다.

06 그는 개인전에서 (전시할 / 표시할) 그림과 사진들을 골랐다.

07 그림을 그릴 때 제일 먼저 해야 할 일은 (구도 / 구성) 잡기이다.

08 많은 사람을 만나고 나서야 사람을 보는 (경험 / 안목)이 생겼다.

09 드라마나 영화 속의 인물들은 (반복적 / 허구적)인데도 감동을 준다.

[10-14] 다음 빈칸에 들어갈 어휘를 〈보기〉에서 찾아 쓰시오.

보기
감상   관조   구상   열광   형상화

10 나이가 들면 자신이 살아온 삶을 ___________하는 능력이 생긴다고 한다.

11 우리나라 가수와 음악에 ___________하는 외국인들이 급속도로 늘고 있다.

12 그는 새로운 소설을 ___________하기 위해 역사 현장을 찾아 사료들을 모았다.

13 이 시는 일제 강점기 우리 민족이 겪은 수난을 압축적으로 ___________하고 있다.

14 내 취미는 주말에 미술관이나 박물관을 찾아 예술 작품을 ___________하는 것이다.

✔ 맞힌 개수는?　14개 중 ___________개　　✔ 다시 확인할 어휘는?

[01-03] 다음 뜻에 해당하는 어휘에 V표 하시오.

01 죽게 되었다가 다시 살아남. → ☐ 사생 ☐ 재생

02 천연적으로 풀이나 나무가 우거진 곳 → ☐ 녹지 ☐ 전지

03 산업이나 교통의 발달에 따라 사람이나 생물이 입게 되는 여러 가지 피해 → ☐ 공해 ☐ 산재

[04-08] 다음 문장에 어울리는 어휘를 골라 ○표 하시오.

04 우리 인류의 삶의 (터전 / 행성)인 지구를 보호하자.

05 공장에서 내뿜는 매연으로 대기 (감염 / 오염)이 매우 심각하다.

06 이번 태풍은 (급류 / 해일) 발생을 동반하여 해안 마을이 물에 잠겼다.

07 봄을 맞아 사용하지 않는 옷과 신발을 (지속하기로 / 폐기하기로) 하였다.

08 (생태계 / 태양계)가 파괴되는 것은 자연을 함부로 대하는 인간 때문이다.

[09-13] 빈칸에 들어갈 어휘로 가장 알맞은 것은?

09 대화를 원활하게 하기 위해 말하는 방식을 ___________로 하였다.
① 개선하기 ② 개척하기 ③ 참견하기 ④ 상상하기 ⑤ 남용하기

10 공부할 때 졸음과 집중력 감소를 ___________ 방법을 찾아보았다.
① 단절하는 ② 방지하는 ③ 보장하는 ④ 유지하는 ⑤ 포기하는

11 그들은 건물 곳곳을 다니면서 ___________ 곳을 살펴보고 있었다.
① 고민할 ② 반성할 ③ 보수할 ④ 인지할 ⑤ 표현할

12 그는 돈을 받고 비밀 정보를 언론에 ___________ 것으로 밝혀졌다.
① 경고한 ② 유출한 ③ 인정한 ④ 주장한 ⑤ 처리한

13 설명서를 보면서 탁상시계를 ___________ 후 부품을 잘 모아 두었다.
① 분류한 ② 분석한 ③ 분해한 ④ 제시한 ⑤ 해결한

✓ 맞힌 개수는? 13개 중 _________ 개   ✓ 다시 확인할 어휘는?

DAY 12 어휘

[01-04] 다음 뜻에 해당하는 어휘를 주어진 초성을 참고하여 쓰시오.

01 일정한 모양이나 형식 　→　ㅇ ㅅ : __________

02 보통의 것과 색다른 성질을 지닌 것 　→　ㅇ ㅅ ㅈ : __________

03 생활이나 행동 또는 목적 따위를 같이하는 집단 　→　ㄱ ㄷ ㅊ : __________

04 뛰어난 업적이나 바람직한 정신, 위대한 사람 따위를 칭찬하고 기억하다. 　→　ㄱ ㄹ ㄷ : __________

[05-09] 다음 문장에 어울리는 어휘를 골라 ○표 하시오.

05 커피는 우리나라 사람들의 대표적인 (기호 / 취미) 식품이다.

06 그들은 수련회 장소를 미리 (답사하기 / 인식하기) 위해 출발하였다.

07 명절이나 휴가철 (계절 / 대목)에는 전반적으로 상품이 많이 팔린다.

08 이 그림에는 조선 시대 선비들이 (날씨 / 풍류)를 즐기는 모습이 담겨 있다.

09 기후 위기를 극복하고 환경을 (강화하는 / 보존하는) 일에 온 힘을 다해야 한다.

[10-14] 밑줄 친 어휘의 뜻풀이가 적절하도록 알맞은 어휘를 찾아 ○표 하시오.

10 다른 나라 사람들과 <u>교류하는</u> 것은 시각을 넓히는 데 도움이 된다.
　→ 문화나 사상 따위를 서로 (통하게 / 연구하게) 하는

11 왕릉에 묻혀 있는 유물을 <u>도굴하는</u> 일이 심심치 않게 일어나고 있다.
　→ 법적 수속이나 관리자의 승낙을 (받고 / 받지 않고) 고분 따위를 파거나 광물을 캐내는

12 학원 수업 시간을 평일에서 주말로 <u>전환한</u> 후 휴식 시간이 더 줄었다.
　→ (다른 / 유사한) 방향이나 상태로 바꾼

13 점점 많은 외국인들이 우리 민족의 <u>고유한</u> 문화에 관심을 보이고 있다.
　→ 본래부터 가지고 있어 (특유한 / 평범한)

14 민요는 우리 민족의 삶과 정서를 함축하고 있는 훌륭한 문화 <u>유산</u>이다.
　→ 앞 세대가 (간직한 / 물려준) 사물 또는 문화

✔ **맞힌 개수는?** 14개 중 __________ 개　　✔ **다시 확인할 어휘는?** __________

정답과 해설 · 29쪽

[01-04] 다음 뜻에 해당하는 어휘를 주어진 초성을 참고하여 쓰시오.

01 둘레의 가 부분 → ㅇ ㅈ ㄹ : __________

02 세상에 있는 모든 것 → ㅁ ㅁ : __________

03 어떤 사물을 사랑하고 좋아하는 사람 → ㅇ ㅎ ㄱ : __________

04 신선한 과일과 채소를 통틀어 이르는 말 → ㅊ ㄱ ㅁ : __________

[05-09] 다음 문장에 어울리는 어휘를 골라 ○표 하시오.

05 바다 위로 해가 떠오르면서 (수평선 / 지평선)이 붉게 물들었다.

06 잠결에 뒷목을 긁었더니 작은 (세포 / 생채기)가 생기고 말았다.

07 오랜 시간 무릎을 구부리고 앉아 있었더니 (오금 / 까치발)이 저렸다.

08 폭염이 계속되면서 대부분의 농촌에서는 가뭄 때문에 (난리 / 위기)가 났다.

09 엄마가 집을 비운 사이 쌍둥이 형제가 집 안을 (꽃밭 / 쑥대밭)으로 만들어 버렸다.

[10-14] 빈칸에 들어갈 어휘로 가장 알맞은 것은?

10 며칠 동안 내린 폭우로 수재를 입은 사람들이 결국 __________에 나섰다.

① 산책 ② 여행 ③ 피난 ④ 피란 ⑤ 나들이

11 감동적인 사연을 담은 다큐멘터리를 보고 많은 사람들이 __________을 적셨다.

① 눈 ② 눈썹 ③ 눈꺼풀 ④ 눈망울 ⑤ 눈시울

12 주말에 수확이 끝난 참외밭에서 뒤엉킨 __________을/를 걷어 내는 일을 돕기로 했다.

① 흙 ② 덩굴 ③ 곁가지 ④ 그루터기 ⑤ 나뭇가지

13 피아니스트의 열정 가득한 연주가 끝나자 관객들이 __________와/과 같은 박수를 보냈다.

① 구름 ② 분수 ③ 우레 ④ 가랑비 ⑤ 무지개

14 이 회사에서는 제품을 생산한 다음 __________이/가 포함되지 않았는지 반드시 확인한다고 한다.

① 가격 ② 물질 ③ 재료 ④ 포장 ⑤ 이물질

✓ 맞힌 개수는? 14개 중 __________ 개   ✓ 다시 확인할 어휘는? __________

DAY 14 어휘

[01-04] 다음 뜻에 해당하는 어휘를 주어진 초성을 참고하여 쓰시오.

01 지금 바로 → ㄱ ㅅ : ___________

02 텅 빈 공중 → ㅎ ㄱ : ___________

03 모레의 다음 날 → ㄱ ㅍ : ___________

04 문서나 책 따위를 얹어 두거나 꽂아 두도록 만든 선반 → ㅅ ㄱ : ___________

[05-09] 다음 밑줄 친 말을 하나의 어휘로 바꿔 쓰시오.

05 그는 해가 지기 시작하는 조금 어둑한 때에 돌아왔다. → ☐ ☐ ☐

06 물살이 세게 흐르는 곳은 항상 조심해서 지나야 한다. → ☐ ☐

07 수확기를 맞은 농촌 사람들이 해가 질 때까지 열심히 일하고 있다. → ☐ ☐

08 금요일이 휴일이라 토요일과 일요일까지 세 날을 쉴 수 있게 되었다. → ☐ ☐

09 축구를 하고 나서 숨 돌릴 시간적 여유도 없이 급히 학원에 가야 했다. → ☐ ☐

[10-14] 빈칸에 들어갈 어휘로 가장 알맞은 것은?

10 바다 쪽으로 뾰족하게 뻗은 육지를 ___________이라고 부른다.
① 곧　　② 골　　③ 곱　　④ 곳　　⑤ 곶

11 할머니의 입원 소식을 외국에 있던 고모만 ___________ 모르신다.
① 그때　　② 이때　　③ 입때　　④ 제때　　⑤ 한때

12 가을에서 겨울로 바뀌는 ___________에는 피부가 건조해지기 쉽다.
① 사계절　　② 장마철　　③ 한겨울　　④ 한여름　　⑤ 환절기

13 열대야가 시작되면 한강 ___________에서 무더위를 식히는 사람들이 많아진다.
① 급류　　② 합류　　③ 둔치　　④ 둥지　　⑤ 경치

14 그 방송에 소개된 음식점은 다음 건물 ___________를 돌아가면 찾을 수 있다고 한다.
① 도로　　② 모퉁이　　③ 인도　　④ 장소　　⑤ 지도

✓ 맞힌 개수는?　14개 중 ___________개　　✓ 다시 확인할 어휘는? ___________

DAY 15 어휘

[01-04] 다음 뜻에 해당하는 어휘에 V표 하시오.

01 속이 상할 정도로 어려움을 겪다. → ☐ 애먹다　☐ 여의다

02 얼굴에 핏기나 생기가 없어 파리하다. → ☐ 열없다　☐ 해쓱하다

03 흥미 있는 일이 없어 심심하고 지루하다. → ☐ 갑갑하다　☐ 무료하다

04 거리낌이나 불만이 없어 마음이 흡족하다. → ☐ 달갑다　☐ 생소하다

[05 - 09] 다음 문장에 어울리는 어휘를 골라 ○표 하시오.

05 제자의 체조 실력이 크게 늘어 스승에 (버거웠다 / 버금갔다).

06 노인들은 삶을 돌아보며 (끝없는 / 덧없는) 세월이 야속하다고 한다.

07 은지는 나를 도와준 일을 (대수롭지 / 특수하지) 않게 생각하고 있었다.

08 제주도 주민들의 방언을 처음 들었을 때 (생소하게 / 생생하게) 느껴졌다.

09 그는 떠드는 아이들 틈에서 (우쭐거리지 / 아랑곳하지) 않고 공부에 열중했다.

[10 - 14] 빈칸에 들어갈 어휘로 가장 알맞은 것은?

10 시력이 떨어져서 칠판을 보면 글씨가 ___________ 보이지 않는다.
① 간편하게　② 다양하게　③ 명료하게　④ 산뜻하게　⑤ 편리하게

11 전염병이 널리 퍼지자 사람들 인심이 ___________ 변하고 말았다.
① 각박하게　② 막막하게　③ 부드럽게　④ 은은하게　⑤ 초라하게

12 우리 마을 사람들은 서로서로 돕고 살면서 ___________ 굴지 않는다.
① 감사하게　② 소박하게　③ 소탈하게　④ 야멸차게　⑤ 만만하게

13 우리 삼 남매는 얼마 전에 부모님을 ___________ 고아가 된 슬픔에 빠졌다.
① 뵙고　② 떠나고　③ 모시고　④ 여의고　⑤ 인식하고

14 발표 수업을 할 때 아이들 앞에서 말실수를 한 것이 ___________ 느껴졌다.
① 선하게　② 신나게　③ 열없게　④ 외롭게　⑤ 의롭게

✔ 맞힌 개수는?　14개 중 ________ 개　　✔ 다시 확인할 어휘는?

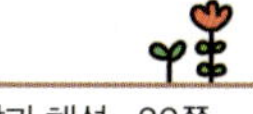

[01-04] 다음 뜻에 해당하는 어휘를 주어진 초성을 참고하여 쓰시오.

01 욕심이 없고 마음이 깨끗하다.　　　　　　　→ ㄷ ㅂ ㅎ ㄷ : ___________

02 성질이나 행동이 검질기게 끈기가 있다.　　→ ㅈ ㄷ ㅎ ㄷ : ___________

03 어떤 어려운 일이라도 해내려는 굳센 기상이나 정신　→ ㅍ ㄱ : ___________

04 겉으로 드러내지 아니하고 마음속으로만 생각하는 것　→ ㄴ ㅅ ㅈ : ___________

[05 - 09] 다음 문장에 어울리는 어휘를 골라 ○표 하시오.

05 실없이 (객쩍은 / 중요한) 소리 그만하고 시킨 일이나 해라.

06 현대 사회는 이웃 간의 교류가 없어 (박절한 / 애절한) 느낌이 든다.

07 그는 하는 일마다 제대로 처리하지 못하는 (미욱한 / 신중한) 사람이었다.

08 그 사기꾼은 말을 정확하게 하지 않고 (느물거리기 / 희번덕거리기) 일쑤였다.

09 그는 체구는 작지만 (경박한 / 웅숭깊은) 태도를 지녀 많은 사람의 존경을 받았다.

[10 - 14] 다음 뜻에 알맞은 어휘를 빈칸에 넣어 문장을 완성하시오.

10 그는 매사에 긍정적이고 ___________ 성격을 갖고 있다.　　→ ☐☐ 적인
세상과 인생을 즐겁고 좋은 것으로 여기는

11 젊어서는 ___________ 성격도 나이 들면서 원만해졌다.　　→ ☐☐ 하던
붙임성이 없이 까다롭고 별나던

12 동물원에 갔다가 넓은 풀밭에서 여유롭게 ___________ 기린들을 보았다.　→ ☐☐ 거리는
이리저리 천천히 걷는

13 김 선생님은 ___________ 자세로 우리의 고민을 잘 들어 주시는 고마운 분이다.　→ ☐☐ 하는
귀를 기울여 듣는

14 그는 집 밖을 잘 나오지 않다 보니 세상 소식에 어두운 ___________ 태도를 갖게 되었다.　→ ☐☐ 한
세상 물정에 어둡고 완고한

✓ 맞힌 개수는?　14개 중 ___________ 개　　✓ 다시 확인할 어휘는?　___________

DAY 17 어휘

[01-04] 다음 뜻에 해당하는 어휘를 주어진 초성을 참고하여 쓰시오.

01 제게 딸린 것을 잘 보살피고 돌보다. → ㄱ ㅅ ㅎ ㄷ : __________

02 어떤 욕구나 감정 또는 기운이 일어나다. → ㄷ ㅎ ㄷ : __________

03 성미가 억척스럽고 굳세어 좀처럼 굽히려고 하지 않다. → ㄱ ㅅ ㅂ ㄹ ㄷ : __________

04 일이 돌아가는 상황이나 흐름과 반대되거나 어긋나는 태도를 취하다. → ㄱ ㅅ ㄹ ㄷ : __________

[05-09] 다음 문장에 어울리는 어휘를 골라 ○표 하시오.

05 우리는 학교를 (다하고 / 파하고) 나서 놀 거리를 찾아다녔다.

06 농부의 봄은 겨우내 얼었던 밭을 (묻는 / 일구는) 일로 시작된다.

07 그는 어려서는 말썽과 온갖 (너스레 / 저지레)를 치는 사람이었다.

08 할머니는 화가 난 사람의 기분을 (눙쳐 / 망쳐) 풀어 주는 솜씨가 좋았다.

09 갑자기 친척들이 온다고 하여 모두가 (울렁거리며 / 종종거리며) 청소를 했다.

[10-14] 빈칸에 들어갈 어휘로 가장 알맞은 것은?

10 연설자의 강한 어조가 마치 맹수가 __________ 것처럼 느껴졌다.
　① 노래하는　② 달려가는　③ 숨죽이는　④ 쏘아보는　⑤ 포효하는

11 명절이라 길이 많이 막히니 __________ 수 있는 다른 길을 알아보자.
　① 경험할　② 드나들　③ 신청할　④ 우회할　⑤ 포함할

12 봄철 꽃가루는 누군가에게 알레르기를 __________ 물질로 알려져 있다.
　① 미치는　② 보내는　③ 지니는　④ 유발하는　⑤ 합성하는

13 친구와의 갈등을 빠르게 __________ 것이 좋은 관계를 유지하는 방법이다.
　① 경고하는　② 돌아보는　③ 망각하는　④ 인식하는　⑤ 해소하는

14 환경 문제가 심각하다는 그의 말이 맞다고 하면서 __________ 사람들이 많았다.
　① 동조하는　② 무시하는　③ 비판하는　④ 의심하는　⑤ 탄식하는

✔ 맞힌 개수는? 14개 중 __________ 개　　✔ 다시 확인할 어휘는? __________

DAY 18 어휘

[01-04] 다음 뜻에 해당하는 어휘에 V표 하시오.

01 겨를이 있을 때마다 → ☐ 낱낱이 ☐ 틈틈이

02 갑작스럽고도 엉뚱하게 → ☐ 뜬금없이 ☐ 속절없이

03 아주 몹시. 지긋지긋하게 → ☐ 지지리 ☐ 절절이

04 일의 결과가 다른 데로 돌아가 억울하게 느껴지는 → ☐ 애먼 ☐ 새삼

[05-09] 다음 문장에 어울리는 어휘를 골라 ○표 하시오.

05 접시가 깨진 것은 (단지 / 단연코) 제 잘못이 아닙니다.

06 시험이 끝나고 나면 (든든히 / 홀연히) 여행을 떠나고 싶다.

07 중요한 발표 수업이 앞당겨져서 (모쪼록 / 부득불) 약속을 취소했다.

08 그는 오랫동안 (부단히 / 한꺼번에) 절약한 덕분에 여유 있는 삶을 살게 되었다.

09 백화점 문을 열자마자 물건을 사려고 문밖에서 기다리던 사람들이 (거침없이 / 부질없이) 밀려들었다.

[10-14] 다음 빈칸에 들어갈 어휘를 〈보기〉에서 찾아 쓰시오.

> **보기**
> 대개　　　새삼　　　짐짓　　　반드시　　　여지없이

10 사람들은 ___________ 자신과 성격이 비슷한 사람을 좋아한다.
　　　　　대부분

11 강변에서 밤늦게까지 앉아 있었더니 ___________ 모기에 물리고 말았다.
　　　　　더 어찌할 나위가 없을 만큼 가차 없이

12 나는 친구가 설명하는 그 영화를 먼저 보았지만 ___________ 안 본 척했다.
　　　　　마음으로는 그렇지 않으나 일부러 그렇게

13 외국의 큰 도시에 가면 ___________ 박물관을 찾아가 보는 것을 추천하겠다.
　　　　　틀림없이 꼭

14 우연히 오래된 장난감을 찾고 보니 ___________ 어린 시절의 추억이 생생해졌다.
　　　　　이전의 느낌이나 감정이 다시금 새롭게

✔ 맞힌 개수는?　14개 중 ________ 개　　　✔ 다시 확인할 어휘는?　____________

정답과 해설 · 30쪽

[01-04] 다음 설명을 읽고 알맞은 어휘를 찾아 연결하시오.

01 시에 쓰인 말에서 느껴지는 가락

02 시어에 의해 마음속에 떠오르는 구체적이고 선명한 영상이나 감각적 인상

03 나타내려는 개념이나 사상 등을 구체적인 사물이나 감각적인 말을 사용하여 표현하는 방법

04 어떤 현상이나 사물을 직접 설명하지 아니하고 다른 비슷한 현상이나 사물에 빗대어 표현하는 방법

· ㉠ 비유

· ㉡ 상징

· ㉢ 심상

· ㉣ 운율

[05-08] 다음에 사용된 표현 방법을 〈보기〉에서 찾아 그 기호를 쓰시오.

보기

㉠ 반어법　　㉡ 역설법　　㉢ 은유법　　㉣ 직유법

05 소리 없는 아우성　　　　　　　　　　　(　　　)

06 나는 나룻배, / 당신은 행인　　　　　　(　　　)

07 아아, 늬는 산(山)새처럼 날아갔구나　　(　　　)

08 먼 훗날 당신이 찾으시면 / 그때에 내 말이 '잊었노라'　　(　　　)

[09-12] 다음 설명에 해당하는 어휘를 주어진 초성을 참고하여 쓰시오.

09 시 속에 등장하여 말하고 있는 사람　　→ ㅅ ㅈ ㅎ ㅈ : ＿＿＿＿＿＿

10 무생물을 생물인 것처럼 표현하는 방법　　→ ㅎ ㅇ ㅂ : ＿＿＿＿＿＿

11 사물의 한 부분이나 특징 등을 들어 그 자체나 전체를 나타내는 방법　　→ ㄷ ㅇ ㅂ : ＿＿＿＿＿＿

12 사람이 아닌 것을 마치 사람이 느끼거나 행동하는 것처럼 표현하는 방법　　→ ㅇ ㅇ ㅂ : ＿＿＿＿＿＿

✔ 맞힌 개수는?　12개 중 ＿＿＿＿＿개　　　✔ 다시 확인할 어휘는?

DAY 20 어휘

[01-04] 다음 설명에 해당하는 어휘를 〈보기〉에서 찾아 그 기호를 쓰시오.

> 보기
> ㉠ 갈등　　㉡ 배경　　㉢ 사건　　㉣ 인물

01 소설에서 인물들이 생활하고 행동하는 때와 장소　　（　　　）

02 작품에 등장하는 사람 및 그 사람의 역할과 개성을 아울러 이르는 말　　（　　　）

03 소설에서 인물들이 칡덩굴과 등나무 덩굴처럼 복잡하게 얽혀 대립하는 것　　（　　　）

04 작품 속에서 인물의 말과 행동이나 서술자의 서술에 의해 구체화되는 온갖 일　　（　　　）

[05-08] 다음 설명에 해당하는 인물의 유형을 주어진 초성을 참고하여 쓰시오.

05 어떤 집단이나 계층을 대표하는 인물　　→ ㅈ ㅎ : ＿＿＿＿＿＿ 적 인물

06 작품 속에서 성격이 변하거나 발전하는 인물　　→ ㅇ ㅊ : ＿＿＿＿＿＿ 적 인물

07 작품 속에서 처음부터 끝까지 성격이 변하지 않는 인물　　→ ㅍ ㅁ : ＿＿＿＿＿＿ 적 인물

08 특정한 집단이나 계층의 보편적 성격을 지니지 않는 인물　　→ ㄱ ㅅ : ＿＿＿＿＿＿ 적 인물

[09-12] 다음 문장의 빈칸에 들어갈 알맞은 어휘를 쓰시오.

09 ☐☐는 글쓴이의 문장에 드러나는 작가의 개성이나 문장의 개성적 특징을 가리키는 말로, 간결체, 만연체, 우유체, 강건체, 화려체, 건조체 등이 있다.

10 ☐☐☐☐는 소설 속에서 이야기가 구성되는 차례를 나타내는 말로, 소설의 이야기는 일반적으로 '발단-전개-위기-절정-결말'의 순서로 전개된다.

11 ☐☐☐☐은 서술자가 소설 속에 등장하지 않고 소설 밖에서 서술하는 시점을 가리키는 말로, 서술자가 관여하는 정도에 따라 작가 관찰자 시점과 전지적 작가 시점으로 나뉜다.

12 ☐☐☐☐은 작중 인물인 '나'가 이야기의 전달자로 등장하여 이야기를 서술하는 시점을 가리키는 말로, 서술자가 주인공이냐 아니냐에 따라 주인공 시점과 관찰자 시점으로 나뉜다.

✔ 맞힌 개수는?　12개 중 ＿＿＿＿＿＿개　　✔ 다시 확인할 어휘는?

DAY 21 어휘

[01-04] 다음 말 상자에서 주어진 설명에 해당하는 어휘를 찾아 쓰시오.

01 둘 이상의 대상의 차이점을 중심으로 서술하는 방식 →

02 어떤 말이나 사물의 뜻을 명백히 밝혀 규정하는 서술 방식 →

03 복잡하게 이루어진 하나의 대상을 세부 요소로 나누어 서술하는 방식 →

04 둘 이상의 대상에 대하여 공통점이나 유사점을 중심으로 서술하는 방식 →

시	인	과	분
예	정	의	석
대	면	서	교
설	조	비	사

[05-08] 다음 문장의 빈칸에 들어갈 알맞은 어휘를 〈보기〉에서 찾아 쓰시오.

보기

과정	분류	예시	인과

05 어떤 사실이나 현상에 대해 구체적인 예를 들어 설명하는 방식을 (　　　　)(이)라고 한다. 이것은 추상적이거나 모호한 개념을 구체적으로 설명할 때 효과적인 방식이다.

06 일이 되어 가는 경로를 밝히는 전개 방식을 (　　　　)(이)라고 한다. 어떤 일의 순서를 차근차근 설명할 때 효과적인 방식으로, 주로 가전제품의 설명서에 많이 사용되는 서술 방식이다.

07 어떤 결과를 가져오게 한 원인을 분석하거나 어떤 원인에 의해 결과적으로 일어난 일을 분석하여 설명하는 방법을 (　　　　)(이)라고 한다. 사건의 논리성을 강화시키기에 효과적인 서술 방식이다.

08 어떤 대상을 일정한 기준에 따라 종류별로 묶어 서술하는 방식을 (　　　　)(이)라고 한다. 예를 들어, 음식의 종류를 조리 방법에 따라 탕, 찜, 조림, 튀김 등으로 묶어서 설명할 때 이 방식을 사용하면 효과적이다.

09 다음은 '글쓰기의 과정'을 나열해 놓은 것이다. 순서에 맞게 기호를 쓰시오.

> ㉠ 계획하기: 글을 쓰는 목적, 예상 독자, 주제 등을 설정함.
> ㉡ 내용 표현하기: 조직한 내용을 바탕으로 실제로 글을 씀.
> ㉢ 내용 생성하기: 주제에 맞게 내용을 구상하고, 필요한 자료나 글감을 모아 내용을 생성함.
> ㉣ 고쳐쓰기: 일차적으로 완성된 글인 초고를 좀더 완결된 글로 만들기 위해 내용을 수정·보완함.
> ㉤ 내용 조직하기: 수집한 글감을 글의 주제와 목적에 맞게 배치하고, 개요 작성을 통해 설계도를 완성함.

(　　　→　　　→　　　→　　　→　　　)

10 다음 설명에 해당하는 어휘를 주어진 초성을 참고하여 쓰시오.

→ 효과적인 전개를 위해 글의 순서를 새롭게 구성하는 일을 'ㅈ ㄱ ㅅ 의 원리'라고 한다.

→ ________________

✔ 맞힌 개수는?　10개 중 ______ 개　　✔ 다시 확인할 어휘는?

DAY 22 어휘

[01-05] 다음 설명에 알맞은 어휘를 찾아 연결하시오.

01 문장에서 서술어의 기능을 하는 동사, 형용사를 통틀어 이르는 말

02 문장에서 몸체의 역할을 하는 명사, 대명사, 수사를 통틀어 이르는 말

03 뒤에 오는 말을 수식하거나 한정하기 위하여 첨가하는 관형사와 부사를 통틀어 이르는 말

04 체언 뒤에 결합해서 다른 말과의 문법적 관계를 나타내거나, 특별한 뜻을 더해 주는 말(= 조사)

05 문장에서 다른 성분에 얽매이지 않고 독립적으로 사용되는 단어로 주로 놀람, 느낌, 부름이나 대답을 나타내는 말(= 감탄사)

- ㉠ 용언
- ㉡ 체언
- ㉢ 관계언
- ㉣ 독립언
- ㉤ 수식언

[06-07] 주어진 뜻풀이를 참고하여 십자말풀이를 완성하시오.

06 ㉠ 문장을 구성하고 있는 각각의 마디. 문장 성분의 최소 단위로서 띄어쓰기의 단위가 된다.

07 ㉡ 단어에서 실질적 의미를 나타내는 중심이 되는 부분

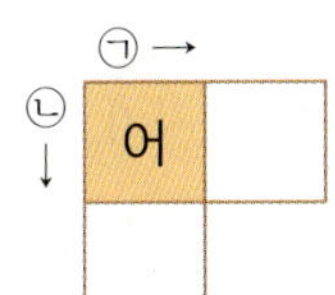

[08-10] 다음 뜻에 해당하는 어휘를 주어진 초성을 참고하여 쓰시오.

08 단어를 형태, 기능, 의미에 따라 나눈 갈래 → ㅍ ㅅ : __________

09 동사나 형용사와 같은 용언이 문법 기능에 따라 여러 가지 모양으로 바뀌는 것 → ㅎ ㅇ : __________

10 단독으로 쓰이지 아니하고 항상 다른 어근이나 단어에 붙어 새로운 단어를 구성하는 부분 → ㅈ ㅅ : __________

✔ 맞힌 개수는? 10개 중 __________ 개   ✔ 다시 확인할 어휘는? __________

DAY 23 어휘

[01-03] 다음 한자 성어의 뜻을 찾아 바르게 연결하시오.

01 감언이설 •

02 다다익선 •

03 사필귀정 •

• ㉠ 많으면 많을수록 더욱 좋음.

• ㉡ 모든 일은 반드시 바른길로 돌아감.

• ㉢ 귀가 솔깃하도록 남의 비위를 맞추거나 이로운 조건을 내세워 꾀는 말

[04-07] 다음 빈칸에 들어갈 한자 성어를 〈보기〉에서 찾아 쓰시오.

> **보기**
>
> 수불석권   안하무인   전전반측   주마간산

04 엄마가 아끼는 접시를 깼다는 사실을 들킬까 봐 나는 밤새 ___________하였다.

05 그는 자투리 시간까지 ___________하며 노력한 끝에 한국사능력검정 시험에 통과했다.

06 시험 전날 벼락치기 공부를 하느라 교과서를 ___________으로 훑어보았더니, 시험 성적이 엉망으로 나왔다.

07 아무리 빼어난 외모와 실력을 겸비하고 있더라도 ___________의 태도로 일관하면 타인의 지지를 받을 수 없다.

[08-11] 다음 뜻에 해당하는 한자 성어를 주어진 초성을 참고하여 쓰시오.

08 처지를 바꾸어서 생각하여 봄.   → ㅇ ㅈ ㅅ ㅈ : ___________

09 자기 논에 물 대기라는 뜻으로, 자기에게만 이롭게 되도록 생각하거나 행동함을 이르는 말
→ ㅇ ㅈ ㅇ ㅅ : ___________

10 달면 삼키고 쓰면 뱉는다는 뜻으로, 자신의 비위에 따라서 사리의 옳고 그름을 판단함을 이르는 말
→ ㄱ ㅌ ㄱ ㅌ : ___________

11 아침저녁으로 뜯어고친다는 뜻으로, 계획이나 결정 따위를 일관성이 없이 자주 고침을 이르는 말
→ ㅈ ㅂ ㅅ ㄱ : ___________

[12-14] 다음 문장에 어울리는 한자 성어를 골라 ○표 하시오.

12 손가락을 조금 삐었을 뿐인데 네가 (견강부회 / 침소봉대)하는 바람에 모두에게 걱정을 끼쳤구나.

13 평소 그의 사정을 잘 봐 주었는데, 그가 내 부탁을 거절하자 (배은망덕 / 결초보은)하다는 생각이 들었다.

14 열린 금고 사이로 빼곡이 쌓인 지폐들을 보자 민국이는 (견물생심 / 언감생심)이 생기며 가슴이 콩닥거렸다.

✓ **맞힌 개수는?** 14개 중 ___________개   ✓ **다시 확인할 어휘는?** ___________

DAY 24 어휘

[01 - 04] 다음 뜻에 해당하는 한자 성어를 주어진 초성을 참고하여 쓰시오.

01 하는 일 없이 놀고먹음.　　　　　　　　　　　→ ㅁ ㅇ ㄷ ㅅ : ___________

02 제자나 후배가 스승이나 선배보다 나음.　　　→ ㅊ ㅊ ㅇ ㄹ : ___________

03 옛것을 익히고 그것을 미루어서 새것을 앎.　→ ㅇ ㄱ ㅈ ㅅ : ___________

04 잘못된 점을 고치려다가 그 방법이나 정도가 지나쳐 오히려 일을 그르침. → ㄱ ㄱ ㅅ ㅇ : ___________

[05 - 08] 다음 빈칸에 들어갈 한자 성어를 〈보기〉에서 찾아 쓰시오.

> **보기**
>
> 각고면려　　　수주대토　　　절차탁마　　　학수고대

05 우리는 여름 방학이 오기만을 ___________하였다.

06 내 이름을 내걸고 드디어 작은 가게를 열게 된 것은 ___________의 결과이다.

07 우연히 복권에 당첨된 이후, 매일 복권 사는 데에 열을 올리는 그의 모습은 ___________와 같다.

08 그는 한결같이 ___________하여 수많은 논문을 발표하였고, 인품까지 훌륭해서 모두의 존경을 받는다.

[09 - 12] 다음 밑줄 친 한자 성어의 뜻을 〈보기〉에서 찾아 그 기호를 쓰시오.

> **보기**
>
> ㉠ 많은 사람 가운데서 뛰어난 인물을 이르는 말
> ㉡ 지난날의 잘못이나 허물을 고쳐 올바르고 착하게 됨.
> ㉢ 도저히 불가능한 일을 굳이 하려 함을 비유적으로 이르는 말
> ㉣ 그 움직임을 쉽게 알 수 없을 만큼 자유자재로 나타나고 사라짐을 비유적으로 이르는 말

09 희대의 사기꾼이던 그는 개과천선하여 특수 범죄 수사팀에서 일하게 되었다.　　　　（　　　）

10 학창 시절부터 군계일학으로 이름을 날리던 그는 마침내 국제기구 대표에 임명되었다.　（　　　）

11 황금 연휴가 바로 코앞인데 이제 와서 항공기 표를 예매하려는 것은 연목구어나 다름없다.　（　　　）

12 외향적이고 사람들과 어울리기를 좋아하는 그녀는 여러 모임에 신출귀몰하게 얼굴을 드러냈다.　（　　　）

[13 - 15] 다음 문장에 어울리는 한자 성어를 골라 ○표 하시오.

13 그는 워낙 순발력이 좋고 교활하여 (속수무책 / 임기응변)에 능통하다.

14 90대 노모를 모시는 70대 노인의 (반신반의 / 반포지효)가 훈훈한 미담으로 전해졌다.

15 이 분야에 있어서만큼은 자기만한 전문가가 없다는 그의 말은 (허장성세 / 허송세월)임이 밝혀졌다.

✔ **맞힌 개수는?**　15개 중 ___________개　　　✔ **다시 확인할 어휘는?**　___________

똑똑 중학 국어 어휘

기본편

1

정답과 해설

똑똑 중학 국어 어휘

정답과 해설

DAY 01 철학·윤리와 관련된 말

어휘 확인하기

본문 · 012~013쪽

01 윤리　02 구현　03 타당성　04 전형적　05 인식
06 통념　07 개념　08 반증　09 필연적　10 섭리
11 일관성　12 만물　13 주의　14 부류　15 체계화
16 ①

01 '사람으로서 마땅히 행하거나 지켜야 할 도리'라는 뜻을 가진 어휘는 '윤리'이다. '특정 직업에 종사하는 사람들이 지켜야 하는 행동 규범'을 '직업 윤리'라고 한다.

02 '어떤 내용을 구체적인 사실로 나타나게 하다.'라는 뜻을 가진 어휘는 '구현하다'이다.

03 '사물의 이치에 맞는 옳은 성질'이라는 뜻을 가진 어휘는 '타당성'이다.

04 '어떤 부류의 특징을 가장 잘 나타내는. 또는 그런 것'이라는 뜻을 가진 어휘는 '전형적'이다. '조선 시대의 전형적인 양반 사회'라는 말은 '조선 시대 양반 사회의 대표적인 특징이 잘 드러나 있음.'을 뜻한다.

05 '사물을 분별하고 판단하여 앎.'이라는 뜻을 지닌 어휘는 '인식'이다. 플라스틱 제품의 소비가 환경에 악영향을 미친다는 사실에 대한 앎이 부족하다는 내용이므로 '인식'이 알맞다.

06 '일반적으로 널리 통하는 개념'이라는 뜻을 가진 어휘는 '통념'이다. 코로나 19로 인해 '공부는 학교에 모여서 하는 것'이라는 일반적인 생각이 바뀌었다는 내용이므로 '통념'이 알맞다.

07 '개념'은 '어떤 사물이나 현상에 대한 일반적인 지식'이라는 뜻을 지니고, '체념'은 '희망을 버리고 아주 단념함.'이라는 뜻을 지닌다. 사회의 급속한 변화에 따라 '가족'은 '주로 부부를 중심으로 한, 친족 관계에 있는 사람들의 집단'에서 '혼인, 혈연, 입양 등으로 관계되어 일상생활을 공유하는 사람들의 집단'으로 바뀌고 있으므로 문장에 어울리는 어휘는 '개념'이다.

08 '반응'은 '자극에 대응하여 어떤 현상이 일어남. 또는 그 현상'이라는 뜻을 지니고, '반증'은 '어떤 사실이나 주장이 옳지 아니함을 그에 반대되는 근거를 들어 증명함. 또는 그런 증거'라는 뜻을 지닌다. 제시된 문장은 '그의 주장이 너무 논리적이므로 근거를 들어 반대하기가 어렵다.'라는 뜻으로 이해하는 것이 적절하므로 '반증'을 쓰는 것이 어울린다.

09 '필연적'은 '사물의 관련이나 일의 결과가 반드시 그렇게 될 수밖에 없는 것'이라는 뜻이고, '개연적'은 '그런 상황이 실제 있거나 발생할 가능성이 있는 것, 즉 '그럴 법한'이라는 뜻이다. 남북한이 분단으로 거리를 두고 살았기 때문에 언어가 서로 달라지는 것은 '그럴 수도 있는' 것이 아니라 '그럴 수밖에 없는' 일이므로 '필연적'을 쓰는 것이 어울린다.

10 '자연의 법칙'은 '섭리'와 바꿔 쓰기에 적절하다. '섭리'는 '자연계를 지배하고 있는 원리와 법칙', '세상과 우주 만물을 다스리는 하나님의 뜻'이라는 의미를 지닌다. 제시된 문장에서는 '지구가 태양 주위를 돈다.'라는 자연의 법칙을 말하고 있으므로 첫 번째 의미로 사용된 것이다.

11 '한결같은 성질'은 '일관성'과 바꿔 쓰기에 적절하다. '일관성'은 '방법이나 태도 따위가 한결같은 성질'이라는 의미를 지닌다.

12 '세상에 있는 모든 것'은 '만물'의 뜻에 해당하므로 '만물'과 바꿔 쓸 수 있다.

13 '체계화된 이론이나 학설'이라는 뜻을 가진 어휘는 '주의'이다. '민주주의', '사회주의' 등으로 사용된다.

14 '동일한 범주에 속하는 대상들을 일정한 기준에 따라 나누어 놓은 갈래'라는 뜻을 지닌 어휘는 '부류'이다.

15 '일정한 원리에 따라서 낱낱의 부분이 짜임새 있게 조직되어 통일된 전체로 됨.'이라는 뜻을 가진 어휘는 '체계화'이다. '이론의 체계화', '자료의 체계화' 등으로 사용된다.

16 사람의 마음속에 천사와 악마의 양면성이 있는 것이므로 '어떤 사물이나 범위의 안에 들어 있다.'라는 의미를 지닌 '내재하다'가 들어가는 것이 알맞다.

DAY 02 역사와 관련된 말

어휘 확인하기

본문 · 016~017쪽

01 ⓒ　02 ㉠　03 ㉣　04 ㉡　05 암흑기
06 압제　07 인습　08 냉전　09 분투　10 기원
11 배타적　12 변천　13 변화　14 본질　15 문헌
16 ④　17 ②

01 '사물이 비롯되는 근본이나 원인'이라는 뜻을 가진 어휘는 '근원'이다.

02 '일이 되어 가는 과정에서 가장 중요한 단계나 대목. 또는 막다른 절정'을 뜻하는 어휘는 '고비'이다.

03 '변하지 아니하는 존재의 본질을 깨닫는 성질. 또는 그 성질을 가진 독립적 존재'라는 뜻을 가진 어휘는 '정체성'이다.

04 '예전에 있던 사물들의 시대, 가치, 내용 따위를 옛 문헌이나 물건에 기초하여 증거를 세워 이론적으로 밝힘.'이라는 뜻을 가진 어휘는 '고증'이다.

05 '도덕이나 이성, 문명이 쇠퇴하고 세상이 어지러운 시기'를 암흑과 같이 어둡다는 뜻에서 '암흑기'라고 하며, 이 '암흑기'는 '국민의 권리가 억압된' 상황과 어울린다. 이와 반대되는 말로 '절정에 올라 가장 좋은 시기'를 '황금기'라고 한다.

06 '권력이나 폭력으로 남을 꼼짝 못 하게 강제로 누름.'이라는 뜻을 가진 어휘는 '압제'이다. '압제를 받다, 가난과 압제에 시달리다, 압제에서 벗어나다, 압제에 항거하다' 등과 같이 사용된다.

07 '이전부터 전하여 내려오는 습관'이라는 뜻을 가진 어휘는 '인습'으로, 대개 부정적인 의미로 사용된다.

08 '냉전'은 '직접적으로 무력을 사용하지 않고, 경제·외교·정보 따위를 수단으로 하는 국제적 대립'이라는 뜻이다. 특히 제2차 세계 대전 이후 미국과 소련을 중심으로 한 자본주의와 공산주의의 대립을 뜻하며, 1990년 소련의 해체와 사회주의권의 몰락으로 냉전 상태는 사실상 종결되었다. 제시된 문장은 이에 대한 설명이므로 문장에 어울리는 어휘는 '냉전'이다. '냉담'은 '태도나 마음씨가 동정심 없이 차가움.'이라는 뜻을 가진 어휘이다.

09 '결투'는 '승패를 결정하기 위하여 벌이는 싸움', '원한이나 모욕 따위를 풀기 위하여 일정한 조건과 형식 아래 벌이는 싸움'이라는 뜻을 지닌다. '분투'는 '있는 힘을 다하여 싸우거나 노력함.'이라는 뜻을 지닌다. 제시된 문장은 회사가 사원들의 노력으로 매출 목표를 초과하여 달성했다는 뜻이므로 '싸움'의 뜻만 있는 '결투'보다는 '있는 힘을 다해 노력함.'이라는 뜻이 담긴 '분투'를 사용하는 것이 어울린다.

10 '새로운 출발이 되는 시대나 시기'라는 뜻을 가진 어휘는 '기원'이다.

11 '따돌리거나 거부하여 밀어 내치는. 또는 그런 것'이라는 뜻을 가진 어휘는 '배타적'이다.

12 '세월의 흐름에 따라 바뀌고 변함.'이라는 뜻을 가진 어휘는 '변천'이다.

13 '사물의 성질, 모양, 상태 따위가 바뀌어 달라짐.'이라는 뜻을 가진 어휘는 '변화'이다.

14 '본디부터 가지고 있는 사물 자체의 성질이나 모습'이라는 뜻을 가진 어휘는 '본질'이다.

15 '옛날의 제도나 문물을 아는 데 증거가 되는 자료나 기록'이라는 뜻을 가진 어휘는 '문헌'이다.

16 '한때 매우 성하던 현상이나 일이 끝나거나 없어지다.'라는 뜻을 가진 어휘는 '종식되다'이다.

오답 풀이

① '정지되다'는 '하고 있던 일이 멈추다.'라는 뜻을 지니고 있다.

② '완수되다'는 '뜻한 바가 완전히 이루어지거나 다 해내지다.'라는 뜻을 지니고 있다.

③ '종영되다'는 '하루하루의 영화 상영이나 일정 기간 동안의 영화 상영이 끝나다.'라는 뜻을 지니고 있다.

⑤ '휴전되다'는 '전쟁이 일정한 기간 동안 멈추게 되다.'라는 뜻을 지니고 있다.

17 '상태가 약해져 전보다 못하여 가다.'의 뜻을 가진 어휘는 '쇠퇴하다'이다.

오답 풀이

① '번성하다'는 '한창 성하게 일어나 퍼지다.'라는 뜻을 지니고 있다.

③ '부패하다'는 '정치, 사상, 의식 따위가 타락하다.'라는 뜻을 지니고 있다.

④ '소멸하다'는 '사라져 없어지다.'라는 뜻을 지니고 있다.

⑤ '타락하다'는 '올바른 길에서 벗어나 잘못된 길로 빠지다.'라는 뜻을 지니고 있다.

DAY 03 사회와 관련된 말

어휘 확인하기

본문 · 020~021쪽

01 부과	**02** 폐해	**03** 낙후	**04** ㉢	**05** ㉡
06 ㉠	**07** 시기하고 미워함		**08** 적어 몹시 가난한	
09 관습	**10** 부가	**11** 폐단	**12** 배후	**13** 공익
14 실속	**15** 이면	**16** 전례	**17** 비유적	**18** ③
19 ②				

01 '세금이나 부담금 따위를 매기어 부담하게 함.'을 뜻하는 어휘는 '부과'이다. '세금 부과', '과태료 부과', '재산세 부과' 등의 예로 사용된다. 제시된 문장에서는 '상속세'라는 세금과 관련하여 쓰였다.

02 '폐단(어떤 일이나 행동에서 나타나는 옳지 못한 경향이나 해로운 현상)으로 생기는 해로움.'을 뜻하는 어휘는 '폐해'이다. 제시된 문장은 '흡연의 해로움.'을 말하고 있으므로 '폐해'가 어울린다.

03 '기술이나 문화, 생활 따위의 수준이 일정한 기준에 미치지 못하고 뒤떨어지게 되다.'를 뜻하는 어휘는 '낙후되다'이다.

04 '건전하다'는 '사상이나 사물 따위의 상태가 한쪽으로 치우치지 않고 정상적이며 위태롭지 아니하다.'라는 뜻을 지닌다.

05 '도태되다'는 '여럿 중에서 불필요하거나 부적당한 것이 줄어 없어지다.'라는 뜻을 지닌다.

06 '부실하다'는 '내용이 실속이 없고 충분하지 못하다.'라는 뜻을 지닌다. 잘못 공사한 건물이 안전하지 않다는 내용이므로 '부실하다'가 어울린다.

07 '반목'은 '서로서로 시기하고 미워함.'이라는 뜻을 지닌다.

08 '영세민'은 '수입이 적어 몹시 가난한 사람'이라는 뜻을 지닌다.

09 '관례'는 '전부터 해 내려오던 전례가 관습으로 굳어진 것'이라는 뜻을 지닌다.

10 텔레비전에 통신 기능이 '덧붙여진' 것이므로 '주된 것에 덧붙임.'이라는 뜻을 가진 '부가'가 들어가는 것이 알맞다.

11 자동차의 증가가 대기 오염과 교통 혼잡이라는 해로운 현상을 가져온 것이므로 '어떤 일이나 행동에서 나타나는 옳지 못한 경향이나 해로운 현상'을 뜻하는 '폐단'이 들어가는 것이 알맞다.

12 진실이 밝혀지는 것을 두려워하는 권력자들이 그 사건 뒤에 있었다는 내용이므로, '어떤 일의 드러나지 않은 이면'을 뜻하는 '배후'가 어울린다.

13 '사회 전체의 이익'을 뜻하는 어휘는 '공익'이다.

14 '군더더기 없는, 실지의 알맹이가 되는 내용'을 뜻하는 어휘는 '실속'이다.

15 '겉으로 나타나거나 눈에 보이지 않는 부분'을 뜻하는 어휘는 '이면'이다.

16 '예로부터 전하여 내려오는 일 처리의 관습'을 뜻하는 어휘는 '전례'이다.

17 '어떤 현상이나 사물을 직접 설명하지 아니하고 다른 비슷한 현상이나 사물에 빗대어서 설명하는 것'을 뜻하는 어휘는 '비유적'이다.

18 '일정한 기준이나 한도를 넘어서 함부로 쓰다.'를 뜻하는 어휘는 '남용하다'이다.

오답 풀이
① '이용하다'는 '대상을 필요에 따라 이롭게 쓰다.'라는 뜻을 지니고 있다.
② '적용하다'는 '알맞게 이용하거나 맞추어 쓰다.'라는 뜻을 지니고 있다.
④ '유용하다'는 '쓸모가 있다.'라는 뜻을 지니고 있다.
⑤ '복용하다'는 '약을 먹다.'라는 뜻을 지니고 있다.

19 '관심이나 영향이 미치지 못하는 구역'을 비유적으로 이르는 어휘는 '사각지대'이다.

오답 풀이
① '무풍지대'는 '바람이 불지 아니하는 지역', '다른 곳의 재난이나 번거로움이 미치지 아니하는 평화롭고 안전한 곳을 비유적으로 이르는 말'이다.
③ '안전지대'는 '교통이 복잡한 곳이나 정류소 따위에서 사람이 안전하게 피해 있도록 안전표지나 공작물로 표시한 도로 위의 부분', '어떤 재해에 대하여 위험이 없는 지대'라는 뜻을 지니고 있다.
④ '무법 지대'는 '법이나 제도가 확립되지 않고 질서가 문란한 곳'을 가리킨다.
⑤ '중립 지대'는 '전시에, 교전국 사이에 병력을 투입하지 아니하기로 협정한 지역'이라는 뜻을 지니고 있다.

DAY 04 정치와 관련된 말

어휘 확인하기 본문 · 024~025쪽

01 유세	**02** 특권	**03** 정복	**04** 유권자	**05** 공정
06 ①	**07** ②	**08** ②	**09** 중립	**10** 선동적
11 이민족	**12** 의안	**13** 진영	**14** 이행할	**15** 거론하지
16 정벌하려고	**17** 사회화하여		**18** 자본주의	**19** 사회주의

01 '자기 의견 또는 자기 소속 정당의 주장을 선전하며 돌아다님.'이라는 뜻을 가진 어휘는 '유세(遊說)'이다. 선거 기간에 주로 볼 수 있고, '선거 유세', '유세 활동' 등으로 사용된다.

02 '특별한 권리'라는 뜻을 가진 어휘는 '특권'이다. '특권 계층', '특권 의식' 등으로 사용된다.

03 '남의 나라나 이민족 따위를 정벌하여 복종시킴.'이라는 뜻을 가진 어휘는 '정복'이다.

04 '선거할 권리를 가진 사람'이라는 뜻을 가진 어휘는 '유권자'이다.

05 '공평하고 올바름.'이라는 뜻을 가진 어휘는 '공정'이다.

06 '서열'은 '일정한 기준에 따라 순서대로 늘어섬. 또는 그 순서'라는 뜻을 지닌다. '일정한 목표나 기준에 도달할 수 있도록 만드는 실제적 교육 활동'이란 뜻을 가진 어휘는 '훈련'이다.

07 '현안'은 '이전부터 의논하여 오면서도 아직 해결되지 않은 채 남아 있는 문제나 의안'이라는 뜻을 지닌다. '자신의 견해가 옳다고 서로 다투는 중심 사항'이라는 뜻을 가진 어휘는 '쟁점'이다.

08 '정당(政黨)'은 '정치적인 주의나 주장이 같은 사람들이 정권을 잡고 정치적 이상을 실현하기 위하여 조직한 단체'라는 뜻을 지닌다. '이치에 맞아 올바르고 마땅함.'이라는 뜻을 가진 어휘는 '정당(正當)'이다.

09 '중립'은 '어느 편에도 치우치지 않고 중간적인 입장에 섬.'을 뜻하며 공평하고 올바른 태도를 가리킬 때 사용하는 어휘이다. '대립'은 '서로 반대되거나 모순됨.'을 뜻한다. 민주 사회에서는 군인이 특정 정치 세력을 편드는 일을 하지 않아야 하므로 '중립'적 태도를 지녀야 한다.

10 '선동적'은 '남을 부추겨 어떤 일이나 행동을 하게 하는. 또는 그런 것'이라는 뜻, '수동적'은 '스스로 움직이지 않고 다른 것의 작용을 받아 움직이는. 또는 그런 것'이라는 뜻을 지닌다. '시위'는 '많은 사람이 요구 조건을 내걸고 집회나 행진을 하며 의사를 표시하는 행동'이므로 제시된 문장에서는 '선동적'이 어울린다.

11 '언어, 풍습 따위가 다른 민족'이라는 뜻을 가진 어휘는 '이민족'이다.

12 '회의에서 심의하고 토의할 안건'이라는 뜻을 가진 어휘는 '의안'이다.

13 '정치적·사회적·경제적으로 구분된 서로 대립되는 세력의 어느 한쪽'이라는 뜻을 가진 어휘는 '진영'이다.

14 '실제로 행하다.'의 뜻을 가진 어휘는 '이행하다'이다.

15 '어떤 사항을 논제로 삼아 제기하거나 논의하다.'라는 뜻을 가진 어휘는 '거론하다'이다.

16 수나라가 고구려를 무력으로 치려는 상황이므로 '적 또는 죄 있는 무리를 무력으로써 치다.'라는 뜻을 가진 '정벌하다'로 바꿔 쓰는 것이 알맞다.

17 제시된 문장에서 '소유한 물건을 공적인 소유, 즉 사회적인 소유로 바꾼다.'라고 하였다. 이와 바꿔 쓰기에 알맞은 어휘는 '사회화하다'이다. '사회화하다'는 '개인적인 존재나 소유가 공적인 존재나 소유로 바뀌다. 또는 그렇게 바꾸다.'라는 뜻을 지닌 어휘이다.

18 개인이 재산을 소유하는 사유 재산제에 바탕을 두고 이윤을 얻기 위해 상품을 생산하는 것을 인정하는 경제 체제는 '자본주의'이다.

19 국가가 모든 생산 수단을 관리하며 사회 전체의 것으로 하는 경제 체제는 '사회주의'이다.

DAY 05 경제와 관련된 말

어휘 확인하기

본문·028~029쪽

01 가계	**02** 활성화	**03** 투자	**04** 산출량	**05** 점유
06 투입	**07** 창출	**08** 매매	**09** 생산성	**10** 손실
11 보증	**12** 손상	**13** 감축	**14** 강세	**15** 생계
16 ②				

01 '집안 살림을 꾸려 나가는 방도나 형편'이라는 뜻을 가진 어휘는 '가계'이다. 제시된 문장은 사교육비가 집안 살림을 꾸려 나가는 데 부담을 준다는 의미이므로 '가계'가 들어가는 것이 알맞다.

02 '사회나 조직 등의 기능을 활발하게 함.'이라는 뜻을 가진 어휘는 '활성화'이다.

03 '이익을 얻기 위하여 어떤 일이나 사업에 자본을 대거나 시간이나 정성을 쏟다.'라는 뜻을 가진 어휘는 '투자하다'이다. 제시된 문장은 꿈을 이루기 위해 시간과 노력을 쏟고 있는 상황이므로 '투자하다'가 알맞다.

04 '생산되어 나오거나 생산하여 내는 양'이라는 뜻을 가진 어휘는 '산출량'이다.

05 '물건이나 영역, 지위 따위를 차지함.'이라는 뜻을 가진 어휘는 '점유'이다.

06 '사람이나 물자, 자본 따위를 필요한 곳에 넣음.'이라는 뜻을 가진 어휘는 '투입'이다.

07 '창출하다'는 '전에 없던 것을 처음으로 생각하여 지어내거나 만들어 내다.'라는 뜻을 지닌다. '고용 창출', '문화 창출', '일자리 창출', '기회 창출' 등의 예로 사용된다.

08 '매매하다'는 '물건을 팔고 사다.'라는 뜻을 지닌다.

09 '생산성'은 '토지, 자원, 노동력 따위 생산의 여러 요소들이 투입된 양과 그것으로써 이루어진 생산물 산출량의 비율'이라는 뜻, '다산성'은 '동물이 새끼나 알을 평균보다 많이 낳는 성질'이라는 뜻을 지닌 어휘이다. 기업들은 생산 설비를 자동화함으로써 제품을 더 많이 생산할 수 있으므로 '생산성'을 쓰는 것이 알맞다.

10 '손실'은 '잃어버리거나 축나서 보는 손해'라는 뜻, '득실'은 '얻음과 잃음.'이라는 뜻을 지닌 어휘이다. 배가 태풍으로 침몰하여 손해를 본 것이므로 '손실'을 쓰는 것이 알맞다.

11 '보증'은 '어떤 사물이나 사람에 대하여 책임지고 틀림이 없음을 증명함.'이라는 뜻, '보안'은 '안전을 유지함.'이라는 뜻을 지닌 어휘이다. 제품의 품질을 증명하는 기간이 끝나서 수리 비용을 내야 한다는 내용이므로 '보증'을 쓰는 것이 알맞다.

12 '물체가 깨지거나 상함.'을 뜻하는 어휘는 '손상'이다.

13 '덜어서 줄이는 것'이란 뜻을 가진 어휘는 '감축'이다. '생산량 감축', '예산 감축', '핵무기 감축', '인원 감축' 등으로 사용된다.

14 '강한 기세'라는 뜻을 가진 어휘는 '강세'이다.

15 '살림을 살아 나갈 방법'이라는 뜻에 해당하는 어휘는 '생계'이다.

16 〈보기〉에서 설명하고 있는 중심 소재는 '가난'이다. 문맥의 흐름으로 미루어 볼 때 '가난하여 살기가 어려움.'이라는 뜻을 가진 '빈곤'이 들어가는 것이 가장 알맞다. 빈곤하기 때문에 더욱 빈곤해지는 나쁜 현상이 되풀이되는 것을 '빈곤의 악순환'이라고 한다.

DAY 06 법률과 관련된 말

어휘 확인하기

본문 · 032~033쪽

01 합법적	**02** 발효	**03** 조세	**04** 법령	**05** 규범
06 혐의	**07** 탐색	**08** 개정	**09** 존속	
10 증거 따위를 내세워 증명할			**11** 법률이나 명령 따위를 어기는 것	
12 재산상의 이익			**13** 이치에 맞지 않는다며	
14 효력	**15** 공문서	**16** 조약	**17** ③	**18** ②

01 '법령이나 규범에 맞음. 또는 그런 것'을 뜻하는 어휘는 '합법적'이다.

02 '조약, 법, 공문서 따위의 효력이 나타나다.'라는 뜻을 지닌 어휘는 '발효하다'이다.

03 '국가 또는 지방 공공 단체가 필요한 경비로 사용하기 위하여 국민이나 주민으로부터 강제로 거두어들이는 돈'이라는 뜻을 지닌 어휘는 '조세'이다.

04 '법률과 명령'을 뜻하는 어휘는 '법령'이다.

05 '인간이 행동하거나 판단할 때에 마땅히 따르고 지켜야 할 가치 판단의 기준'을 뜻하는 어휘는 '규범'이다.

06 '범죄를 저질렀을 가능성이 있다고 봄.'을 뜻하는 어휘는 '혐의'이다.

07 '탐색'은 '드러나지 않은 사물이나 현상 따위를 찾아내거나 밝히기 위하여 살펴 찾음.'이라는 뜻, '수색'은 '구석구석 뒤지어 찾음.', '검사나 경찰이 범인이나 증거물 등을 찾기 위해 집, 물건, 사람의 신체 등을 강제로 조사함.' 등의 뜻을 지닌다. 제시된 문장은 학생들의 진로, 즉 아직 드러나지 않은 미래의 삶의 방향을 살펴 찾는 것이므로 '탐색'을 사용하는 것이 적절하다.

08 '개정하다'는 '주로 문서의 내용 따위를 고쳐 바르게 하다.'라는 뜻, '결정하다'는 '행동이나 태도를 분명하게 정하다.'라는 뜻을 지닌다. 제시된 문장은 평등하지 않은 조약을 고쳐 평화로운 외교 관계를 만들어 나간다는 내용이므로 '개정'을 사용하는 것이 적절하다.

09 '존속하다'는 '어떤 대상이 그대로 있거나 어떤 현상이 계속되다.'라는 뜻을 지닌다. 미국 남북 전쟁이 그동안 있었던 노예 제도를 폐지하는 결과를 가져왔다는 내용이므로 '존속하다'가 어울린다. '존중하다'는 '높이어 귀중하게 대하다.'라는 뜻을 지닌다.

10 '입증하다'는 '어떤 증거 따위를 내세워 증명하다.'라는 뜻을 지닌다. '거짓으로 증명하다.'라는 뜻을 지닌 어휘는 '위증하다'이다.

11 '위법'은 '법률이나 명령 따위를 어기는 것'이라는 뜻을 지닌다.

12 '영리'는 '재산상의 이익'이라는 뜻을 지닌다.

13 '부당하다'는 '이치에 맞지 않다.'라는 뜻을 지닌다.

14 '법률이나 규칙 따위의 작용'이라는 뜻을 가진 어휘는 '효력'이다. '효력 정지', '효력 상실', '효력을 가지다' 등으로 사용된다. '효력'은 '약 따위를 사용한 후에 얻는 보람'이라는 뜻으로도 사용된다.

15 '공공 기관이나 단체에서 공식으로 작성한 서류'라는 뜻을 가진 어휘는 '공문서'이다.

16 '국가 간의 권리와 의무를 국가 간의 합의에 따라 법적 구속을 받도록 규정하는 행위. 또는 그런 조문'은 '조약'의 의미이다. '조약'에는 협약, 협정, 규약, 선언, 각서, 통첩, 의정서 따위가 있다.

17 경기 전에 선수들은 경기 규칙을 잘 지킬 것을 선서하므로 빈칸에는 '전례나 규칙, 명령 따위를 그대로 좇아서 지키다.'라는 뜻을 가진 '준수하다'를 넣는 것이 알맞다.

오답 풀이

① '활용하다'는 '충분히 잘 이용하다.'라는 뜻을 지니고 있다.

② '증명하다'는 '어떤 사항이나 판단 따위에 대하여 그것이 진실인지 아닌지 증거를 들어서 밝히다.'라는 뜻을 지니고 있다.

④ '발효하다'는 '조약, 법, 공문서 따위의 효력이 나타나다.'라는 뜻을 지니고 있다.

⑤ '명심하다'는 '잊지 않도록 마음에 깊이 새겨 두다.'라는 뜻을 지니고 있다.

18 세계 평화를 이끌려면 주변 나라와 화해를 잘 이루어야 하므로 빈칸에는 '일이나 사건 따위를 해결할 수 있는 방법이나 실마리를 더듬어 찾다.'라는 뜻을 가진 '모색하다'를 넣는 것이 알맞다.

오답 풀이

① '모방하다'는 '다른 것을 본뜨거나 본받다.'라는 뜻을 지니고 있다.

③ '검색하다'는 '범죄나 사건을 밝히기 위한 단서나 증거를 찾기 위하여 살펴 조사하다.', '책이나 컴퓨터에서, 목적에 따라 필요한 자료들을 찾아내다.'라는 뜻을 지니고 있다.

④ '강요하다'는 '억지로 또는 강제로 요구하다.'라는 뜻을 지니고 있다.

⑤ '협력하다'는 '힘을 합하여 서로 돕다.'라는 뜻을 지니고 있다.

종합 문제

본문 · 034~035쪽

01 ②	**02** ⑤	**03** ②	**04** ③	**05** ④
06 ⑤	**07** ②	**08** ④	**09** ④	

01 '일관성'은 '방법이나 태도 따위가 한결같은 성질'이라는 뜻을 지닌다.

02 제2차 세계 대전 이후 세계는 소련을 중심으로 한 사회주의 체제와 미국을 중심으로 한 자본주의 체제로 나뉘어져, 경제나 외교, 정보 따위를 수단으로 대립하는 냉전 체제가 되었다. 따라서 더 이상 전쟁을 하지는 않으므로 각 나라는 국가를 지키는 데 들어가는 비용을 감축하기 시작하였다. 따라서 ㉠에는 '사회주의', ㉡에는 '냉전', ㉢에는 '감축'이 들어가는 것이 알맞다.
㉠ '사회주의'는 '사유 재산 제도를 폐지하고 생산 수단을 사회화하여 자본주의 제도의 사회적·경제적 모순을 극복한 사회 제도를 실현하려는 사상. 또는 그 운동'을 말한다.
㉡ '냉전'은 '직접적으로 무력을 사용하지 않고, 경제·외교·정보 따위를 수단으로 하는 국제적 대립'이라는 뜻을 지닌다. 특히 제2차 세계 대전 이후 미국과 소련을 중심으로 한 자본주의와 공산주의의 대립을 뜻하며, 1990년 소련의 해체와 사회주의권 국가의 몰락으로 양 진영 사이의 냉전 상태는 사실상 종결되었다.
㉢ '감축'은 '덜어서 줄임.'이라는 뜻을 지닌다.

03 '세금이나 부담금 따위를 매기어 부담하게 함.'을 뜻하는 어휘는 '부과'이다. '부가'는 '주된 것에 덧붙임.'이란 뜻을 가진 어휘이다. 제시된 문장은 집을 사고팔 때 양도세를 고려해야 한다는 내용이므로 '부과'를 사용하는 것이 알맞다.

① '이행하다'는 '실제로 행하다.'라는 뜻을 지닌다. 유언장의 내용대로 행했다는 것이므로 '이행하였다'는 쓰임이 알맞다.
③ '조세'는 '국가 또는 지방 공공 단체가 필요한 경비로 사용하기 위하여 국민이나 주민으로부터 강제로 거두어들이는 돈', 즉 '세금'이라는 뜻을 지닌다. 세금 정책 때문에 국민들의 세금 부담이 늘었다는 내용이므로 '조세'는 쓰임이 알맞다.
④ '변천'은 '세월의 흐름에 따라 바뀌고 변함.'이라는 뜻을 지닌다. 광복 이후 바뀌고 변한 도시의 생활 모습을 볼 수 있다는 뜻이므로 '변천'은 쓰임이 알맞다.
⑤ '발효하다'는 '조약, 법, 공문서 따위의 효력이 나타나다.'라는 뜻을 지닌다. 세계 저작권 조약의 효력이 나타났다는 뜻이므로 '발효함'은 쓰임이 알맞다.

04 〈보기〉의 문장은 '통일을 위해서는 ~ 시각을 버려야 한다.', '~ 정서를 갖는 지역감정을 없애야 한다.'와 같은 내용이 들어 있으므로, 빈칸에 들어갈 말은 '버리고 없애야 할'이라는 부정적인 뜻을 담은 어휘임을 짐작할 수 있다. '배타적'은 '남을 따돌리거나 거부하여 밀어 내치는'이라는 뜻을 가진 어휘이므로 빈칸에 들어가기에 알맞다.

① '우호적'은 '개인끼리나 나라끼리 서로 사이가 좋은'이라는 뜻을 지니고 있다.
② '이성적'은 '이성에 따르거나 이성에 근거한'이라는 뜻을 지니고 있다.
④ '주관적'은 '자기의 견해나 관점을 기초로 하는'이라는 뜻을

지니고 있다.
⑤ '협동적'은 '서로 마음과 힘을 하나로 합하여 하는'이라는 뜻을 지니고 있다.

05 '창출하다'는 '전에 없던 것을 처음으로 생각하여 지어내거나 만들어 내다.'라는 뜻을 지닌 어휘이다. '일정한 기준이나 한도를 넘어서 함부로 쓰다.'는 '남용하다'의 의미이다.

06 '체계화된 이론이나 학설'의 뜻을 가진 어휘는 '주의(主義)'이다. 이와 같은 뜻으로 사용된 것은, '국민이 권력을 가지고 그 권력을 행사하는' 즉 민주적 제도와 주의를 설명한 ⑤이다.

①~④에는 모두 '주의(注意)'라는 어휘가 사용되었다. 이는 '어떤 한 곳이나 일에 관심을 집중하여 기울임(①, ③).', '경고나 훈계의 뜻으로 일깨움(②, ④).'이라는 뜻을 가지고 있다.

07 '줄어 없어지기'와 바꿔 쓰기에 적절한 어휘는 '도태되기'이다. '도태되다'는 '여럿 중에서 불필요하거나 부적당한 것이 줄어 없어지다.'라는 뜻을 가지고 있다.

① '낙후되다'는 '기술이나 문화, 생활 따위의 수준이 일정한 기준에 미치지 못하고 뒤떨어지게 되다.'라는 뜻을 지니고 있다.
③ '존속하다'는 '어떤 대상이 그대로 있거나 어떤 현상이 계속되다.'라는 뜻을 지니고 있다.
④ '적응하다'는 '일정한 조건이나 환경 따위에 맞추어 응하거나 알맞게 되다.'라는 뜻을 지니고 있다.
⑤ '상승하다'는 '낮은 데서 위로 올라가다.'라는 뜻을 지니고 있다.

08 '법령이나 규범에 맞는'은 '합법적'의 뜻에 해당한다.

① '이상적'은 '생각할 수 있는 범위 안에서 가장 완전하다고 여겨지는'이라는 뜻을 지니고 있다.
② '역사적'은 '역사로서 기록될 만큼 중요한'이라는 뜻을 지니고 있다.
③ '성공적'은 '성공하였다고 할 만한'이라는 뜻을 지니고 있다.
⑤ '도덕적'은 '도덕의 규범에 맞는'이라는 뜻을 지니고 있다.

09 ④의 '어떤 부류의 특징을 잘 나타내는. 또는 그런 것'이라는 뜻을 가진 어휘는 '전형적'이다. '진취적'은 '적극적으로 나아가 일을 이룩하는. 또는 그런 것'이라는 뜻을 지닌다.

DAY 07 지리와 관련된 말

어휘 확인하기
본문 · 038~039쪽

01 강수	02 내륙	03 지형	04 해발	05 ①
06 해수면	07 정세	08 추세	09 우박	10 조성되었다
11 기류	12 영토	13 대양	14 탐사	15 ②
16 습지	17 급류	18 ⑤		

01 '비, 눈, 우박, 안개 따위로 지상에 내린 물'이라는 뜻을 지닌 말은 '강수'이다. 극심한 가뭄 때문에 비가 오지 않은 상황이므로 '강수'가 들어가는 것이 알맞다.

02 '바다에서 멀리 떨어져 있는 육지'라는 뜻을 지닌 말은 '내륙'이다. 태풍이 해안 지역에만 영향을 미친다는 내용으로 해안과 대비되는 곳인 '내륙'이 들어가는 것이 알맞다.

03 '땅의 생긴 모양이나 형세'라는 뜻을 지닌 말은 '지형'이다. 이 근처가 고향인 사람이 이곳의 특징을 잘 안다는 내용이므로 '지형'이 들어가는 것이 알맞다.

04 '해수면으로부터 계산하여 잰 육지나 산의 높이'라는 뜻을 지닌 말은 '해발'이다. 산의 높이는 보통 해수면을 기준으로 하므로 '해발'이라는 어휘를 쓸 수 있다.

05 '궂다'는 '비나 눈이 내려 날씨가 나쁘다.', '언짢고 나쁘다.'의 두 가지 의미로 사용된다. 날씨가 좋지 않아 기분까지 나빠진 상황이므로 '궂다'라는 어휘를 사용하는 것이 알맞다. ㉠에는 '궂어서', ㉡에는 '궂게'가 들어가는 것이 적절하다.

06 '바닷물의 표면'은 '해수면'이다.

07 '일이 되어 가는 형편'은 '정세'이다.

08 '어떤 현상이 일정한 방향으로 나아가는 경향'은 '추세'이다.

09 '큰 물방울들이 공중에서 갑자기 찬 기운을 만나 얼어 떨어지는 얼음덩어리'는 '우박'이다.

10 '조성되다'는 '무엇이 만들어져서 이루어지다.', '분위기나 정세 따위가 만들어지다.'의 두 가지 의미로 사용된다. '찬성하는 분위기'라는 말이 있으므로 '조성하다'의 두 번째 의미가 어울린다.

11 '기류'는 '온도나 지형의 차이로 말미암아 일어나는 공기의 흐름', '어떤 일이 진행되는 추세나 분위기를 비유적으로 이르는 말'의 두 가지 의미로 사용된다. 불안정하여 비행기가 심하게 흔들렸다는 말이 있으므로 '기류'의 첫 번째 의미로 사용된 것이다.

12 '영토'는 '국제법에서, 국가의 통치권이 미치는 구역'을 의미한다. 독도가 우리나라의 통치권이 미치는 곳이라는 내용이므로 '영토'가 알맞다. '토지'는 '경지나 주거지 따위의 사람의 생활과 활동에 이용하는 땅'을 뜻한다.

13 '대양'은 '세계의 해양 가운데에서 특히 넓은 해역을 차지하는 대규모의 바다'라는 뜻을 지닌다. 태평양, 인도양, 대서양, 북빙양, 남빙양을 오대양이라고 한다.

14 '탐사'는 '알려지지 않은 사물이나 사실 따위를 샅샅이 더듬어 조사함.'이라는 의미를 지닌다. 남극을 조사하는 기지를 설명하고 있으므로 '탐사'가 알맞다.

15 '생성되다'는 '사물이 생겨나다.'라는 의미를 지니며, '생산되다'는 '인간이 생활하는 데 필요한 각종 물건이 만들어지다.'라는 의미를 지닌다. 청바지가 만들어지는(생산되는) 과정에서 유독 물질이 생겨난다(생성된다)는 내용이므로 ②가 알맞다.

16 '습기가 많은 축축한 땅'을 가리키는 말은 '습지'이다.

오답 풀이
- 강변: 강의 가장자리에 잇닿아 있는 땅
- 폭포: 절벽에서 곧장 쏟아져 내리는 물줄기
- 해안: 바다와 육지가 맞닿은 부분
- 호수: 땅이 우묵하게 들어가 물이 괴어 있는 곳

17 '물이 빠른 속도로 흐름. 또는 그 물', '어떤 현상이나 사회의 급작스러운 변화를 비유적으로 이르는 말'은 '급류'를 말한다.

18 '출현하다'는 '나타나거나 또는 나타나서 보이다.'라는 뜻을 지닌다. 미확인 비행 물체가 나타났다는 내용이므로 '출현하다'를 사용하는 것이 알맞다.

오답 풀이
① '돌아오다'는 '원래 있던 곳으로 다시 오거나 다시 그 상태가 되다.'라는 의미를 지닌다.
② '드러나다'는 '가려 있거나 보이지 않던 것이 보이게 되다.'라는 의미를 지닌다.
③ '올라가다'는 '낮은 곳에서 높은 곳으로 또는 아래에서 위로 가다.'라는 의미를 지닌다.
④ '출연하다'는 '연기, 공연, 연설 따위를 하기 위하여 무대나 연단에 나가다.'라는 의미를 지닌다.

DAY 08 보건·의료와 관련된 말

어휘 확인하기
본문 · 042~043쪽

01 위생	02 처방	03 염증	04 후유증	05 ④
06 거동	07 이식	08 증상	09 순환	10 치유
11 덧나고	12 가누기	13 자각하는	14 ③	15 ㉠
16 ㉡	17 ㉣	18 ㉢		

01 '건강에 유익하도록 조건을 갖추거나 대책을 세우는 일'이라는 의미를 지닌 말은 '위생'이다. 음식점에서 해야 할 관리 사항이므로 '위생'이 알맞다.

02 '병을 치료하기 위하여 증상에 따라 약을 짓는 방법'이라는 뜻을 지닌 말은 '처방'이다. 약국에 약을 지으러 가는 상황이므로 '처방'을 사용하는 것이 알맞다.

03 '생체 조직이 손상을 입었을 때에 체내에서 일어나는 방어적 반응'이라는 뜻을 지닌 말은 '염증'이다. 발목에 생긴 문제를 말하고 있으므로 '염증'을 쓸 수 있다.

04 '어떤 병을 앓고 난 뒤에도 남아 있는 병적인 증상'이라는 의미를 지닌 말은 '후유증'이다. 뇌경색 이후에 생긴 증상을 말하므로 '후유증'을 쓸 수 있다.

05 '곪다'는 '상처에 염증이 생겨 고름이 들게 되다.'와 '내부에 부패나 모순이 쌓이고 쌓여 터질 정도에 이르다.'라는 두 가지 의미로 사용된다. ④에서만 첫 번째 의미로 사용되었고, 나머지는 모두 두 번째 의미로 사용되었다.

06 '거동'은 '몸을 움직임. 또는 그런 짓이나 태도'를 뜻한다. 몸의 움직임이 불편한 할머니를 도운 상황이므로 '거동'이 알맞다.

07 '이식'은 '살아 있는 조직이나 장기를 생체로부터 떼어 내어, 같은 개체의 다른 부분 또는 다른 개체에 옮겨 붙이는 일'을 의미한다. '장기 이식'은 '다른 개체의 정상적인 장기나 조직을 떼어 내어서 병이나 외상으로 손상된 부분에 이식함으로써 그 기능을 회복시키는 일'을 의미한다.

08 '증상'은 '병을 앓을 때 나타나는 여러 가지 상태나 모양'을 의미한다. 감기 몸살 때문에 두통이 나타난 것으로 볼 수 있으므로 '증상'이 알맞다.

09 '순환'은 '주기적으로 자꾸 되풀이하여 돎. 또는 그런 과정'이라는 의미를 지닌다. '혈액 순환'은 '동물 체내에서의 피의 순환'을 의미한다.

10 '치유'는 '치료하여 병을 낫게 함.'이라는 의미를 지닌다. 자연 속에서 스트레스를 낮게 한다는 내용이므로 '치유'가 알맞다.

11 '병이나 상처 따위를 잘못 다루어 상태가 더 나빠지다.'라는 뜻을 지닌 어휘는 '덧나다'이다. 이 문장은 '다친 무릎을 그냥 두었더니 덧나고 말았다.'로 바꿔 쓸 수 있다.

12 '몸을 바른 자세로 가지다.'라는 뜻을 지닌 어휘는 '가누다'이다. 이 문장은 '어린 조카는 아직 몸을 가누기 힘든 것 같았다.'로 바꿔 쓸 수 있다.

13 '현실을 판단하여 자기의 입장이나 능력 따위를 스스로 깨닫다.'라는 뜻을 지닌 어휘는 '자각하다'이다. 이 문장은 '암이 무서운 것은 증세를 자각하는 일이 어렵기 때문이다.'로 바꿔 쓸 수 있다.

14 '섭취하다'는 '생물체가 양분 따위를 몸속에 빨아들이다.'라는 뜻이다. '취하다'는 '일정한 조건에 맞는 것을 골라 가지다.'라는 의미를 지닌다. ㉠이 포함된 문장은 물건을 고르는 상황이므로 '취하다'를, ㉡과 ㉢이 포함된 문장은 영양분과 음식을 먹는 상황이므로 '섭취하다'를 사용하는 것이 적절하다.

15 '몸이 붓는 증상'을 뜻하는 말은 '부종'이다.

16 '생물의 몸. 또는 살아 있는 몸'을 뜻하는 말은 '생체'이다.

17 '동일한 기능과 구조를 가진 세포의 집단'을 뜻하는 말은 '조직'이다.

18 '몸의 겉에 생긴 상처를 통틀어 이르는 말'은 '외상'이다.

DAY 09

과학·기술과 관련된 말

01 궤적　**02** 파장　**03** 오차　**04** 동력　**05** ④
06 방출　**07** 효율　**08** 혁신　**09** 도출하였다
10 첨단　**11** ①　**12** ②　**13** ⑤　**14** ⑤
15 안　**16** 시대사조　**17** 비축하다　**18** 측정하다

01 '물체가 움직이면서 남긴 움직임을 알 수 있는 자국이나 자취를 이르는 말'은 '궤적'이다. 흙길에 자동차가 지나간 흔적이 남아 있는 상황이므로 '궤적'이 알맞다.

02 '파동에서, 같은 위상을 가진 서로 이웃한 두 점 사이의 거리'라는 뜻을 지닌 말은 '파장'이다. 빛에 관한 아인슈타인의 연구 내용을 제시하고 있으므로 '파장'을 사용하는 것이 알맞다.

03 '실지로 셈하거나 측정한 값과 이론적으로 정확한 값과의 차이'라는 뜻을 지닌 말은 '오차'이다. 실험에서 계산할 때마다 정확한 결과 값이 나오지 않는 상황이므로 '오차'라는 표현을 쓸 수 있다.

04 '전기 또는 자연에 있는 에너지를 쓰기 위하여 기계적인 에너지로 바꾼 것'이라는 의미를 지닌 말은 '동력'이다. 환경 보호를 위해 깨끗하고 새로운 에너지를 연구하는 상황이므로 '동력'을 쓸 수 있다.

05 '제어하다'는 '상대편을 억눌러서 제 마음대로 다루다.', '기계나 설비 또는 화학 반응 따위가 목적에 알맞은 작용을 하도록 조절하다.'라는 두 가지 의미로 사용된다. ①, ②, ③, ⑤에서는 '제어하다'가 모두 두 번째 의미로 사용되었고, ④의 경우만 첫 번째 의미로 사용되었다.

06 '방출하다'는 '비축하여 놓은 것을 내놓다.'라는 의미를 지닌다. 비축해 둔 쌀을 시장에 내놓는 상황이므로 '방출하다'를 쓸 수 있다. '배출하다'는 '안에서 밖으로 밀어 내보내다.'라는 의미를 지닌다.

07 '효율'은 '들인 노력과 얻은 결과의 비율'이라는 의미를 지닌다. 건강하지 않으면 공부나 업무를 제대로 할 수 없다는 내용이므로 '효율'을 쓰는 것이 알맞다.

08 '혁신'은 '묵은 풍속, 관습, 조직, 방법 따위를 완전히 바꾸어서 새롭게 함.'이라는 의미를 지닌다. 시대 변화에 따라 기존 제도를 바꾸어야 한다는 내용이므로 '혁신'을 쓸 수 있다. '기존 제도의 도입'은 문맥상 맞지 않는다.

09 '도출하다'는 '판단이나 결론 따위를 이끌어 내다.'라는 의미를 지닌다. 토의를 통해 장기자랑 무대 아이디어를 이끌어 내는 상황이므로 '도출하다'를 쓸 수 있다.

10 '시대사조, 학문, 유행 따위의 맨 앞장'이라는 의미를 지닌 어휘는 '첨단'이다. 구입한 텔레비전에 들어간 과학 기술을 설명하는 말로 '첨단'이 적절하다.

11 '느끼어 알다.'라는 의미를 지닌 어휘는 '감지하다'이다. 이 문장은 '동물은 사람에 비해 소리를 감지하는 능력이 뛰어나다.'로 바꿔 쓸 수 있다.

12 '받아들이지 아니하고 물리쳐 제외하다.'라는 의미를 지닌 어휘는 '배제하다'이다. 이 문장은 '이번 협상에서 타 지역 사람들의 의견은 배제하기로 하였다.'로 바꿔 쓸 수 있다.

13 '다른 종류의 것이 녹아서 서로 구별이 없게 하나로 합하여지다.'라는 의미를 지닌 어휘는 '융합하다'이다. 이 문장은 '이 물질에 수소가 녹아서 융합하면 거대한 폭발이 일어나게 된다.'로 바꿔 쓸 수 있다.

14 〈보기〉는 기업에서 신제품을 개발하는 과정을 담고 있다. 첫 번째와 세 번째 문장에서 신제품 개발의 안을 생각해 내는 상황에는 '연구하여 새로운 안을 생각해 내다.'라는 의미를 지닌 '고안하다'를 활용하는 것이 알맞다. 그리고 두 번째 문장에서 여러 가지 다양한 요소들을 참고하는 상황에는 '여러 사정을 참고하여 생각하다.'라는 의미를 지닌 '감안하다'를 활용하는 것이 알맞다.

15 '궁리하여 내놓은 생각이나 계획'은 '안(案)'의 의미이다.

16 '한 시대의 사회 일반에 주류나 특색을 이루는 사상적 경향'은 '시대사조'의 의미이다.

17 '만약의 경우를 대비하여 미리 갖추어 모아 두거나 저축하다.'는 '비축하다'의 의미이다.

18 '일정한 양을 기준으로 하여 같은 종류의 다른 양의 크기를 재다.'는 '측정하다'의 의미이다.

DAY 10 예술과 관련된 말

어휘 확인하기 본문 · 050~051쪽

01 구도   **02** 안목   **03** 생동감   **04** 허구적   **05** ③
06 기법   **07** 입체적   **08** 형상화하였다고   **09** 감각적
10 감상하는   **11** 전시하였다   **12** 열광한다   **13** 관조하는
14 ③   **15** 기교   **16** 골자   **17** 감각   **18** 매체

01 '그림에서 모양, 색깔, 위치 따위의 짜임새'라는 의미를 지닌 말은 '구도'이다. 풍경화를 그리기 위해 해야 할 일을 말하므로 '구도'가 알맞다.

02 '사물을 보고 분별하는 견식'이라는 뜻을 지닌 말은 '안목'이다. 훈련을 통해 미술품을 판단하는 눈을 갖추었다는 내용이므로 '안목'이 알맞다.

03 '생기 있게 살아 움직이는 듯한 느낌'이라는 뜻을 지닌 말은 '생동감'이다. 주말여행을 앞두고 가족 모두 활기찬 표정이 되었다는 내용이므로 '생동감'을 쓸 수 있다.

04 '사실에 없는 일을 사실처럼 꾸며 만드는 성질을 띤 것'이라는 의미를 지닌 말은 '허구적'이다. 소설 속 인물들은 실제로는 없지만 어딘가에서 본 듯한 친숙함을 준다는 내용이므로 '허구적'을 쓸 수 있다.

05 '구상하다'는 '앞으로 이루려는 일에 대하여 그 일의 내용이나 규모, 실현 방법 따위를 어떻게 정할 것인지 이리저리 생각하다.', '예술 작품을 창작할 때, 작품의 골자가 될 내용이나 표현 형식 따위에 대하여 생각을 정리하다.'라는 두 가지 의미로 사용된다. ①, ②, ④, ⑤에서는 '구상하다'가 모두 첫 번째 의미로 사용되었고, ③의 경우만 두 번째 의미로 사용되었다.

06 '기법'은 '기교를 나타내는 방법'이라는 의미를 지닌다. 조각 작품들을 만든 방법이므로 '기법'을 쓸 수 있다.

07 '입체적'은 '삼차원의 공간적 부피를 가진 물체를 보는 것 같은 느낌을 주는 것'이라는 의미를 지닌다. 평면에 표현한 그림이지만 '입체적'인 느낌을 준다는 것이다.

08 '형상화하다'는 '형체로는 분명히 나타나 있지 않은 것을 어떤 방법이나 매체를 통하여 구체적이고 명확한 형상으로 나타내다.'를 뜻한다. 시인이 자신의 삶을 시로 표현했다는 것이므로 '형상화하다'가 알맞다.

09 '감각적'은 '감각을 자극하는 것'이라는 의미이다. 노래 가사를 평가한 내용이므로 '감각적'을 쓸 수 있다.

10 '감상하다'는 '주로 예술 작품을 이해하여 즐기고 평가하다.'라는 의미를 지닌다. 문학 작품을 즐기는 경우이므로 '감상하다'가 알맞다.

11 '여러 가지 물품을 한곳에 벌여 놓고 보게 하다.'라는 의미를 지닌 어휘는 '전시하다'이다. 이 문장은 '학교 축제를 맞아 우리가 만든 작품들을 전시하였다.'로 바꿔 쓸 수 있다.

12 '너무 기쁘거나 흥분하여 미친 듯이 날뛰다.'라는 의미를 지닌 어휘는 '열광하다'이다. 이 문장은 '사람들은 좋아하는 연예인을 만나면 열광한다.'로 바꿔 쓸 수 있다.

13 '고요한 마음으로 사물이나 현상을 관찰하거나 비추어 보다.'라는 의미를 지닌 어휘는 '관조하다'이다. 이 문장은 '그는 주말마다 산을 찾아 관조하는 것을 즐긴다.'로 바꿔 쓸 수 있다.

14 '색채'는 '물체가 빛을 받을 때 빛의 파장에 따라 그 거죽에 나타나는 특유한 빛'을 의미한다. 〈보기〉에서는 마티스의 그림이 강렬한 색을 담고 있음을 말하고 있으므로 '색채'가 알맞다.

오답 풀이

① '색동'은 '여러 색의 옷감을 잇대거나 여러 색으로 염색하여 만든 아이들의 저고리'라는 의미를 지닌 어휘이다.

② '색소'는 '물체의 색깔이 나타나도록 해 주는 성분'이라는 의미를 지닌 어휘이다.

④ '색출'은 '샅샅이 뒤져서 찾아냄.'이라는 의미를 지닌 어휘이다.

⑤ '색칠'은 '색깔이 나게 칠을 함. 또는 그 칠'이라는 의미를 지닌 어휘이다.

15 '기술이나 솜씨가 아주 교묘함.'을 나타내는 말은 '기교'로, 기술이나 솜씨가 좋다는 것을 나타낼 때에 '기교가 뛰어나다.'라고 표현한다.

16 '말이나 일의 내용에서 중심이 되는 줄기를 이루는 것'을 가리키는 말은 '골자'로, '뼈대', '요점' 등과 유사한 의미로 쓰인다.

17 '사물에서 받는 인상이나 느낌'을 '감각'이라고 하며, 감각에는 시각, 청각, 후각, 미각, 촉각 등이 있다.

18 '어떤 작용을 한쪽에서 다른 쪽으로 전달하는 물체나 수단'을 이르는 말을 '매체'라고 하며, 매체에는 인터넷 매체, 방송 매체, 신문 매체 등이 있다.

DAY 11 환경과 관련된 말

어휘 확인하기

본문 · 054~055쪽

01 터전	**02** 오염	**03** 생태계	**04** 해일	**05** ⑤
06 재생	**07** 녹지	**08** 공해	**09** 보수해야	**10** 개선하기
11 방지하겠다고		**12** 폐기하는	**13** ③	**14** ㉣
15 ㉡	**16** ㉠	**17** ㉢		

01 '집터가 되는 땅'이라는 의미를 지닌 말은 '터전'이다. 조상들이 집을 짓는 땅을 중시했다는 내용이므로 '터전'을 쓰는 것이 알맞다.

02 '더럽게 물듦.'이라는 뜻을 지닌 말은 '오염'이다. 공장 근처의 수질을 문제 삼는 상황이므로 '오염'을 쓰는 것이 알맞다. '수질 오염'은 '인위적인 요인에 의하여 자연 수자원이 오염되어 이용 가치가 떨어지거나 생활에 피해를 주는 현상'을 말한다.

03 '어느 환경 안에서 사는 생물군과 그 생물들을 제어하는 제반 요인을 포함한 복합 체계'라는 뜻을 지닌 말은 '생태계'이다. 뒷산의 자연을 보호하자는 내용이므로 '생태계'를 쓸 수 있다.

04 '해저의 지각 변동이나 해상의 기상 변화에 의하여 갑자기 바닷물이 크게 일어서 육지로 넘쳐 들어오는 것'이라는 의미를 지닌 말은 '해일'이다. 지진으로 인해 바닷물이 해안으로 몰려든 상황이므로 '해일'을 쓸 수 있다.

05 '유출하다'는 '밖으로 흘려 내보내다.', '귀중한 물품이나 정보 따위를 불법적으로 나라나 조직의 밖으로 내보내다.'라는 두 가지 의미로 사용된다. ㉠, ㉡, ㉣에서는 '유출하다'가 첫 번째 의미로 사용되었고, ㉢에서는 두 번째 의미로 사용되었으므로 ⑤가 알맞다.

06 '재생'은 '낡거나 못 쓰게 된 물건을 가공하여 다시 쓰게 함.'이라는 의미를 지닌다. '재생 용지'는 쓰고 난 종이를 재생한 것이다.

07 '녹지'는 '도시의 자연환경 보전과 공해 방지를 위하여 풀이나 나무를 일부러 심은 곳'이라는 의미를 지닌다. 공원에 만들어진 장소이므로 '녹지'가 알맞다. '토지'는 '경지나 주거지 따위의 사람의 생활과 활동에 이용하는 땅'을 말한다.

08 '공해'는 '산업이나 교통의 발달에 따라 사람이나 생물이 입게 되는 여러 가지 피해'라는 말이다. 여러 가지 공해로 인해 사람들의 건강이 나빠진 상황이므로 '공해'를 쓸 수 있다.

09 '건물이나 시설 따위의 낡거나 부서진 것을 손보아 고치다.'라는 의미를 지닌 어휘는 '보수하다'이다. 이 문장은 '며칠 전부터 삐걱대는 책상 다리를 보수해야 할 것 같다.'로 바꿔 쓸 수 있다.

10 '잘못된 것이나 부족한 것, 나쁜 것 따위를 고쳐 더 좋게 만들다.'라는 의미를 지닌 어휘는 '개선하다'이다. 이 문장은 '공부하는 방법을 개선하기 위해 친구들과 이야기를 나누었다.'로 바꿔 쓸 수 있다.

11 '어떤 일이나 현상이 일어나지 못하게 막다.'라는 의미를 지닌 어휘는 '방지하다'이다. 이 문장은 '선생님께서 독후감을 베껴 쓰는 일을 방지하겠다고 강조하셨다.'로 바꿔 쓸 수 있다.

12 '못 쓰게 된 것을 버리다.'라는 의미를 지닌 어휘는 '폐기하다'이다. 이 문장은 '평소에 쓰지 않는 물건들은 때때로 살펴보고 폐기하는 것이 낫다.'로 바꿔 쓸 수 있다.

13 '분해하다'는 '여러 부분이 결합되어 이루어진 것을 그 낱낱으

로 나누다.'라는 의미이고, '분석하다'는 '얽혀 있거나 복잡한 것을 풀어서 개별적인 요소나 성질로 나누다.'라는 의미를 지닌다. 〈보기〉에서 가전제품의 고장 원인을 알아보는 것은 '분석하다', 제품을 부분으로 나누어 살펴보는 것은 '분해하다'로 표현하는 것이 알맞다.

14 '활동의 근거로 삼는 곳'은 '근거지'의 의미이다.

15 '어떤 것과 관련된 모든 것'은 '제반'의 의미이다.

16 '연료가 탈 때 나오는, 그을음이 섞인 연기'는 '매연'의 의미이다.

17 '공장이나 광산 등지에서 쓰고 난 뒤에 버리는 물'은 '폐수'의 의미이다.

DAY 12 문화와 관련된 말

어휘 확인하기
본문 · 058~059쪽

01 기호 **02** 유산 **03** 풍류 **04** 대목 **05** ④
06 고유한 **07** 공동체 **08** 기리는 **09** 교류하는 **10** 이색적
11 전환하려고 **12** 보존하는 **13** 답사하기로
14 ③ **15** 특유 **16** 경기 **17** 간수

01 '즐기고 좋아함.'이라는 뜻을 지닌 말은 '기호'이다. 각자 좋아하는 음식을 시키자고 하는 상황이므로 '기호'가 알맞다.

02 '죽은 사람이 남겨 놓은 재산'이라는 뜻을 지닌 말은 '유산'이다. 조부모님이 남긴 재산을 사회에 환원한다는 내용이므로 '유산'이 알맞다.

03 '멋스럽고 풍치가 있는 일'이라는 뜻을 지닌 말은 '풍류'이다. 옛사람들이 즐겼던 흔적과 관련된 내용이므로 '풍류'가 알맞다.

04 '설이나 추석 따위의 명절을 앞두고 경기(景氣)가 가장 활발한 시기'라는 뜻을 지닌 말은 '대목'이다. 추석과 시장 경기를 말하고 있으므로 '대목'이 알맞다.

05 첫 번째 문장과 두 번째 문장 모두 법으로 금지된 행위를 이야기하고 있으므로, 빈칸에는 '법적 수속이나 관리자의 승낙을 받지 않고 고분 따위를 파거나 광물을 캐냄.'이라는 부정적 의미를 지닌 어휘인 '도굴'이 들어가는 것이 알맞다.

06 '고유하다'는 '본래부터 가지고 있어 특유하다.'라는 의미를 지닌다. 김장을 우리 특유의 전통문화라고 설명하는 내용이므로 '고유하다'가 알맞다.

07 '공동체'는 '생활이나 행동 또는 목적 따위를 같이하는 집단'이라는 뜻이다. 우리 사회와 관련된 내용이므로 '공동체'가 알맞다. '공감대'는 '서로 공감하는 부분'을 뜻한다.

08 '기리다'는 '뛰어난 업적이나 바람직한 정신, 위대한 사람 따위를 칭찬하고 기억하다.'라는 의미를 지닌다. 나라를 위해 목숨을 바친 영령들을 모신 장소인 현충원과 관련된 내용이므로 '기리다'를 활용해 쓸 수 있다.

09 '교류하다'는 '문화나 사상 따위를 서로 통하게 하다.'라는 의미를 지닌다. 다양한 국가의 외국인이 모여 어울린다는 내용이므로 '교류하다'를 활용해 쓸 수 있다.

10 '이색적'은 '보통의 것과 색다른 성질을 지닌 것'이라는 의미를 지닌다. 젓가락질을 하는 외국인들의 모습을 특이하게 보고 있으므로 '이색적'을 쓸 수 있다.

11 '다른 방향이나 상태로 바꾸다.'라는 의미를 지닌 어휘는 '전환하다'이다. 이 문장은 '우울한 기분을 전환하려고 친구들을 만났다.'로 바꿔 쓸 수 있다.

12 '잘 보호하고 간수하여 남기다.'라는 의미를 지닌 어휘는 '보존하다'이다. 이 문장은 '그 단체는 자연을 보존하는 일을 위해 애쓰고 있다.'로 바꿔 쓸 수 있다.

13 '현장에 가서 직접 보고 조사하다.'라는 의미를 지닌 어휘는 '답사하다'이다. 이 문장은 '그들은 행사장의 규모를 파악하기 위해 답사하기로 하였다.'로 바꿔 쓸 수 있다.

14 '양식'은 〈보기〉에서 설명하듯이 '일정한 모양이나 형식', '오랜 시간이 지나면서 자연히 정하여진 방식', '시대나 부류에 따라 각기 독특하게 지니는 문학, 예술 따위의 형식'이라는 세 가지 의미로 사용된다. 그런데 ③의 '양식'은 두 번째 의미(ⓛ)가 아닌 첫 번째 의미(⑤)로 사용된 예이다.

오답 풀이
①, ② '양식'의 첫 번째 의미(⑤)로 사용되었다.
④ '양식'의 두 번째 의미(ⓛ)로 사용되었다.
⑤ '양식'의 세 번째 의미(ⓒ)로 사용되었다.

15 사투리에는 그 지방만이 특별히 갖추고 있는 억양이 담겨 있다는 내용이므로 빈칸에는 '특유'가 들어가는 것이 적절하다.

16 실업자의 수가 늘어나는 것은 경제 상황이 좋지 않다는 의미이므로, 빈칸에는 '호황 · 불황 따위의 경제 활동 상태'를 의미하는 '경기'가 들어가는 것이 적절하다.

17 그는 아버지가 남긴 물건을 정성껏 보관하고 있다는 내용이 어울리므로, 빈칸에는 '간수'가 들어가는 것이 적절하다.

종합 문제
본문 · 060~061쪽

01 ③ **02** ⑤ **03** ④ **04** ⑤ **05** ③
06 ③ **07** ④ **08** ⑤ **09** ② **10** ⑤
11 ④

01 '기류'는 '온도나 지형의 차이로 말미암아 일어나는 공기의 흐름'을 의미하므로 '물'과는 관련이 없다.

오답 풀이
① '강수'는 '비, 눈, 우박, 안개 따위로 지상에 내린 물'을 의미한다.
② '급류'는 '물이 빠른 속도로 흐름. 또는 그 물'을 의미한다.
④ '대양'은 '세계의 해양 가운데에서 특히 넓은 해역을 차지하는 대규모의 바다'를 의미한다.
⑤ '해일'은 '해저의 지각 변동이나 해상의 기상 변화에 의하여 갑자기 바닷물이 크게 일어서 육지로 넘쳐 들어오는 것'을 의미한다.

02 '오염'의 의미는 '더럽게 물듦. 또는 더럽게 물들게 함.'이다. '산업이나 교통의 발달에 따라 사람이나 생물이 입게 되는 여러 가지 피해'는 '공해'의 의미이다.

03 '유출하다'는 '밖으로 흘려 내보내다.', '귀중한 물품이나 정보 따위를 불법적으로 나라나 조직의 밖으로 내보내다.'라는 두 가지 의미로 사용된다. 〈보기〉의 첫째 예문에서는 첫 번째 의미로, 둘째 예문에서는 두 번째 의미로 사용되었다.

오답 풀이
① '버리다'는 첫째 예문에서만 사용할 수 있다.
② '보수하다'는 '건물이나 시설 따위의 낡거나 부서진 것을 손보아 고치다.'라는 의미를 지닌다.
③ '배제하다'는 '받아들이지 아니하고 물리쳐 제외하다.'라는 의미를 지닌다.
⑤ '출현하다'는 '나타나거나 또는 나타나서 보이다.'라는 의미를 지닌다.

04 '비나 눈이 내려 날씨가 나쁘다.'라는 의미를 지닌 어휘는 '궂다', '상처에 염증이 생겨 고름이 들게 되다.'라는 의미를 지닌 어휘는 '곪다', '병이나 상처 따위를 잘못 다루어 상태가 더 나빠지다.'라는 의미를 지닌 어휘는 '덧나다'이다. 맞춤법에 맞게 표기된 것은 ⑤이다.

05 '대목'은 '설이나 추석 따위의 명절을 앞두고 경기(景氣)가 가장 활발한 시기'를 뜻하므로 '땅'과는 관련이 없다.

오답 풀이
① '내륙'은 '바다에서 멀리 떨어져 있는 육지'이다.
② '녹지'는 '천연적으로 풀이나 나무가 우거진 곳'이다.
④ '습지'는 '습기가 많은 축축한 땅'이다.
⑤ '터전'은 '집터가 되는 땅'이다.

06 '고유하다'는 '본래부터 가지고 있어 특유하다.'라는 의미를 지닌 어휘로 사물의 상태를 나타낸다. 나머지는 모두 동작이나 행위를 나타낸다.

오답 풀이
① '가누다'는 '몸을 바른 자세로 가지다.', '기운이나 정신, 숨결 따위를 가다듬어 차리다.'라는 의미를 지닌다.
② '기리다'는 '뛰어난 업적이나 바람직한 정신, 위대한 사람 따위를 칭찬하고 기억하다.'라는 의미를 지닌다.
④ '관조하다'는 '고요한 마음으로 사물이나 현상을 관찰하거나 비추어 보다.'라는 의미를 지닌다.
⑤ '섭취하다'는 '생물체가 양분 따위를 몸속에 빨아들이다.'라는 의미를 지닌다.

07 '폐기하다'는 '못 쓰게 된 것을 버리다.', '조약, 법령, 약속 따위를 무효로 하다.'라는 두 가지 의미로 사용된다. ①, ②, ③, ⑤에서는 〈보기〉에 제시된 첫 번째 의미로 사용되었다. 그러나 ④에서는 〈보기〉에 제시되지 않은 두 번째 의미로 사용되었다.

08 '전시하다'는 '여러 가지 물품을 한곳에 벌여 놓고 보게 하다.'라는 뜻으로, 인간의 사고가 아닌 행동과 관련된 어휘이다.

오답 풀이
① '도출하다'는 '판단이나 결론 따위를 이끌어 내다.'라는 의미를 지닌다.
② '고안하다'는 '연구하여 새로운 안을 생각해 내다.'라는 의미를 지닌다.
③ '구상하다'는 '앞으로 이루려는 일에 대하여 그 일의 내용이나 규모, 실현 방법 따위를 어떻게 정할 것인지 이리저리 생각하다.'라는 의미를 지닌다.
④ '자각하다'는 '현실을 판단하여 자기의 입장이나 능력 따위를 스스로 깨닫다.'라는 의미를 지닌다.

09 '방출하다'는 '비축하여 놓은 것을 내놓다.'라는 의미를 지닌다. '판단이나 결론 따위를 이끌어 내다.'라는 의미를 지닌 어휘는 '도출하다'이다.

오답 풀이
① '분해하다'는 '여러 부분이 결합되어 이루어진 것을 그 낱낱으로 나누다.'라는 의미를 지닌다.
③ '대체하다'는 '다른 것으로 대신하다.'라는 의미를 지닌다.
④ '교류하다'는 '문화나 사상 따위를 서로 통하게 하다.'라는 의미를 지닌다.
⑤ '발굴하다'는 '세상에 널리 알려지지 않거나 뛰어난 것을 찾아 밝혀내다.'라는 의미를 지닌다.

10 '병을 앓고 난 뒤에도 남아 있는 병적인 증상'이라는 의미를 지닌 어휘는 '후유증'이다. 이 문장은 '의사는 나에게 후유증이 없는지 물어보았다.'로 바꿔 쓸 수 있다.

오답 풀이
① '병명'은 '병의 이름'을 의미한다.
② '질병'은 '몸의 온갖 병'을 의미한다.
③ '증세'는 '병을 앓을 때 나타나는 여러 가지 상태나 모양'을 의미한다.
④ '부작용'은 '약이 지닌 그 본래의 작용 이외에 부수적으로 일어나는 작용'을 의미한다.

11 '만들어져서 이루어지다.'라는 의미를 지닌 어휘는 '조성되다'이다. 이 문장은 '오랫동안 공사해 왔던 우리 동네의 강변 산책로가 드디어 조성되었다.'로 바꿔 쓸 수 있다.

DAY 13 대상을 가리키는 말

어휘 확인하기

본문 · 066~067쪽

01 난리　**02** 눈시울　**03** 생채기　**04** 수평선　**05** ㄹ
06 ㄴ　**07** ㄷ　**08** ㄱ　**09** ②　**10** 만물
11 애호가　**12** 이물질　**13** 청과물　**14** 덩굴　**15** ④
16 오금　**17** 눈시울

01 '분쟁, 재해 따위로 세상이 소란하고 질서가 어지러워진 상태'라는 의미를 지닌 말은 '난리'이다. 폭설로 인해 도로가 마비된 상황은 재해에 해당하므로 빈칸에 들어갈 어휘로는 '난리'가 알맞다.

02 '눈언저리의 속눈썹이 난 곳'이라는 뜻을 지닌 말은 '눈시울'이다. 흔히 '눈시울을 적시다', '눈시울이 뜨거워지다', '눈시울을 붉히다' 등의 관용적 표현을 사용하여 '눈물이 나다.'라는 의미를 나타낸다. 애처로운 사연을 들었을 때는 눈물이 나올 듯한 슬픔을 느꼈을 것이므로 '눈시울이 붉어졌다.'가 알맞다.

03 '손톱 따위로 할퀴거나 긁히어서 생긴 작은 상처'라는 뜻을 지닌 말은 '생채기'이다. 손으로 다리를 긁어 작은 상처가 난 것이므로 '생채기가 생겼다.'라는 표현을 쓸 수 있다.

04 '물과 하늘이 맞닿아 경계를 이루는 선'이라는 의미를 지닌 말은 '수평선'이다. 바다와 하늘의 경계면을 바라보고 있는 상황이므로 '수평선'이라는 어휘를 쓸 수 있다.

05 '둘레의 가 부분'은 '언저리'이다.

06 '나라 안에서 싸움질하는 난리'는 '병란'이다.

07 '재앙으로 말미암아 받는 피해'는 '재해'이다.

08 '전지나 축전기 또는 전기를 띤 물체에서 전기가 외부로 흘러나오는 현상'은 '방전'이다.

09 '우레'는 '천둥'이라고도 하며, '뇌성(천둥이 칠 때 나는 소리)과 번개를 동반하는 대기 중의 방전 현상'을 나타내는 어휘이다.

오답 풀이
① '우래'는 '우레'의 잘못된 표현이다. 혼동해서 쓰지 않도록 주의해야 한다.
③ '우려'는 '근심하거나 걱정함. 또는 그 근심과 걱정'이라는 의미를 가진 말이다.
④ '우례'는 '특별히 예를 차림. 또는 그런 예'라는 뜻을 가진 말이다.
⑤ '우로'는 '비와 이슬을 아울러 이르는 말'이다.

10 '만물'은 '세상에 있는 모든 것'을 뜻한다. '인간은 만물의 영장이다.'라는 문장은 관용구로, 인간이 세상 모든 것의 우두머리임을 말하는 문장이다. 여기서 '영장'은 '영묘한 힘을 가진 우두머리'라는 뜻으로, '사람'을 이르는 말이다.

11 '호사가'는 '남의 일에 특별히 흥미를 가지고 말하기 좋아하는 사람', '애호가'는 '어떤 사물을 사랑하고 좋아하는 사람'이다. 문학을 매우 사랑하는 사람을 가리키므로 '애호가'를 사용하는 것이 알맞다.

12 '이물질'은 '정상적이 아닌 다른 물질'을, '첨가물'은 '식품 따위를 만들 때 보태어 넣는 것'을 뜻한다. 주어진 문장은 모래사장을 걸어 신발 속에 모래가 들어간 상황이므로 '이물질이 느껴졌다.'라는 표현이 적절하다.

13 '청과물'은 '신선한 과일과 채소를 통틀어 이르는 말', '수산물'은 '바다나 강 따위의 물에서 나는 산물'이다. '신선한 과일과 채소'를 판다고 하였으므로 '청과물'이 알맞다.

14 '덩굴'은 '길게 뻗어 나가면서 다른 물건을 감기도 하고 땅바닥에 퍼지기도 하는 식물의 줄기'를 뜻하는 말이다. '뒤엉킨'이라는 말을 통해 문맥에 어울리는 어휘는 '덩굴'임을 알 수 있다.

15 태풍과 폭우로 마을 전체가 엉망이 된 상황이므로 '쑥대밭'이 어울린다. '쑥대밭'은 '매우 어지럽거나 못 쓰게 된 모양을 비유적으로 이르는 말'이다.

오답 풀이
① '논밭'은 '논과 밭을 아울러 이르는 말'이다.
② '풀밭'은 '잡풀이 많이 난 땅'을 말한다.
③ '민둥산'은 '나무가 없는 산'을 말한다.
⑤ '황무지'는 '손을 대어 거두지 않고 내버려 두어 거친 땅'을 말한다.

16 '오금'은 '무릎의 구부러지는 오목한 안쪽 부분' 또는 '아래팔과 위팔을 이어 주는 뼈마디의 안쪽 부분'을 가리키는 말이다. '오금이 저리다'라는 관용구는 '공포감 따위에 맥이 풀리고 마음이 졸아들다.'라는 의미로 주어진 대화 속 상황에서 '영화가 긴박감이 넘쳐서 보는 사람이 절로 마음을 졸였다.'라는 뜻으로 사용하기에 적절하다.

17 '눈시울'은 '눈언저리의 속눈썹이 난 곳'을 가리키는 말로 '눈시울이 붉어지다'는 눈물이 쏟아지기 직전의 모습을 묘사하는 말이다. '영화를 보고 감동을 받아 관객들이 눈물을 흘리고 있다.'는 대화의 내용 전개상 빈칸에 들어갈 적절한 말은 '눈시울'이다.

어휘 확인하기 본문 · 070~071쪽

01 곶	02 해껏	03 모퉁이	04 어스름	05 ③
06 허공	07 글피	08 입때	09 환절기	10 서가
11 ③	12 둔치	13 여울	14 ⑤	15 공중
16 변두리	17 철	18 구어체		

01 '바다 쪽으로, 부리 모양으로 뾰족하게 뻗은 육지'라는 의미를 지닌 말은 '곶'이다. 바다로 뻗어 나간 육지를 가리키므로 '곶'이 알맞다.

02 '해가 질 때까지'라는 뜻을 지닌 말은 '해껏'이다. 아침부터 해가 질 때까지 공부한 상황으로 볼 수 있으므로 '해껏'을 사용하는 것이 알맞다.

03 '구부러지거나 꺾어져 돌아간 자리'라는 뜻을 지닌 말은 '모퉁이'이다. 골목의 꺾어진 부분을 돌다가 다른 사람과 부딪친 상황이므로 '모퉁이'를 쓸 수 있다.

04 '조금 어둑한 상태. 또는 그런 때'라는 의미를 지닌 말은 '어스름'이다. 해가 거의 져 가는 상황이므로 '어스름'을 쓸 수 있다.

05 '금세'는 '지금 바로'를 뜻하며, '금시에'가 줄어든 말로 구어체에서 많이 사용된다. 소식이 빠르게 퍼진 상황이므로 '금세'를 쓰는 것이 알맞다.

오답 풀이
① '근세'는 '오래되지 않은 가까운 세상'이다.
② '금새'는 '물건의 값. 또는 물건값의 비싸고 싼 정도'이다.
④ '금실'은 '부부간의 사랑'을 말한다.
⑤ '금지'는 '어떤 행위를 하지 못하도록 함.'을 말한다.

06 '허공'은 '텅 빈 공중'을 말한다. 풍선이 날아가는 공간을 말하고 있으므로 허공이 알맞다. '구름'은 공중에 떠 있는 것이므로 풍선이 날아간 방향이나 공간적인 개념과는 어울리지 않는다.

07 '글피'는 '모레(내일의 다음 날)의 다음 날'이다. '그제'는 '어제의 전날'이다.

08 '입때'는 '지금까지. 또는 아직까지', '이때'는 '바로 지금의 때'이다. 문자 보내는 방법을 아직까지 모르신다는 내용이므로 '입때'를 사용하는 것이 알맞다.

09 '환절기'는 '철(계절)이 바뀌는 시기', '한가위'는 '음력 팔월 보름날(추석)'이다. 겨울에서 봄으로 계절이 바뀌는 때이므로 '환절기'가 알맞다.

10 '서가'는 '문서나 책 따위를 얹어 두거나 꽂아 두도록 만든 선반', '서기'는 '단체나 회의에서 문서나 기록 따위를 맡아보는 사람'이다. 도서관에서 책을 꽂아 두는 장소이므로 '서가'가 알맞다.

11 수학 공부를 한 날이 지난주는 3일(월·수·금요일), 이번 주는 4일(월·수·금·일요일)이다. 따라서 지난주는 사흘, 이번 주는 나흘을 공부한 것이므로 ③이 알맞다.

12 '둔치'는 '물가의 언덕' 또는 '강, 호수 따위의 물이 있는 곳의 가장자리'를 나타내는 말이다. 주어진 문장은 휴가철이 끝난 후 강가에 버려진 쓰레기를 치우려고 하는 상황이므로 빈칸에 들어갈 어휘로 가장 적절한 것은 '둔치'이다.

13 '여울'은 '강이나 바다 따위의 바닥이 얕거나 폭이 좁아 물살이 세게 흐르는 곳'을 가리키는 말이다. 물놀이를 하다가 물살이 세게 흐르는 곳을 만나 휩쓸려 떠내려갈 뻔한 상황을 나타내고 있으므로 빈칸에 들어갈 어휘로 가장 적절한 것은 '여울'이다.

14 명절을 앞두고 일거리가 많아진 택배 기사들이 매우 바빠서 식사할 시간적인 여유가 없다는 내용이다. 따라서 '장소'는 어울리지 않는다.

오답 풀이
①, ② '틈'과 '겨를'은 모두 '어떤 일을 하다가 생각 따위를 다른 데로 돌릴 수 있는 시간적인 여유'를 뜻한다.
③ '시간'은 '어떤 행동을 할 틈'이라는 의미를 지닌다.
④ '여유'는 '물질적·공간적·시간적으로 넉넉하여 남음이 있는 상태'를 말한다.

15 '하늘과 땅 사이의 빈 곳'은 '공중'이다.

16 '어떤 지역의 가장자리가 되는 곳'은 '변두리'이다.

17 '규칙적으로 되풀이되는 자연 현상에 따라서 일 년을 구분한 것'은 '철'이다.

18 '글에서 쓰는 말투가 아닌, 일상적인 대화에서 주로 쓰는 말투'는 '구어체'이다.

DAY 15 감정·상태와 관련된 말

어휘 확인하기 본문 · 074~075쪽

01 버금	02 아랑곳	03 덧없	04 야멸차	05 ③
06 ㉫	07 ㉠	08 ㉢	09 ㉣	10 대수롭지
11 명료하다	12 각박하다	13 열없어서	14 ⑤	
15 애먹었다	16 해쓱한	17 달가운	18 무료한	

01 '으뜸의 바로 아래가 되다.'라는 뜻을 지닌 말은 '버금가다'이다. 동생의 연주 실력이 언니 다음까지 갔다는 내용이므로 '버금가다'를 사용하는 것이 알맞다.

02 '일에 나서서 참견하거나 관심을 두다.'라는 뜻을 지닌 말은 '아랑곳하다'이다. 남들의 시선이나 평판에 신경 쓰지 않는 상황이므로 '아랑곳하지 않다'라는 표현을 쓸 수 있다.

03 '알지 못하는 가운데 지나가는 시간이 매우 빠르다.'라는 의미를 지닌 말은 '덧없다'이다. 인생을 되돌아보며 빠르게 지나간 세월을 아쉬워하는 상황이므로 '덧없다'를 활용하는 것이 알맞다.

04 '자기만 생각하고 남의 사정을 돌볼 마음이 거의 없다.'라는 의미를 지닌 말은 '야멸차다'이다. 부탁을 거절하는 상황이므로 '야멸차게'를 쓸 수 있다.

05 스마트폰이 대중화되면서 늘어난 줄임말 사용에 관한 내용이다. 젊은 층에서는 줄임말을 쉽게 사용하는 반면, 줄임말에 익숙하지 않은 중장년층에서는 줄임말을 낯설고 이로 인해 젊은 사람들과의 의사소통에 어려움을 겪는다는 것이다. 이렇게 '어떤 대상이 친숙하지 못하고 낯이 설다.'라는 의미를 담은 어휘는 '생소하다'이다.

오답 풀이
① '단순하다'는 '복잡하지 않고 간단하다.'를 뜻한다.
② '복잡하다'는 '일이나 감정 따위가 갈피를 잡기 어려울 만큼 여러 가지가 얽혀 있다.'라는 뜻이다.
④ '익숙하다'는 '어떤 일을 여러 번 하여 서투르지 않은 상태에 있다.'라는 의미를 지닌다.
⑤ '친근하다'는 '친하여 익숙하고 허물이 없다.'를 뜻한다.

06 '쓸쓸하고 막막하다.'는 '삭막하다'의 의미이다.

07 '쑥스럽거나 미안하여 어색하다.'는 '겸연쩍다'의 의미이다.

08 '몸이 마르고 낯빛이나 살색이 핏기가 전혀 없다.'는 '파리하다'의 의미이다.

09 '조금도 모자람이 없을 정도로 넉넉하여 만족하다.'는 '흡족하다'의 의미이다.

10 '중요하게 여길 만하다.'는 의미를 지닌 어휘는 '대수롭다'이다. 이 문장은 '그에게 이번 사건은 대수롭지 않았다.'로 바꿔 쓸 수 있다.

11 '뚜렷하고 분명하다.'라는 의미를 지닌 어휘는 '명료하다'이다. 이 문장은 '역사 속 성인들의 가르침은 하나같이 명료하다.'로 바꿔 쓸 수 있다.

12 '인정이 없고 삭막하다.'라는 의미를 지닌 어휘는 '각박하다'이다. 이 문장은 '경제 상황이 좋지 않은 나라에서는 사는 게 각박하다.'로 바꿔 쓸 수 있다.

13 '좀 겸연쩍고 부끄럽다.'라는 의미를 지닌 어휘는 '열없다'이다. 이 문장은 '우리 둘 모두 이유 없이 화를 낸 것이 열없어서 얼굴이 붉어졌다.'로 바꿔 쓸 수 있다.

14 '여의다'는 '부모나 사랑하는 사람이 죽어서 이별하다.'와 '딸을 시집보내다.'라는 두 가지 의미로 사용된다. ①~④에서는 '여의다'가 모두 첫 번째 의미로 사용되었고, ⑤의 경우만 두 번째 의미로 사용되었다.

15 '애먹다'는 '속이 상할 정도로 어려움을 겪다.'라는 의미를 지닌다. 오른팔에 붕대를 한 채로 옷을 입는 어려움을 겪는 상황이므로 '애먹다'를 쓸 수 있다.

16 '해쓱하다'는 '얼굴에 핏기나 생기가 없어 파리하다.'라는 의미를 지닌다. 오랫동안 병에 시달린 아이의 얼굴이므로 '해쓱하다'를 쓰는 것이 알맞다.

17 '달갑다'는 '거리낌이나 불만이 없어 마음이 흡족하다.'라는 의미를 지닌다. 친구가 생일 축하를 해 줘서 기쁜 마음이 든 상황이므로 '달갑다'를 쓸 수 있다. '고깝다'는 '섭섭하고 야속하여 마음이 언짢다.'라는 의미를 지닌다.

18 '무료하다'는 '흥미 있는 일이 없어 심심하고 지루하다.'라는 의미를 지닌다. 휴일을 지루하게 보내는 상황이므로 '무료하다'를 쓸 수 있다.

DAY 16 성격·태도와 관련된 말

어휘 확인하기 본문 · 078~079쪽

01 웅숭깊	**02** 객쩍	**03** 낙천적	**04** 미욱	**05** ③
06 패기	**07** 괴팍해서		**08** 내성적	**09** 어정거리는
10 ③	**11** 경청하였다		**12** 느물거렸다	
13 생경한	**14** 박절하게		**15** ②	**16** ⑤

01 '생각이나 뜻이 크고 넓다.'라는 의미를 지닌 말은 '웅숭깊다'이다. 대범하고 사려 깊은 태도로 시련과 역경을 헤쳐 나갔다는 내용이므로 '웅숭깊다'를 쓸 수 있다.

02 '행동이나 말, 생각이 쓸데없고 싱겁다.'라는 의미를 지닌 말은 '객쩍다'이다. 삼촌은 어른인데도 싱거운 말을 많이 해서 놀림 받는 상황이므로 '객쩍다'가 알맞다.

03 '세상과 인생을 즐겁고 좋은 것으로 여기는 것'이라는 뜻을 지닌 말은 '낙천적'이다. 부모님께 칭찬을 받고 세상을 밝게 보는 상황이므로 '낙천적'을 쓸 수 있다.

04 '하는 짓이나 됨됨이가 매우 어리석고 미련하다.'라는 뜻을 지닌 말은 '미욱하다'이다. 실수를 해도 스스로를 어리석고 미련하다고 생각하지 말 것을 충고하는 내용이므로 '미욱하다'가 알맞다.

05 '진득하다'는 '성질이나 행동이 검질기게 끈기가 있다.', '잘 끊어지지 아니할 정도로 눅진하고 차지다.'라는 두 가지 의미로 사용된다. ①, ②, ④, ⑤에서는 '진득하다'가 모두 첫 번째 의미로 사용되었고, ③의 경우만 두 번째 의미로 사용되었다.

06 '패기'는 '어떤 어려운 일이라도 해내려는 굳센 기상이나 정신'이라는 의미를 지닌다. 중요한 경기를 앞둔 선수들의 의지나 절실함이 느껴지는 상황이므로 '패기'를 쓰는 것이 적절하다.

07 '괴팍하다'는 '붙임성이 없이 까다롭고 별나다.'라는 의미를 지닌다. 이웃과 어울리지 못하는 성격을 말하고 있으므로 '괴팍하다'를 쓰는 것이 알맞다.

08 '내성적'은 '겉으로 드러내지 아니하고 마음속으로만 생각하는 것'을 뜻한다. 말수가 적어 속마음을 알 수 없는 사람에 대해 서술하고 있으므로 '내성적'이라는 어휘와 잘 어울린다.

09 '어정거리다'는 '키가 큰 사람이나 짐승이 이리저리 천천히 걷다.'라는 의미이다. 한 사람이 특별한 일도 없이 동네를 돌아다니는 상황이므로 '어정거리다'를 쓸 수 있다. '빈정거리다'는 '남을 은근히 비웃는 태도로 자꾸 놀리다.'라는 의미이다.

10 '담박하다'는 '욕심이 없고 마음이 깨끗하다.'와 '음식이 느끼하지 않고 산뜻하다.'라는 의미로 사용된다. 〈보기〉에서는 음식의 맛과 그 음식을 먹었던 사람들의 성격을 연관 지어 설명하고 있다. '맛이 깔끔하고', '욕심이 없고 깨끗한 마음씨'라는 표현에 공통적으로 어울리는 어휘로는 '담박하다'가 알맞다.

오답 풀이
① '진하다'는 '액체의 농도가 짙다.'라는 뜻이며, 사람의 성격과는 관련이 없다.
② '강렬하다'는 '성질이 억세고 사납다.', '강하고 세차다.'라는 뜻이다.
④ '심심하다'는 '음식 맛이 조금 싱겁다.'라는 의미로 사람의 성격과는 관련이 없다.
⑤ '화끈하다'는 '몸이나 쇠 따위가 뜨거운 기운을 받아 갑자기 달아오르다.'를 뜻한다.

11 '귀를 기울여 듣다.'라는 의미를 지닌 어휘는 '경청하다'이다. 이 문장은 '우리는 한 친구의 고민을 진지하게 경청하였다.'로 바꿔 쓸 수 있다.

12 '말이나 행동을 자꾸 능글맞게 하였다.'라는 의미를 지닌 어휘는 '느물거리다'이다. 이 문장은 '그는 모두가 싫어하는데도 눈치도 없이 느물거렸다.'로 바꿔 쓸 수 있다.

13 '세상 물정에 어둡고 완고하다.'라는 의미를 지닌 어휘는 '생경하다'이다. 이 문장은 '그는 산속 깊은 곳에 오래 살아서인지 생경한 사고방식을 가졌다.'로 바꿔 쓸 수 있다.

14 '인정이 없고 쌀쌀하다.'라는 의미를 지닌 어휘는 '박절하다'이다. 이 문장은 '층간 소음으로 아파트 주민들은 서로를 박절하게 대하고 있다.'로 바꿔 쓸 수 있다.

15 ㉠에 들어갈 어휘는 뒤의 '쫀득한 식감'이라는 표현과 연관 지어 생각해 볼 수 있다. '차지다'는 '반죽이나 밥, 떡 따위가 끈기가 많다.'라는 뜻을 가진 말로, 쫀득한 식감을 느끼게 할 수 있는 밥의 상태를 표현하는 말이다. 따라서 ㉠에 들어갈 가장 알맞은 말은 '차진'이다.
㉡에 들어갈 어휘는 문맥상 부정적인 의미의 표현임을 알 수 있다. '능글맞다'는 '태도가 음흉하고 능청스러운 데가 있다.'라는 뜻을 가진 말로 성질이 외곬으로 곧아 융통성이 없는 고지식한 장인이 마음에 들지 않아 할 성격으로 알맞다.
㉢에 들어갈 어휘는 운동선수로서 혹독한 훈련을 버텨 낼 수 있는 강인한 정신력과 관련된 말이 들어갈 것임을 유추할 수 있다. '검질기다'는 '성질이나 행동이 몹시 끈덕지고 질기다.'라는 뜻을 가진 말로 인내심과 근성이 강해야 하는 운동선수의 성향과 잘 어울리는 표현이다.

16 할아버지의 고집을 그 누구도 꺾을 수 없었다는 글의 내용으로 미루어 보아, 빈칸에 들어갈 적절한 어휘는 이러한 고지식한 할아버지의 성품을 표현하는 말임을 알 수 있다. 따라서 '융통성이 없이 올곧고 고집이 세다.'라는 뜻을 가진 '완고하다'가 가장 적절하다.

오답 풀이
① '완숙하다'는 '사람이나 동물이 완전히 성숙한 상태이다.' 또는, '재주나 기술 따위가 아주 능숙하다.'라는 뜻을 가진 말이다.
② '완전하다'는 '필요한 것이 모두 갖추어져 모자람이나 흠이 없다.'라는 뜻을 가진 말이다.
③ '완곡하다'는 '말하는 투가, 듣는 사람의 감정이 상하지 않도록 모나지 않고 부드럽다.'라는 뜻을 가진 말이다.
④ '완벽하다'는 '결함이 없이 완전하다.'라는 뜻을 가진 말이다.

DAY 17 행동을 나타내는 말

어휘 확인하기 본문 · 082~083쪽

01 파	**02** 포효	**03** 일구	**04** 저지레	**05** ④
06 기승부리고		**07** 동조하는	**08** 동하지	**09** 유발하는
10 건사하기	**11** 우회하였다	**12** 종종거렸다		**13** 눙치는
14 ④	**15** ㉡	**16** ㉠	**17** ㉢	**18** ㉣

01 '어떤 일을 마치거나 그만두다.'라는 의미를 지닌 말은 '파하다'이다. 학교 수업이 끝나고 난 상황이므로 '파하다'가 알맞다.

02 '사나운 짐승이 울부짖다.'라는 뜻을 지닌 말은 '포효하다'이다. 동물원에서 사자가 울부짖는 상황이므로 '포효하다'를 쓸 수 있다.

03 '논밭을 만들기 위하여 땅을 파서 일으키다.'라는 뜻을 지닌 말은 '일구다'이다. 농사를 위해 땅을 파는 상황이므로 '일구다'가 알맞다.

04 '일이나 물건에 문제가 생기게 만들어 그르치는 일'이라는 의미를 지닌 말은 '저지레'이다. 침착하지 못해 문제를 만들었음을 짐작할 수 있으므로 '저지레'를 쓸 수 있다.

05 '해소하다'는 '어려운 일이나 문제가 되는 상태를 해결하여 없애 버리다.'라는 의미로 사용된다. ①, ②, ③, ⑤에서는 모두 문제 상황을 해결한 내용이므로 '해소하다'가 적절하게 사용되었다. 그러나 ④에서 기계 장치를 분해한 경우에는 '여러 가지 부속으로 맞추어진 기계 따위를 뜯어서 헤치다.'를 뜻하는 '해체하다'를 쓰는 것이 알맞다.

06 '기승부리다'는 '기운이나 힘 따위가 성해서 좀처럼 누그러들지 않다.'라는 의미를 지닌다. 무더위와 열대야가 성해서 누그러지지 않는다는 내용이므로 '기승부리다'를 쓸 수 있다. '고집부리다'는 '자기 의견을 바꾸거나 고치지 않고 굳게 버티는 행동을 하다.'라는 의미이다.

07 '동조하다'는 '남의 주장에 자기의 의견을 일치시키거나 보조를 맞추다.'라는 의미를 지닌다. 남의 의견에 맞추지 않는 성격을 말하고 있으므로 '동조하다'가 알맞다. '동참하다'는 '어떤 모임이나 일에 같이 참가하다.'라는 뜻이다.

08 '동하다'는 '어떤 욕구나 감정 또는 기운이 일어나다.'라는 뜻이다. 입맛이 돌지 않는 경우이므로 '동하다'를 쓸 수 있다. '진하다'는 '어떤 정도가 보통보다 더 세거나 강하다.'라는 뜻이므로 주어진 문장과 어울리지 않는다.

09 '유발하다'는 '어떤 것이 다른 일을 일어나게 하다.'라는 의미이다. 폐플라스틱이 환경 오염의 원인이 된다는 내용이므로 '유발하다'를 쓸 수 있다. '유지하다'는 '어떤 상태나 상황을 그대로 보존하거나 변함없이 계속하여 지탱하다.'라는 뜻이므로 주어진 문장과 어울리지 않는다.

10 '제게 딸린 것을 잘 보살피고 돌보다.'라는 의미를 지닌 어휘는 '건사하다'이다. 이 문장은 '누나는 어린 동생을 건사하기 위해 노력하였다.'로 바꿔 쓸 수 있다.

11 '곧바로 가지 않고 멀리 돌아서 가다.'라는 의미를 지닌 어휘는 '우회하다'이다. 이 문장은 '그는 공사 중인 도로를 우회하였다.'로 바꿔 쓸 수 있다.

12 '발걸음을 가까이 자주 떼며 계속 빨리 걷다.'라는 의미를 지닌 어휘는 '종종거리다'이다. 이 문장은 '채린이는 마음이 급한지 종종거렸다.'로 바꿔 쓸 수 있다.

13 '마음 따위를 풀어 누그러지게 하다.'라는 의미를 지닌 어휘는 '눙치다'이다. 이 문장은 '민지는 친구들이 화가 났을 때 눙치는 말재주를 지녔다.'로 바꿔 쓸 수 있다.

14 '거스르다'는 '일이 돌아가는 상황이나 흐름과 반대되거나 어긋나는 태도를 취하다.', '남의 말이나 가르침, 명령 따위와 어긋나는 태도를 취하다.'의 두 가지 의미로 사용된다. '거슬리다'는 '순순히 받아들여지지 않고 언짢은 느낌이 들며 기분이 상하다.'라는 뜻을 지닌다. 〈보기〉에서 '듣기 언짢은 말'과 관련해서는 '거슬리다'를, '충고를 따르지 않는 행동'과 관련해서는 '거스르다'를 쓰는 것이 알맞다.

15 '잘못하여 일을 그릇되게 하다.'는 '그르치다'의 의미이다.

16 '벌여 놓거나 차려 놓은 것을 정리하다.'는 '거두다'의 의미이다.

17 '딱딱한 성질이 부드러워지거나 약하여지다.'는 '누그러지다'의 의미이다.

18 '어떤 어려움에도 굴하지 아니하고 몹시 모질고 끈덕지게 일을 해 나가는 태도가 있다.'는 '억척스럽다'의 의미이다.

DAY 18 뜻을 명확히 하는 말

어휘 확인하기
본문 • 086~087쪽

01 대개　**02** 짐짓　**03** 부득불　**04** 거침없이　**05** ③
06 새삼　**07** 뜬금없이　**08** 애먼　**09** 여지없이
10 홀연히　**11** 틈틈이　**12** 단연코　**13** 부단히　**14** ③
15 일반적　**16** 가차　**17** 단정

---

01 '일반적인 경우'라는 의미를 지닌 말은 '대개'이다. 회사 일을 대부분 집에서 처리하고 있는 상황이므로 '대개'를 쓰는 것이 알맞다.

02 '마음으로는 그렇지 않으나 일부러 그렇게'라는 뜻을 지닌 말은 '짐짓'이다. 다 아는 얘기를 들으면서도 놀라는 표정을 짓는 상황이므로 '짐짓'이 알맞다.

03 '마음이 내키지 아니하나 마지못하여'라는 뜻을 지닌 말은 '부득불'이다. 다른 사람들이 다 거부하는 바람에 마지못해 회장을 맡게 되었다는 내용이므로 '부득불'을 쓰는 것이 알맞다.

04 '일이나 행동 따위가 중간에 걸리거나 막힘이 없이'라는 의미를 지닌 말은 '거침없이'이다. 가슴속에 묻어 둔 말들을 쏟아낸다는 내용이므로 '거침없이'를 쓸 수 있다.

05 '반드시'는 '틀림없이 꼭'이라는 의미이다. 그리고 '반듯이'는 '작은 물체, 또는 생각이나 행동 따위가 비뚤어지거나 기울거나 굽지 아니하고 바르게'라는 의미를 지닌다. 〈보기〉에서 '아침밥은 꼭 먹어야 한다.', '살면서 꼭 실천해야 할 것'이라는 내용

에는 '반드시'를 쓰는 것이 알맞다. 반면 '의자에는 바르게 앉아야 한다.'라는 내용에는 '반듯이'를 쓰는 것이 알맞다.

06 '새삼'은 '이전의 느낌이나 감정이 다시금 새롭게'라는 의미를 지닌다. 예전 살던 동네에서 어린 시절 친구들을 떠올리는 상황이므로 '새삼'을 쓰는 것이 알맞다.

07 '뜬금없이'는 '갑작스럽고도 엉뚱하게'라는 뜻이다. 연락이 없던 친구가 나타나 갑작스럽게 여행을 가자고 하는 상황이므로 '뜬금없이'를 쓸 수 있다.

08 '애먼'은 '일의 결과가 다른 데로 돌아가 억울하게 느껴지는'이라는 의미를 지닌다. 축구 시합에서 졌다고 관련이 없는 다른 사람에게 원망을 쏟아붓는 상황이므로 '애먼'을 쓰는 것이 알맞다. '엄한'은 '규율이나 규칙을 적용하거나 예절을 가르치는 것이 매우 철저하고 바르다.' 등의 뜻을 지닌 '엄하다'에서 온 말이다. '애먼' 대신 '엄한'을 쓰지 않도록 주의해야 한다.

09 '여지없이'는 '더 어찌할 나위가 없을 만큼 가차 없이. 또는 달리 어찌할 방법이나 가능성이 없이'라는 의미를 지닌다. 연습 부족으로 달리기 시합에서 꼴찌를 했다는 내용이므로 '여지없이'를 쓸 수 있다.

10 '뜻하지 아니하게 갑자기'라는 의미를 지닌 어휘는 '홀연히'이다. 이 문장은 '그 집은 홀연히 이사를 가 버렸다.'로 바꿔 쓸 수 있다.

11 '겨를이 있을 때마다'라는 의미를 지닌 어휘는 '틈틈이'이다. 이 문장은 '언니는 공부를 하면서 틈틈이 피아노를 친다.'로 바꿔 쓸 수 있다.

12 '확실히 단정할 만하게'라는 의미를 지닌 어휘는 '단연코'이다. 이 문장은 '화장실이 고장 난 것은 단연코 내 잘못이 아니다.'로 바꿔 쓸 수 있다.

13 '꾸준하게 잇대어 끊임이 없이'라는 의미를 지닌 어휘는 '부단히'이다. 이 문장은 '민수는 부단히 노력한 끝에 원하는 학교에 진학했다.'로 바꿔 쓸 수 있다.

14 〈보기〉의 빈칸에는 '가난한 집'을 강조하여 뜻을 명확히 하는 말이 들어가는 것이 알맞다. '심지어'는 '더욱 심하다 못하여 나중에는'이라는 의미를 지닌 어휘이므로 빈칸에 들어가면 문맥이 이상해진다.

① '몹시'는 '더할 수 없이 심하게'라는 뜻을 지닌다.
② '아주'는 '보통 정도보다 훨씬 더 넘어선 상태로'라는 뜻이다.
④ '지지리'는 '아주 몹시, 또는 지긋지긋하게'라는 뜻을 지닌다.
⑤ '지긋지긋하게'는 '진저리가 나도록 몹시 싫고 괴롭게'라는 뜻을 지닌다.

15 하루에 세 끼를 먹는 행위에 대한 평가와 '널리 통하는 개념'이라는 뜻을 가진 '통념' 앞에 수식될 수 있는 말로 모두 적절한 어휘는 '일부에 한정되지 아니하고 전체에 걸치는 것'이라는 의미를 가진 '일반적'이다.

16 '더 이상 생각해 볼 (　　)도 없다.'라는 문장에서는 맥락상 '필요, 명분, 이유' 등의 의미를 포함한 어휘가 오는 것이 적절하다. '(　　) 없이 주먹을 휘두르다.'라는 문장에서는 맥락상 '인정사정 볼 것 없이, 봐주지 않고' 등의 의미를 포함한 어휘가 오는 것이 적절하다. 이 두 문장에 공통으로 들어가기에 알맞은 어휘는 '사정을 보아줌.'이라는 뜻을 가진 '가차'이다.

17 '그가 범인일 거라고 (　　).'라는 문장에서 빈칸에 들어갈 수 있는 말은 '예상하다, 의심하다, 추측하다, 확신하다' 등이 있다. '이번 계획은 확실하게 성공할 것이라고 (　　).'라는 문장에서는 '확실하게'라는 부사의 수식을 받고 있으므로 빈칸에 '확신하다'라는 의미의 어휘가 들어가는 것이 적절하다. 따라서 〈보기〉 중에서 두 문장에 공통으로 들어가기에 가장 알맞은 어휘는 '딱 잘라서 판단하고 결정하다.'라는 뜻을 가진 '단정하다'이다.

종합 문제

본문 · 088~089쪽

01 ⑤	**02** ④	**03** ②	**04** ⑤	**05** ③
06 ④	**07** ⑤	**08** ③	**09** ④	**10** ③
11 ②				

01 '모레'의 다음 날은 '글피'이다. '그제 - 어제 - 오늘'은 3일이므로 '세 날'의 뜻을 지닌 '사흘'이 알맞다. 그리고 '오늘 - 내일 - 모레 - 글피'는 4일이므로 '네 날'의 뜻을 지닌 '나흘'이 알맞다. 따라서 정답은 ⑤이다.

02 '해쓱하다'는 '얼굴에 핏기나 생기가 없어 파리하다.'라는 뜻을 지닌다. 이는 사람의 성격이나 태도가 아닌 겉모양을 표현하는 어휘이다.

① '괴팍하다'는 '붙임성이 없이 까다롭고 별나다.'라는 뜻을 지닌다.
② '미욱하다'는 '하는 짓이나 됨됨이가 매우 어리석고 미련하다.'라는 뜻을 지닌다.
③ '진득하다'는 '성질이나 행동이 검질기게 끈기가 있다.'라는 뜻을 지닌다.
⑤ '느물거리다'는 '말이나 행동을 자꾸 능글맞게 하다.'라는 뜻을 지닌다.

03 '뜬금없이'는 '갑작스럽고도 엉뚱하게'라는 뜻을 지니는 어휘이다. '대수롭지 아니하거나 쓸모가 없이'라는 의미를 지닌 어휘는 '부질없이'이다.

04 〈보기〉에서는 '세대 간의 갈등'과 '주택난'이라는 문제를 해결하는 상황을 제시하고 있다. '어려운 일이나 문제가 되는 상태를 해결하여 없애 버리다.'라는 의미를 지닌 말은 '해소하다'이다.

오답 풀이

① '감당하다'는 '일 따위를 맡아서 능히 해내다.'라는 의미를 지닌 말이다.

② '단정하다'는 '딱 잘라서 판단하고 결정하다.'라는 의미를 지닌 말이다.

③ '인식하다'는 '사물을 분별하고 판단하여 알다.'라는 의미를 지닌 말이다.

④ '점검하다'는 '낱낱이 검사하다.'라는 의미를 지닌 말이다.

05 '겨를이 있을 때마다'라는 의미를 지닌 어휘는 '틈틈이'이다. '뜻하지 아니하게 갑자기'라는 의미를 지닌 어휘는 '홀연히'이다. '꾸준하게 잇대어 끊임이 없이'라는 의미를 지닌 어휘는 '부단히'이다. 맞춤법에 맞게 표기된 것은 ③이다.

06 '기승부리다'는 '성미가 억척스럽고 굳세어 좀처럼 굽히려고 하지 않다.'와 '기운이나 힘 따위가 성해서 좀처럼 누그러들지 않다.'라는 두 가지 의미로 사용된다. ④는 첫 번째 의미로, 나머지는 두 번째 의미로 사용되었다.

07 '금세'는 '지금 바로'라는 의미를 지닌 말이다. '우레'는 '뇌성과 번개를 동반하는 대기 중의 방전 현상', 즉 '천둥'을 뜻한다. '애먼'은 '일의 결과가 다른 데로 돌아가 억울하게 느껴지는'이라는 의미를 지닌다. 세 어휘는 모두 틀리게 쓰기 쉬운 말로, 맞춤법에 맞게 표기된 것은 ⑤이다.

08 '반드시'는 '틀림없이 꼭'이라는 의미를 지닌다. ③의 '그 사건은 우리 모임 사람들과 아무 관련이 없다.'에서 관련이 없음을 강조하는 말로는 '반드시' 대신 '단연코', '결코' 등이 들어가야 자연스럽다.

오답 풀이

① '덧없다'는 '알지 못하는 가운데 지나가는 시간이 매우 빠르다.'라는 의미를 지닌 말이다.

② '일구다'는 '논밭을 만들기 위하여 땅을 파서 일으키다.'라는 의미를 지닌 말이다.

④ '쑥대밭'은 '매우 어지럽거나 못 쓰게 된 모양을 비유적으로 이르는 말'이다.

⑤ '눈시울'은 '눈언저리의 속눈썹이 난 곳'을 가리킨다.

09 ④의 '억척'은 '일을 해 나가는 태도가 어떤 어려움에도 굴하지 않고 몹시 모질고 끈덕짐.'을 뜻하는데, 여기에는 '−하다'가 아닌 '−스럽다'가 붙는다. '억척스럽다'는 '어떤 어려움에도 굴하지 아니하고 몹시 모질고 끈덕지게 일을 해 나가는 태도가 있다.'라는 말이다.

오답 풀이

① '건사하다'는 '제게 딸린 것을 잘 보살피고 돌보다.'라는 의미를 지닌 말이다.

② '경청하다'는 '귀를 기울여 듣다.'라는 의미를 지닌 말이다.

③ '동조하다'는 '남의 주장에 자기의 의견을 일치시키거나 보조를 맞추다.'라는 의미를 지닌 말이다.

⑤ '우회하다'는 '곧바로 가지 않고 멀리 돌아서 가다.'라는 의미를 지닌 말이다.

10 '어떤 대상이 친숙하지 못하고 낯이 설다.'라는 의미를 지닌 어휘는 '생소하다'이다. 이 문장은 '평소 다정한 어머니가 크게 화를 내는 것이 생소하였다.'로 바꿔 쓸 수 있다.

오답 풀이

① '두렵다'는 '어떤 대상을 무서워하여 마음이 불안하다.'라는 뜻이다.

② '고민하다'는 '마음속으로 괴로워하고 애를 쓰다.'라는 뜻이다.

④ '의심하다'는 '확실히 알 수 없어서 믿지 못하다.'라는 뜻이다.

⑤ '피곤하다'는 '몸이나 마음이 지치어 고달프다.'라는 뜻이다.

11 '욕심이 없고 마음이 깨끗하다.'라는 의미를 지닌 어휘는 '담박하다'이다. 이 문장은 '그들 노부부는 한평생을 가난하게 살았지만, 담박하였다.'로 바꿔 쓸 수 있다.

오답 풀이

① '다정하다'는 '정이 많다.'라는 의미를 지닌 말이다.

③ '소심하다'는 '대담하지 못하고 조심성이 지나치게 많다.'라는 의미를 지닌 말이다.

④ '정갈하다'는 '깨끗하고 깔끔하다.'라는 의미를 지닌 말이다.

⑤ '평온하다'는 '조용하고 평안하다.'라는 의미를 지닌 말이다.

어휘 확인하기 본문 · 094~095쪽

01 ×	02 ○	03 ○	04 ②	05 은유법
06 의인법	07 직유법	08 대유법	09 ④	10 정현
11 ①				

01 '시적 화자'는 시 속에 등장하여 말하고 있는 사람을 뜻하는 말로 이는 시를 쓴 시인 자신일 수도 있지만, 시의 내용상 설정된 허구의 인물일 수도 있다.

02 나타내려는 개념이나 사상 등을 구체적인 사물이나 감각적인 말을 써서 표현하는 방법을 '상징'이라고 한다.

03 '역설법'은 논리적으로 모순되거나 이치에 어긋나는 듯하지만, 그 속에 진실을 담고 있는 표현 방법이다. 표면적으로는 말이

안 되는 것 같아 보여도, 내면적으로 함축된 참된 의미를 강조하는 방법이다.

04 '사과 같은 내 얼굴'은 원관념인 '내 얼굴'을 보조 관념인 '사과'에 빗대어 직유법으로 표현한 것이다.

오답 풀이

① '시간은 금이다.'라는 문장은 원관념인 '시간'을 보조 관념인 '금'에 빗대어 은유법으로 표현한 것이다.
③ '구슬처럼 고운 목소리'는 원관념인 '목소리'를 보조 관념인 '구슬'에 빗대어 직유법으로 표현한 것이다.
④ '호수가 보석처럼 빛난다.'라는 문장은 원관념인 '호수'를 보조 관념인 '보석'에 빗대어 직유법으로 표현한 것이다.
⑤ '담임 선생님은 호랑이다.'라는 문장은 원관념인 '담임 선생님'을 보조 관념인 '호랑이'에 빗대어 은유법으로 표현한 것이다.

05 'A는 B이다'의 형식으로 두 대상 간의 유사점을 직접적으로 언급하지 않고 빗대어 표현하는 방식을 은유법이라고 한다.

06 '꽃잎이 나를 보고 손짓한다.'라는 문장에서는 사람이 아닌 존재인 '꽃잎'을 '사람'에 빗대어 사람이 행동하는 것처럼 '손짓한다'라고 표현하고 있으므로 이는 의인법에 해당한다.

07 '세월은 강물처럼 흘러간다.'라는 문장에서는 원관념인 '세월'을 보조 관념인 '강물'에 빗대어 '~처럼'이라는 연결어를 통해 두 대상 사이의 유사점을 직접적으로 드러내고 있으므로 직유법에 해당한다.

08 '사람은 빵만으로 살 수 없다.'라는 문장에서 '빵'이 가리키는 것은 일반 명사인 '빵'이 아니라 '먹는 음식 전체'이다. 따라서 이는 어떠한 대상의 일부를 전체에 빗대어 표현한 대유법에 해당한다.

09 시어에 의해 마음속에 떠오르는 구체적이고 선명한 영상이나 감각적 인상을 심상이라고 하는데, 그중에서도 맛을 나타내는 시어나 시구에서 떠오르는 상을 '미각적 심상'이라고 한다. 주어진 시에서는 맛을 나타내는 시어나 시구가 나타나 있지 않으므로 미각적 심상은 드러나지 않는다.

오답 풀이

① '다 녹지 않은 얼음장 울멍울멍 떠내려간다.'라는 표현에서 얼음장이 떠내려가는 모습을 시각적으로 표현하고 있으므로 시각적 심상이 쓰였음을 알 수 있다.
② '산짐승의 우는 소릴 불러'라는 표현에서 '우는 소리'는 귀로 느낄 수 있는 소리와 관련이 있으므로 청각적 심상이 쓰였음을 알 수 있다.
③ '흙이 풀리는 내음새'라는 표현에서 냄새로 느낄 수 있는 후각적 심상이 쓰였음을 알 수 있다.
⑤ '행인의 손을 쥐면 따뜻하리라.'라는 표현에서 '따뜻하다'는 피부의 감각과 관련된 표현이므로 촉각적 심상이 쓰였음을 알 수 있다.

10 음보는 낭독할 때 한 호흡 단위로 읽혀지는 최소 단위로 문장

요소 중 '어절'과 유사한 의미이다. 시에서는 보통 3음절이나 4음절이 하나의 끊어 읽기 단위가 되어 음보율을 이룬다. 따라서 4음보는 4음절의 수가 규칙적으로 반복되는 것이 아니라, 끊어 읽는 단위가 4음보씩 묶여 규칙적으로 반복된다는 의미이다. '4음절이 규칙적으로 반복된다.'라는 표현은 음수율과 관계되는데, 음수율은 시에서 음절의 수를 일정하게 나타내어 운율을 표현하는 것으로, 3·4조, 4·4조, 7·5조 등이 대표적이다.

11 ㉠은 임이 떠나간 깊은 절망과 슬픔을 '죽어도 아니 눈물 흘리우리다'라는 강경한 어투로 반어적으로 표현하고 있다. 반어법은 실제 말하고자 하는 본래의 뜻과는 반대로 표현하는 방법으로, 이를 통해 화자의 감정이나 작품의 분위기를 훨씬 강조하는 효과를 갖는다. 이와 유사한 표현 방식이 사용된 것은 ①이다. 실수로 그릇을 깬 아이에게 엄마가 "잘했다."라고 말하는 것은 아이의 행동을 탓하는 의미로 해석할 수 있다. 엄마는 아이에게 실제 말하고자 하는 본래의 뜻과는 반대로 표현함으로써 아이의 행동이 잘못됐음을 강조하고 있는 것이다.

오답 풀이

② 생일을 맞은 친구에게 "진심으로 생일 축하해."라고 말하는 것은 실제 말하고자 하는 본래의 뜻을 그대로 표현한 것이다.
③ 장난을 치다가 다친 친구에게 "내가 너 그럴 줄 알았다."라고 말하는 것은 자신의 속마음을 그대로 표현한 것이다.
④ 학교를 가는 아이에게 엄마가 "오늘 수업 준비물은 잘 챙겼지?"라고 말하는 것은 아이가 준비물을 잘 챙겼는지 점검하는 것으로 실제 말하고자 하는 뜻을 그대로 표현한 것이다.
⑤ 수업 중 떠드는 아이에게 선생님이 "수업 중에 떠들면 안 된다고 했지?"라고 말하는 것은 떠드는 아이를 향해 경고를 하는 말로, 실제 말하고자 하는 뜻과 반대로 표현하는 반어적 표현과는 관련이 없다.

DAY 20 — **문학 필수 개념어 _ 소설**

어휘 확인하기　　　　　　　　　본문 · 098~099쪽

01 ㉠	**02** ㉢	**03** ㉡	**04** ㉣	**05** ㉢
06 ⑤	**07** 참 답답한 노릇이었다.			**08** 외적 갈등
09 일인칭 주인공 시점	**10** 일인칭 관찰자 시점			
11 전지적 작가 시점	**12** 작가 관찰자 시점		**13** ②	

01 '발단'은 등장인물이 소개되고 배경이 제시되며 사건의 실마리가 나타나는 부분으로 「홍길동전」에서는 서자로 태어난 길동이 천대를 받는 성장 과정이 발단에 해당된다.

02 '전개'는 사건이 본격적으로 전개되는 단계로, 사건이 복잡하게 얽히고 갈등이 발생되며 인물의 성격이 변화되고 발전되기도 한다. 길동이 서자를 차별하는 사회 제도에 반항하며 자신의 꿈을 찾아 집을 나가 도적 활빈당의 우두머리가 되면서 사건이 본격적으로 전개된다.

03 '위기'는 긴장감과 갈등이 고조되는 단계이다. 길동이 활빈당의 우두머리로 탐관오리를 벌하고 부자들의 재산을 훔쳐 가난한 사람들에게 나누어 주자 임금이 길동을 잡아들일 것을 명하면서 사건은 절정에 이르는 계기를 맞는다.

04 '절정'은 갈등이 가장 격렬해지고 사건이 최고조에 이르는 단계이면서 동시에 사건 해결의 분기점이 되는 단계이다. 나라에서는 길동을 잡으려 하지만 실패하는 부분에서 갈등이 최고조에 이르고 길동이 율도국으로 향하면서 이야기는 새로운 반전의 국면에 접어든다.

05 '결말'은 모든 사건이 마무리되는 단계로 모든 갈등이 해결되며 주인공의 운명이 결정된다. 길동이 적서차별의 현실에서 벗어나 율도국에서 이상국을 세우고 정치를 펼치다가 신선이 되면서 모든 사건이 마무리된다.

06 '평면적 인물'은 처음부터 끝까지 성격 변화를 보이지 않는 인물로 「흥부전」에서 시종일관 착한 성정을 유지하는 흥부가 이에 해당한다. '입체적 인물'은 환경, 상황 등의 영향으로 사건이 전개되며 성격의 변화를 보이는 인물로 「흥부전」의 놀부가 작품 초반에는 탐욕스럽고 부정적인 성격이었지만 작품 후반에 가서는 개과천선하여 착한 심성을 갖게 된다는 면에서 이에 해당된다. '전형적 인물'은 특정 부류나 계층의 보편적인 성격을 대표하는 인물로 「태평천하」에서 일제 강점기에 부를 축적한 친일 지주를 대표하는 윤 직원 영감이 이에 해당한다.

07 서술자의 존재를 독자가 느낄 수 있도록 직접적으로 인물에 대해 평가하는 부분을 '서술자의 개입'이라고 한다. '참 답답한 노릇이었다.'는 작품의 서술자가 직접적으로 싱싱 청과물 주인의 행동을 평가하는 부분이다.

08 소설에서의 갈등은 크게 내적 갈등과 외적 갈등으로 나눌 수 있다. 내적 갈등은 한 개인의 내면에서 일어나는 갈등으로 고뇌, 고민, 선택 등이 이에 해당한다. 반면에 외적 갈등은 인물과 그를 둘러싼 외부적 요인들과의 갈등이다. 〈보기〉에 나타난 '나'와 예비 장인 사이의 갈등은 주동 인물과 반동 인물 간의 충돌로 인해 발생하는 인물과 인물의 갈등으로 이는 외적 갈등에 해당한다.

09 '일인칭 주인공 시점'은 주인공이 자신의 이야기를 서술하는 시점으로 주인공이 곧 서술자이므로 주인공의 내면 심리를 제시하는 데에 효과적인 서술 방법이다.

10 '일인칭 관찰자 시점'은 작품 속에 등장하는 인물 중 한 명이 객관적 시각으로 주인공의 이야기를 서술하는 시점이다. 서술자가 관찰한 내용만을 제시하기 때문에 주인공의 내면 심리를 다룰 수 없다는 한계가 있다.

11 '전지적 작가 시점'은 서술자가 전지전능한 위치에서 사건을 서술하는 시점이다. 서술자는 신과 같은 위치에 있으며 등장인물의 행동과 심리까지 분석하여 설명하고, 작품 속에 직접 개입하여 사건을 진행시키고 인물을 논평하기도 한다. 서술자가 작품에 관여하는 정도가 매우 크고 독자에게 인물의 심리적인 정보를 자세하게 제공하므로, 독자의 상상력이 제한될 수 있다.

12 '작가 관찰자 시점'은 작품에 등장하지 않는 서술자가 외부 관찰자의 위치에서 서술하는 시점이다. 서술자는 주인공의 행동이나 외부적 사실을 객관적 태도로 관찰하고 묘사하여 보여 주며, 사건을 극적으로 전개할 수 있는 장점이 있다. 하지만 인물의 감정과 심리를 직접적으로 표현하지는 않으며 주제는 암시적으로 제시된다.

13 〈보기〉의 소설에서는 직접적인 대화를 절제하고 '뒤이어 누구의 입에선가, 누가 빈틈을 냈어? 하는 흥분에 찬 목소리가 들렸다.'와 같이 서술하여 사건 진행을 빠르게 하고 있다. 또한 만연체의 화려한 수식어보다는 간결한 문체를 사용하여 긴박한 분위기를 효과적으로 표현하고 있다.

오답 풀이

① 입체적인 인물은 작품 속에서 성격이나 가치관이 변화하고 발전하는 인물을 말하는데, 〈보기〉의 글만으로는 이러한 인물의 특징을 파악하기가 어렵다.

③ 이 작품은 전지적 작가 시점으로 작품 밖의 한 명의 서술자가 작중 인물의 심리와 내면을 분석하여 서술하고 있다. 따라서 서술자는 유일한 하나의 존재이고, 서로 다른 시선을 가진 서술자들이 대립하여 사회 현상을 풍자적으로 비판하고 있다는 설명은 적절하지 않다.

④ 작품 속의 주인공이 자기가 겪은 일을 직접 서술하는 방식은 일인칭 주인공 시점이다. 하지만 이 작품은 전지적 작가 시점의 소설이므로 적절하지 않다.

⑤ 시각과 청각 등의 감각적인 표현을 사용하고 있지만 후각과 관련된 감각적 표현은 사용되고 있지 않다. 감각적 표현을 사용하여 여러 가지 인상을 떠올리게 하는 것은 주로 시에서 쓰이는 표현 기법이다.

DAY 21 비문학 필수 개념어

어휘 확인하기

본문 • 102~103쪽

01 정의	02 분류	03 분석	04 인과	05 분류
06 정의	07 비교	08 대조	09 ③	10 ○
11 ×	12 ○	13 과정	14 분석	15 인과
16 구분	17 ㉡ → ㉠ → ㉣ → ㉢			

01 어떤 말이나 사물의 뜻을 명백히 밝혀 규정하는 서술 방식을 '정의'라고 한다.

02 어떤 대상을 일정한 기준에 따라 종류별로 묶어 서술하는 방식을 '분류'라고 한다. 이때 하위 항목을 상위 항목으로 묶는 것은 '분류'이고, 상위 항목을 하위 항목으로 나누는 것은 '구분'이다.

03 복잡하게 이루어진 하나의 대상을 세부 요소로 나누어 서술하는 방식을 '분석'이라고 한다.

04 어떤 결과를 가져오게 한 원인을 분석하거나 어떤 원인에 의해 결과적으로 일어난 일을 분석하여 설명하는 방법을 '인과'라고 한다.

05 (가)는 '개나리, 벚꽃, 진달래'라는 하위 항목을 '우리나라의 봄꽃'이라는 상위 항목으로 묶고 있으므로 분류이다.

06 (나)는 '톨레랑스'라는 용어의 개념에 대하여 정의하고 있다.

07 (다)는 회화와 사진의 유사점을 중심으로 비교하여 서술하고 있다.

08 (라)는 서양 종과 우리 종의 모양의 차이점을 대조하여 서술하고 있다.

09 글쓰기의 과정은 '계획하기 → 내용 생성하기 → 내용 조직하기 → 내용 표현하기 → 고쳐쓰기'이다. '내용 전달하기'는 글쓰기의 과정에 해당하지 않는다.

10 '지각은 흙과 암석으로 되어 있는 지구의 가장 바깥쪽 부분을 말한다.'라는 문장에서 지각의 개념을 정의하고 있다.

11 세부적이고 구체적인 예를 들어 일반적 원리나 진술을 구체화하는 방법을 '예시'라고 하는데, 〈보기〉의 글에서는 이와 같은 서술 방법이 사용되지 않았다.

12 대상이나 개념 등을 부분이나 세부 요소로 나누어 서술하는 것을 '분석'이라고 한다. 〈보기〉의 글에서는 지구의 내부를 '지각, 맨틀, 외핵, 내핵'으로 나누어 각각의 특징에 대하여 서술하는 분석의 방법으로 설명하고 있다.

13 '과정'은 일이 진행되어 가는 경로를 밝히는 전개 방식이다. 음식을 만드는 방법을 설명할 때에는 순서대로 차근차근 진행되는 경로를 밝히는 것이 효과적이므로 과정의 방법을 사용하여 설명하는 것이 적절하다.

14 '분석'은 복잡하게 이루어진 하나의 대상을 세부 요소로 나누어 서술하는 방식이다. 컴퓨터라는 복잡한 대상을 세부 부품으로 나누어서 설명할 때에는 분석의 방법을 사용하는 것이 효과적이다.

15 '인과'는 어떤 결과를 가져오게 한 원인을 분석하거나 어떤 원인에 의해 결과적으로 일어난 일을 분석하여 설명하는 방법이다. 우리 눈에 하늘이 파랗게 보이는 원인을 설명할 때에는 인과의 방법으로 설명하는 것이 적절하다.

16 '구분'은 일정한 기준에 따라 전체를 몇 가지로 나누어 서술하는 방식이다. '계절'이라는 상위 항목을 '봄, 여름, 가을, 겨울'이라는 하위 항목으로 나누어서 설명하는 방법으로는 구분이 적절하다.

17 효과적인 전개를 위해 글의 순서를 새롭게 구성하는 일을 '재구성의 원리'라고 한다. 주어진 글은 칠이 벗겨진 벽을 방치한 건물이 많다는 문제 상황을 제기하고, 특히 보건소라는 특정한 공간의 칠이 벗겨져 문제가 된다는 구체적인 진술이 이어지게 구성한다. 그리고 보건소의 벽이 지저분하기 때문에 주민들이 자주 찾고 싶어 하는 공간이라는 생각이 들지 않는다는 점을 인과 관계에 따라 순차적으로 서술한 후, 이러한 문제점을 해결하기 위하여 공공건물에 벽화 그리기를 제안한다는 해결 방안을 제시하는 식으로 연결하면 흐름이 자연스러운 글이 완성된다.

DAY 22 문법 필수 개념어

어휘 확인하기
본문·106~107쪽

01 ○　**02** ×　**03** ×　**04** ○　**05** ⑤
06 ②　**07** 감탄사　**08** 관형사　**09** 부사　**10** 조사
11 ㉠: 품사, ㉡: 활용　**12** 어근　**13** 음절　**14** ④

01 체언에는 명사, 대명사, 수사가 있으며 문장에서 주어, 목적어 따위로 쓰이며 몸체의 역할을 한다. 또한 체언은 형태가 변하지 않는 불변어에 속한다.

02 동사와 형용사는 문장에서 서술어의 역할을 하고 단어의 기능상 분류에서 용언에 속한다. 용언은 문장에서 문법적인 기능에 따라 활용하여 쓸 수 있으므로, 동사와 형용사는 모두 형태가 변하는 가변어이다.

03 단어를 기능에 따라 분류하면 체언, 수식언, 관계언, 독립언, 용언으로 나눌 수 있다. 단어를 의미에 따라 나눌 때 문장에서 다른 성분에 얽매이지 않고 독립적으로 사용되는 품사를 감탄사라고 한다.

04 독립언인 감탄사는 형태가 변하지 않고, 조사와 결합하지 않는 특성이 있다.

05 '애호박'에서 실질적인 의미를 나타내는 '어근'에 해당하는 말은 '호박'이고, 의미를 한정하고 새로운 단어를 만드는 '접사'에 해당하는 부분은 '애-'이다. '호박'이라는 어근에 '어리다, 덜 익다'라는 의미를 가진 접사 '애-'가 붙어서 '애호박'이라는 파생어가 만들어진 것이다. 참고로 두 개 이상의 어근이 결합한 단어는 합성어이고, 어근과 접사로 구성된 단어는 파생어이다.

06 '철수'와 '학교'를 기능상으로 분류했을 때는 체언에 속하고, 의미상으로 분류했을 때 명사에 해당한다.

오답 풀이

① '어절'은 문장을 구성하고 있는 각각의 마디를 가리키는 말인데 문장 성분의 최소 단위로서 띄어쓰기의 단위가 된다. '철수는 학교에 간다.'는 띄어쓰기를 기준으로 3개의 마디로 구성되어 있으므로, 3개의 어절로 이루어진 문장이다.

③ 뒤에 오는 말을 수식하거나 한정하기 위하여 첨가하는 관형사와 부사를 통틀어 수식언이라고 하는데, 관형사는 체언을 꾸며 준다. 따라서 체언인 '사과'를 수식하는 '그'는 관형사에 해당한다.

④ 뒤에 오는 말을 수식하거나 한정하기 위하여 첨가하는 관형사와 부사를 통틀어 수식언이라고 하는데, 부사는 용언이나 관형사, 다른 부사, 때로는 문장 전체를 꾸며 주기도 한다. '참'이 뒤에 오는 용언인 형용사를 꾸며 주고 있으므로 이는 부사에 해당한다.

⑤ '간다'는 의미상 '동사'이고, '맛있다'는 의미상 '형용사'이다. 동사와 형용사는 모두 문장 내에서 서술어의 기능을 하는 용언인데, 용언은 문법적 기능에 따라 활용이 가능하기 때문에 모양이 바뀌는 가변어로 분류한다.

07 '이런'은 문장에서 다른 성분에 얽매이지 않고 독립적으로 사용되는 단어로 주로 놀람을 표현하는 말인 독립언이다. 이는 의미상 '감탄사'로 분류한다.

08 '저'는 뒤에 오는 체언인 '얼굴'을 수식하고 있으므로 이는 기능상으로는 수식언이고 의미상으로는 관형사에 해당한다.

09 '제법'은 뒤에 오는 용언인 '선선하다'를 꾸며 주고 있으므로 이는 기능상으로는 수식언이고 의미상으로는 부사에 해당한다.

10 '을'은 앞에 있는 체언인 '태풍'과 결합하여 문법적 관계를 나타내거나, 특별한 뜻을 더해 주는 말로 기능상으로는 관계언이고 의미상으로는 조사에 해당한다.

11 성질이 비슷한 단어끼리 모아 형태, 기능, 의미에 따라 분류해 놓은 것을 '품사'라고 한다. 그리고 용언이 문장 안에서 문법적인 기능에 따라 모양이 바뀌는 것을 '활용'이라고 한다. 용언은 문장에서 서술어의 역할을 하며 동사와 형용사가 이에 속한다.

12 단어에서 실질적 의미를 나타내는 중심이 되는 부분은 어근이다. 접사는 다른 어근이나 단어에 붙어 새로운 단어를 구성하는 부분이다.

13 '음절'은 한 번에 소리 낼 수 있는 소리마디로, 모음은 단독으로 하나의 음절이 되기도 하며 음절의 수는 모음의 수와 일치한다.

14 수식언에는 관형사와 부사가 있는데, 체언을 꾸미는 것은 관형사이고 동사나 형용사를 꾸미는 것은 부사이다. 부사는 동사나 형용사와 같은 용언만을 꾸미는 것이 아니라, 경우에 따라서는 부사 자신이나 문장 전체를 수식하기도 한다.

오답 풀이

① 활용이란 동사와 형용사와 같은 용언이 문장 내에서 문법적인 기능에 따라 형태가 바뀌는 것을 말한다. 활용할 수 있는 용언에는 동사와 형용사가 있고, 용언은 아니지만 서술격 조사 '-이다' 역시 활용할 수 있다는 특징이 있다.

② 어근은 단어에서 실질적 의미를 나타내는 중심이 되는 부분을 가리킨다. 두 개 이상의 어근이 결합한 단어를 합성어라고 하고 어근과 접사가 결합한 단어를 파생어라고 한다.

③ 문장 성분의 최소 단위로 띄어쓰기의 단위가 되는 것은 어절인데 체언은 조사와 결합하여 하나의 어절을 이룬다.

⑤ 체언 뒤에 결합해서 다른 말과의 문법적 관계를 나타내거나, 특별한 뜻을 더해 주는 말을 관계언이라 하고, 단어를 의미상으로 분류했을 때 조사가 이에 해당된다. 조사는 그 기능과 의미에 따라 격 조사, 접속 조사, 보조사로 나누어지며, 조사 중에서도 서술격 조사 '-이다'는 동사나 형용사처럼 활용할 수 있는 가변어라는 특성을 가지고 있다.

DAY 23 한자 성어 (1)

어휘 확인하기 본문 · 110~111쪽

01 침소봉대	**02** 수불석권	**03** 배은망덕	**04** 견물생심
05 다다익선	**06** 감탄고토	**07** 역지사지	**08** 감언이설
09 ③	**10** ⓒ	**11** ⓛ	**12** ㉠	**13** ②
14 업신여김		**15** 대충대충	

01 '작은 일을 크게 불리어 떠벌림.'이라는 의미를 가진 한자 성어는 '침소봉대(針小棒大)'이다.

02 '손에서 책을 놓지 아니하고 늘 글을 읽음.'이라는 의미를 가진 한자 성어는 '수불석권(手不釋卷)'이다.

03 '남에게 입은 은덕을 저버리고 배신하는 태도가 있음.'이라는 의미를 가진 한자 성어는 '배은망덕(背恩忘德)'이다.

04 '어떠한 실물을 보게 되면 그것을 가지고 싶은 욕심이 생김.'이라는 의미를 가진 한자 성어는 '견물생심(見物生心)'이다.

05 '다다익선(多多益善)'은 '많으면 많을수록 더욱 좋음.'이라는 뜻을 가진 한자 성어이다. 주어진 문장에서 용돈의 적정한 금액을 묻는 아버지께 '나'가 할 수 있는 대답으로 가장 적절한 것은 '다다익선'이다.

06 '감탄고토(甘呑苦吐)'는 '달면 삼키고 쓰면 뱉는다.'라는 뜻으로, '자신의 비위에 따라서 사리의 옳고 그름을 판단함.'을 이르는 말이다. 주어진 문장은 자신의 처지가 초라해지자 주변

사람들의 태도가 예전과 다르게 냉랭해졌다는 내용이므로 빈 칸에 들어갈 적절한 말은 '감탄고토'이다.

07 '역지사지(易地思之)'는 '처지를 바꾸어서 생각하여 봄.'이라는 의미를 가진 한자 성어이다. 주어진 문장에서 서로의 입장만을 생각하고 사소한 일로 자주 다투는 '나'와 동생에게 엄마가 하실 수 있는 말로 가장 적절한 것은 '역지사지'이다.

08 '감언이설(甘言利說)'은 '귀가 솔깃하도록 남의 비위를 맞추거나 이로운 조건을 내세워 꾀는 말'을 뜻하는 한자 성어이다. 주어진 문장은 친구를 사귈 때에는 듣기 좋은 말로 '나'의 환심을 사는 데 급급한 사람이 아니라, 진심으로 '나'를 생각하고 쓴소리도 마다않는 좋은 사람을 사귀어야 한다는 내용이므로, 빈칸에 들어갈 적절한 말은 '감언이설'이다.

09 '주마가편(走馬加鞭)'은 '달리는 말에 채찍질한다는 뜻으로, 잘하는 사람을 더욱 장려함.'을 이르는 말이다.

오답 풀이

① '조삼모사(朝三暮四)'는 '간사한 꾀로 남을 속여 희롱함.'을 이르는 말이다.

② '조변석개(朝變夕改)'는 '아침저녁으로 뜯어고친다는 뜻으로, 계획이나 결정 따위를 일관성이 없이 자주 고침.'을 이르는 말이다.

④ '주마간산(走馬看山)'은 '말을 타고 달리며 산천을 구경한다는 뜻으로, 자세히 살피지 아니하고 대충대충 보고 지나감.'을 이르는 말이다.

⑤ '중언부언(重言復言)'은 '이미 한 말을 자꾸 되풀이함.'을 이르는 말이다.

10 '조변석개(朝變夕改)'는 '아침저녁으로 뜯어고친다.'라는 뜻으로, '계획이나 결정 따위를 일관성이 없이 자주 고침.'을 이르는 말이다. 주어진 문장에서는 시도 때도 없이 계획이나 결정 따위를 고쳐서 일의 진척이 없다는 내용을 표현하기 위하여 쓰였다.

11 '아전인수(我田引水)'는 '자기 논에 물 대기'라는 뜻으로, '자기에게만 이롭게 되도록 생각하거나 행동함.'을 이르는 말이다. 주어진 문장에서는 재개발 계획이 가시화되자 사람들이 모두 자신에게 이로운 방향으로만 이기적으로 행동하고 각자의 이익을 챙기기에 바빴다는 내용을 표현하기 위하여 쓰였다.

12 '사필귀정(事必歸正)'은 '모든 일은 반드시 바른길로 돌아간다.'라는 의미이다. 주어진 문장에서는 인내심을 갖고 기다리다 보면, 모든 일은 반드시 바른길로 돌아갈 테니, 지금의 고난과 역경을 잘 참고 극복해 보자는 내용을 표현하기 위하여 쓰였다.

13 '전전반측(輾轉反側)'은 '누워서 몸을 이리저리 뒤척이며 잠을 이루지 못함.'을 뜻하는 한자 성어이다. 〈보기〉에 주어진 문장은 모두 긴장되고 걱정되는 상황이므로 뒤척이며 밤잠을 제대로 이루지 못한다는 내용이 자연스럽게 연결된다.

오답 풀이

① '전무후무(前無後無)'는 '이전에도 없었고 앞으로도 없음.'이라는 의미를 가진 한자 성어이다.

③ '전화위복(轉禍爲福)'은 '재앙과 근심, 걱정이 바뀌어 오히려 복이 됨.'이라는 의미를 가진 한자 성어이다.

④ '절차탁마(切磋琢磨)'는 '옥이나 돌 따위를 갈고 닦아서 빛을 낸다.'라는 뜻으로, '부지런히 학문과 덕행을 닦음.'을 이르는 말이다.

⑤ '절치부심(切齒腐心)'은 '몹시 분하여 이를 갈며 속을 썩임.'이라는 의미를 가진 한자 성어이다.

14 '안하무인(眼下無人)'은 '눈 아래에 사람이 없다.'라는 뜻으로, '방자하고 교만하여 다른 사람을 업신여김.'을 이르는 말로, 빈칸에 들어갈 말로 알맞은 것은 '업신여김'이다. '업신여김'은 교만한 마음에서 남을 낮추어 보거나 하찮게 여기는 일을 뜻하는 말이므로, 이와 유사한 의미의 '하찮게 여김, 무시함, 함부로 대함' 등의 말이 모두 빈칸에 들어갈 수 있다.

15 '주마간산(走馬看山)'은 '말을 타고 달리며 산천을 구경한다.'라는 뜻으로, '자세히 살피지 아니하고 대충대충 보고 지나감.'을 이르는 말이다. 따라서 빈칸에 들어갈 알맞은 말은 '대충대충'이다. '대충대충'은 '일이나 행동을 적당히 하는 모양'을 의미하므로 이와 유사한 의미를 가진 '슬쩍, 성의 없이, 훑어' 등의 말이 모두 빈칸에 들어갈 수 있다.

DAY 24 한자 성어 (2)

어휘 확인하기

본문 · 114~115쪽

01 ⓒ	**02** ⓛ	**03** ⓔ	**04** ⊙	**05** 임기응변
06 군계일학	**07** 신출귀몰	**08** 반포지효	**09** ②	
10 무위도식	**11** 온고지신	**12** 교각살우	**13** 청출어람	
14 허장성세	**15** 개과천선	**16** 무위자연		

01 '각고면려(刻苦勉勵)'는 '어떤 일에 고생을 무릅쓰고 몸과 마음을 다하여, 무척 애를 쓰면서 부지런히 노력함.'이라는 뜻을 가진 한자 성어이다.

02 '수주대토(守株待兔)'는 '한 가지 일에만 얽매여 발전을 모르는 어리석은 사람'을 비유적으로 이르는 말이다.

03 '절차탁마(切磋琢磨)'는 '옥이나 돌 따위를 갈고 닦아서 빛을 낸다.'라는 뜻으로, '부지런히 학문과 덕행을 닦음.'을 이르는 말이다.

04 '학수고대(鶴首苦待)'는 '학의 목처럼 목을 길게 빼고 간절히 기다림.'이라는 뜻을 가진 한자 성어이다.

05 '그때그때 처한 사태에 맞추어 즉각 그 자리에서 결정하거나 처리함.'이라는 뜻을 가진 한자 성어는 '임기응변(臨機應變)'이다. 주어진 문장은 '그때그때 처한 사태에 맞추어 즉각 그 자리에서 신중하지 못하게 결정하는 것에 급급한 현실성 없는 대안에 사람들은 실망했다.'라는 내용이다.

06 '닭의 무리 가운데에서 한 마리의 학이란 뜻으로, 많은 사람 가운데서 뛰어난 인물을 이르는 말'은 '군계일학(群鷄一鶴)'이다. 주어진 문장은 '수많은 사람들 사이에서도 나에게는 그의 모습이 많은 사람 가운데서 뛰어난 인물처럼 한눈에 들어온다.'라는 내용이다.

07 '귀신같이 나타났다가 사라진다는 뜻으로, 그 움직임을 쉽게 알 수 없을 만큼 자유자재로 나타나고 사라짐을 비유적으로 이르는 말'은 '신출귀몰(神出鬼沒)'이다. 주어진 문장은 '수혁이가 모처럼 진득하게 공부를 좀 하나 했더니 잠깐 사이에 그 움직임을 쉽게 알 수 없을 만큼 순간적으로 사라져 버렸다.'라는 내용이다.

08 '까마귀 새끼가 자라서 늙은 어미에게 먹이를 물어다 주는 효(孝)라는 뜻으로, 자식이 자란 후에 어버이의 은혜를 갚는 효성을 이르는 말'은 '반포지효(反哺之孝)'이다. 주어진 문장은 '신체적인 장애를 가졌음에도 불구하고 부모님을 향한 극진한 효를 실천하는 그의 모습은 사람들의 심금을 울렸다.'라는 내용이다.

09 '연목구어(緣木求魚)'는 '나무에 올라가서 물고기를 구한다.'라는 뜻으로, 도저히 불가능한 일을 굳이 하려 함을 비유적으로 이르는 말이다. 주어진 문장은 모두 불가능할 것 같은 상황을 제시하고 있으므로 빈칸에 공통으로 들어가기에 가장 알맞은 한자 성어는 '연목구어'이다.

> **오답 풀이**
> ① '역지사지(易地思之)'는 '처지를 바꾸어서 생각하여 봄.'이라는 뜻을 가진 한자 성어이다.
> ③ '온고지신(溫故知新)'은 '옛것을 익히고 그것을 미루어서 새 것을 앎.'이라는 의미를 가진 한자 성어이다.
> ④ '와신상담(臥薪嘗膽)'은 '불편한 섶에 몸을 눕히고 쓸개를 맛본다는 뜻으로, 원수를 갚거나 마음먹은 일을 이루기 위하여 온갖 어려움과 괴로움을 참고 견딤.'을 비유적으로 이르는 말이다.
> ⑤ '일취월장(日就月將)'은 '나날이 다달이 자라거나 발전함.'이라는 의미를 가진 한자 성어이다.

10 '하는 일 없이 놀고먹는다는 뜻으로, 게으른 한량을 가리키는 말'은 '무위도식(無爲徒食)'이다.

11 '옛것을 익히고 그것을 미루어서 새것을 안다는 뜻으로 과거를 바탕으로 미래를 준비해야 한다.'는 의미를 가진 한자 성어는 '온고지신(溫故知新)'이다.

12 '소의 뿔을 바로잡으려다가 소를 죽인다.'라는 뜻으로, '잘못된 점을 고치려다가 그 방법이나 정도가 지나쳐 오히려 일을 그르침.'을 이르는 말은 '교각살우(矯角殺牛)'이다. 이와 비슷한 우리말 속담에는 '빈대 잡으려다 초가삼간 태운다.'가 있다.

13 '쪽에서 뽑아낸 푸른 물감이 쪽보다 더 푸르다.'라는 뜻으로, '제자나 후배가 스승이나 선배보다 나음.'을 비유적으로 이르는 말은 '청출어람(靑出於藍)'이다.

14 '실속은 없으면서 큰소리치거나 허세를 부림.'이라는 뜻을 가진 한자 성어는 '허장성세(虛張聲勢)'이다.

15 '지난날의 잘못이나 허물을 고쳐 올바르고 착하게 됨.'이라는 뜻을 가진 한자 성어는 '개과천선(改過遷善)'이다.

16 '사람의 힘을 더하지 않은 그대로의 자연. 또는 그런 이상적인 경지'를 의미하는 한자 성어는 '무위자연(無爲自然)'이다.

종합 문제

본문 • 116~117쪽

01 ②	**02** ④	**03** ⑤	**04** ①	**05** ③
06 ⑤	**07** ②	**08** ⑤		

01 '한 종류의 감각적 인상이 다른 종류의 감각적 인상으로 옮겨 표현된 심상'을 '공감각적 심상'이라고 한다. '분수처럼 흩어지는 푸른 종소리'에서 '푸른 종소리'는 '종소리'라는 청각적인 심상을 '푸르다'라는 시각적 심상으로 표현하고 있으므로 이는 청각의 시각화가 일어난 공감각적 심상이다.

> **오답 풀이**
> ① '쓰디쓰다'에서 미각적 심상이 드러나고 있다.
> ③ '서느런 옷자락'에서 촉각적 심상이 드러나고 있다.
> ④ '새 옷의 내음새'에서 후각적 심상이 드러나고 있다.
> ⑤ '구겨진 넥타이'에서 시각적 심상이 드러나고 있다.

02 '활유법'은 무생물을 생물인 것처럼 표현하는 방법이다. ④의 '스물세 해 동안 나를 키운 건 팔 할이 바람이다.'와 같이 사람이 아닌 사물을 사람처럼 표현한 방법은 '의인법'이다.

> **오답 풀이**
> ① 비유는 어떠한 대상을 직접적으로 표현하지 않고 비슷한 속성을 지닌 다른 대상에 빗대어 표현하는 기법으로, 함축적이고 상징적인 언어를 사용하는 문학 작품에서 많이 사용된다.
> ② 직유법은 '~처럼, ~같이, ~듯이' 등을 사용하여 빗대는 두 대상 간의 유사점을 직접적으로 드러내어 표현한다.
> ③ 은유법은 'A는 B이다' 혹은 'A의 B'처럼 두 대상 간의 유사점을 암시적으로 숨겨서 표현한다.
> ⑤ 대유법은 사물의 한 부분이나 특징 등을 들어 그 자체나 전

체를 표현하는 방법으로 흔히 '빵'을 '음식 전체'로 표현한다
든지, '펜'을 '지성'으로 표현하는 것 등이 그 예이다.

03 '역설법'은 겉으로 보기에 모순되거나 이치에 어긋난 듯하지만,
그 속에 진실을 담고 있는 표현 방법이다. 반면에 '반어법'은
실제 말하고자 하는 본래의 뜻과는 반대로 표현하는 방법이다.
'운수 좋은 날'이라는 작품의 제목은 죽음을 맞이한 아내를 보
고 비극적인 슬픔에 빠진 김 첨지의 처지를 반어적으로 강조하
고 있는 표현이다. 따라서 아내가 죽은 날을 역설적으로 표현
하여 그 의미를 강조하고 있다는 ⑤는 적절하지 않다.

<u>오답 풀이</u>
① 배경은 소설에서 인물들이 생활하고 행동하는 때와 장소를
나타내는 것으로, 이를 통해 작품 전체의 분위기나 글쓴이
의 주제 의식 등이 간접적으로 드러난다.
② 글쓴이는 작중 인물의 대화를 통해 인물의 성격이나 특징을
드러내는데, 비속어와 사실적인 말투를 구사하는 김 첨지의
말을 통해 당대 하층민의 모습이 생생하게 묘사되고 있다.
③ 작중 인물의 대화와 행동은 물론 내면 심리까지 파악하여
서술하고 있으므로 삼인칭 시점 중에서 전지적 작가 시점에
해당한다.
④ 전형적 인물은 특정 집단이나 계층의 보편적인 성격을 대표
하는 인물인데, 이 작품에 등장하는 김 첨지는 일제 강점기
에 빈곤하고 처참한 삶을 살아가는 하층민을 대표하고 있으
므로 전형적 인물이라고 볼 수 있다.

04 두 대상 간의 차이점보다는 공통점이나 유사점을 중심으로 서
술하는 방법을 '비교'라고 하고, 비슷한 점보다는 차이점을 중
심으로 서술하는 방법을 '대조'라고 한다. 또한 어떤 대상을 일
정한 기준에 따라 종류별로 묶어 서술하는 방법을 '분류'라고
한다. 따라서 빈칸에 들어갈 말을 순서대로 묶으면 '비교-대
조-분류'이다.

05 ㉠ 단어를 의미에 따라 분류하면 명사, 대명사, 수사, 관형사,
부사, 조사, 감탄사, 동사, 형용사로 총 9개로 나눌 수 있다.
㉡ 수사는 체언으로 활용할 수 없다. 활용할 수 있는 것에는 용
언인 동사와 형용사 그리고 서술격 조사 '-이다'가 있다.
㉢ 체언은 명사, 대명사, 수사로 나뉘는데, 문장 안에서 주로
주어나 목적어 역할을 하면서 중심 뼈대가 된다.
㉣ 형태가 변하지 않는 불변어에는 체언, 수식언, 관계언, 독
립언이 있고, 형태가 변하는 가변어에는 용언이 있다.
㉤ 동사와 형용사와 서술격 조사 '-이다'는 모두 문법적 기능
에 따라 활용하여 형태가 바뀌지만, 품사의 기능적 분류에 따
라 용언에 속하는 것은 동사와 형용사뿐이다. 서술격 조사 '-이
다'는 관계언에 속한다.
따라서 품사에 대한 설명으로 알맞은 것은 ㉢과 ㉣이다.

06 '주마가편(走馬加鞭)'은 '달리는 말에 채찍질한다.'라는 뜻으로,
'잘하는 사람을 더욱 장려함.'을 이르는 말이다. '자세히 살피지
않고 대충대충 보고 지나감.'을 이르는 말은 '주마간산(走馬看
山)'으로 말을 타고 달리며 산천을 구경한다는 뜻이다.

07 '반포지효(反哺之孝)'는 '까마귀 새끼가 자라서 늙은 어미에게
먹이를 물어다 주는 효(孝)'라는 뜻으로, '자식이 자란 후에 어
버이의 은혜를 갚는 효성'을 이르는 말이다. 상담사의 입장을
헤아려서 배려하는 마음을 가지고 공손히 말하자는 내용과 어
울리는 한자 성어는 '처지를 바꾸어 생각해 봄.'이라는 의미를
가진 '역지사지(易地思之)'이다.

<u>오답 풀이</u>
① '감언이설(甘言利說)'은 '귀가 솔깃하도록 남의 비위를 맞추
거나 이로운 조건을 내세워 꾀는 말'을 뜻하는 말이다. 이는
투자한 금액을 3배로 만들어 준다는 사기꾼의 달콤한 유혹
과 어울리는 뜻을 가진 한자 성어이다.
③ '교각살우(矯角殺牛)'는 '소의 뿔을 바로잡으려다가 소를 죽
인다.'라는 뜻으로, '잘못된 점을 고치려다가 그 방법이나 정
도가 지나쳐 오히려 일을 그르침.'을 이르는 말로, 설거지를
하려다가 그릇을 다 깨버린 상황에 어울리는 한자 성어이다.
④ '각고면려(刻苦勉勵)'는 '어떤 일에 고생을 무릅쓰고 몸과 마
음을 다하여, 무척 애를 쓰면서 부지런히 노력함.'을 이르는
말이다. 이는 농부가 한 해 동안 피땀 흘려 정성껏 가꾼 농
작물을 감사하는 마음으로 먹어야 한다는 문장의 내용에 어
울리는 한자 성어이다.
⑤ '무위도식(無爲徒食)'은 '하는 일 없이 놀고먹음.'을 뜻하는
한자 성어이다. 이는 직업을 구하지 못하여 어쩔 수 없이 놀고
먹고 있는 청년 실업자들의 상황과 어울리는 한자 성어이다.

08 '군계일학(群鷄一鶴)'은 '닭의 무리 가운데에서 한 마리의 학'이
란 뜻으로, '많은 사람 가운데서 뛰어난 인물'을 이르는 말이
다. 하지만 '가재는 게 편'은 비슷한 상황이나 처지를 가진 사
람들끼리 서로를 잘 이해하고 어울린다는 의미를 담고 있는 말
이다. 따라서 '가재는 게 편'을 '군계일학(群鷄一鶴)'으로 바꾸
어 쓰는 것은 적절하지 않다.

<u>오답 풀이</u>
① '조변석개(朝變夕改)'는 '아침저녁으로 뜯어고친다.'라는 뜻
으로, 계획이나 결정 따위를 일관성이 없이 자주 고침을 이
르는 말이므로 '이랬다 저랬다' 변덕을 부리는 상황에서 바
꾸어 쓰기에 적절한 한자 성어이다.
② '임기응변(臨機應變)'은 '그때그때 처한 사태에 맞추어 즉각
그 자리에서 결정하거나 처리한다.'라는 뜻을 가진 말로 눈
가림만 하는 일시적인 계책이라는 뜻의 '미봉책'과 바꾸어
쓰기에 적절하다.
③ '침소봉대(針小棒大)'는 '작은 일을 크게 불리어 떠벌린다.'
라는 뜻을 가지고 있다. 사실보다 지나치게 불려서 나타낸
다는 의미를 가진 '과장'과 바꾸어 쓰기에 적절하다.
④ '견물생심(見物生心)'은 '어떠한 실물을 보게 되면 그것을 가
지고 싶은 욕심이 생긴다.'라는 뜻을 가진 한자 성어이다.
따라서 재물을 탐내는 마음을 뜻하는 '물욕'과 바꾸어 쓰기
에 적절하다.

일차별 어휘 TEST

DAY 01 어휘
본문 • 120쪽

01 통념 **02** 내재하다 **03** 일관성
04 윤리 **05** 반증 **06** 필연적
07 섭리 **08** 구현 **09** 타당성
10 인식 **11** 전형적 **12** 주의

DAY 02 어휘
본문 • 121쪽

01 분투 **02** 압제 **03** 종식되다
04 냉전 **05** 변천 **06** 정체성
07 근원 **08** 기원 **09** 고비
10 고증 **11** 암흑기 **12** 인습
13 배타적

DAY 03 어휘
본문 • 122쪽

01 ㉠ **02** ㉡ **03** ㉣
04 ㉢ **05** 배후 **06** 공익
07 관례 **08** 낙후 **09** 사각지대
10 부과 **11** 부실 **12** 도태
13 폐해

DAY 04 어휘
본문 • 123쪽

01 유세 **02** 진영 **03** 현안
04 사회주의 **05** 공정 **06** 이행
07 정복 **08** 특권 **09** 서열
10 유권자 **11** ③ **12** ⑤
13 ④

DAY 05 어휘
본문 • 124쪽

01 ㉠ **02** ㉢ **03** ㉣
04 ㉡ **05** 매매 **06** 활성화
07 보증 **08** 손실 **09** 빈곤
10 투자 **11** 가계 **12** 강세
13 감축

DAY 06 어휘
본문 • 125쪽

01 위법 **02** 합법적 **03** 발효하다
04 효력 **05** 준수 **06** 존속
07 개정 **08** 협의 **09** 영리
10 조세 **11** 부당 **12** 입증
13 모색

DAY 07 어휘
본문 • 126쪽

01 영토 **02** 기류 **03** 탐사
04 대양 **05** 습지 **06** 내륙
07 궂은 **08** 해발 **09** 급류
10 ① **11** ③ **12** ⑤
13 ⑤ **14** ④

DAY 08 어휘
본문 • 127쪽

01 치유 **02** 순환 **03** 거동
04 증상 **05** 후유증 **06** 이식
07 염증 **08** 처방 **09** 위생
10 ② **11** ① **12** ①
13 ④ **14** ②

DAY 09 어휘

본문 • 128쪽

01 효율	**02** 고안하다	**03** 첨단
04 혁신	**05** 오차	**06** 파장
07 감지하고	**08** 궤적	**09** 동력
10 ②	**11** ⑤	**12** ④
13 ②	**14** ③	

DAY 10 어휘

본문 • 129쪽

01 기법	**02** 감각적	**03** 입체적
04 색채	**05** 생동감	**06** 전시할
07 구도	**08** 안목	**09** 허구적
10 관조	**11** 열광	**12** 구상
13 형상화	**14** 감상	

DAY 11 어휘

본문 • 130쪽

01 재생	**02** 녹지	**03** 공해
04 터전	**05** 오염	**06** 해일
07 폐기하기로	**08** 생태계	**09** ①
10 ②	**11** ③	**12** ②
13 ③		

DAY 12 어휘

본문 • 131쪽

01 양식	**02** 이색적	**03** 공동체
04 기리다	**05** 기호	**06** 답사하기
07 대목	**08** 풍류	**09** 보존하는
10 통하게	**11** 받지 않고	**12** 다른
13 특유한	**14** 물려준	

DAY 13 어휘

본문 • 132쪽

01 언저리	**02** 만물	**03** 애호가
04 청과물	**05** 수평선	**06** 생채기
07 오금	**08** 난리	**09** 쑥대밭
10 ③	**11** ⑤	**12** ②
13 ③	**14** ⑤	

DAY 14 어휘

본문 • 133쪽

01 금세	**02** 허공	**03** 글피
04 서가	**05** 어스름	**06** 여울
07 해껏	**08** 사흘	**09** 겨를
10 ⑤	**11** ③	**12** ⑤
13 ③	**14** ②	

DAY 15 어휘

본문 • 134쪽

01 애먹다	**02** 해쓱하다	**03** 무료하다
04 달갑다	**05** 버금갔다	**06** 덧없는
07 대수롭지	**08** 생소하게	**09** 아랑곳하지
10 ③	**11** ①	**12** ④
13 ④	**14** ③	

DAY 16 어휘

본문 • 135쪽

01 담박하다	**02** 진득하다	**03** 패기
04 내성적	**05** 객쩍은	**06** 박절한
07 미욱한	**08** 느물거리기	**09** 웅숭깊은
10 낙천	**11** 괴팍	**12** 어정
13 경청	**14** 생경	

DAY 17 어휘
본문 · 136쪽

01 건사하다	02 동하다	03 기승부리다
04 거스르다	05 파하고	06 일구는
07 저지레	08 눙쳐	09 종종거리며
10 ⑤	11 ④	12 ④
13 ⑤	14 ①	

DAY 18 어휘
본문 · 137쪽

01 틈틈이	02 뜬금없이	03 지지리
04 애먼	05 단연코	06 홀연히
07 부득불	08 부단히	09 거침없이
10 대개	11 여지없이	12 짐짓
13 반드시	14 새삼	

DAY 19 어휘
본문 · 138쪽

01 ㄹ	02 ㄷ	03 ㄴ
04 ㄱ	05 ㄴ	06 ㄷ
07 ㄹ	08 ㄱ	09 시적 화자
10 활유법	11 대유법	12 의인법

DAY 20 어휘
본문 · 139쪽

01 ㄴ	02 ㄹ	03 ㄱ
04 ㄷ	05 전형	06 입체
07 평면	08 개성	09 문체
10 구성 단계	11 삼인칭 시점	12 일인칭 시점

DAY 21 어휘
본문 · 140쪽

01 대조	02 정의	03 분석
04 비교	05 예시	06 과정
07 인과	08 분류	
09 ㉠ → ㉢ → ㉤ → ㉡ → ㉣		10 재구성

DAY 22 어휘
본문 · 141쪽

01 ㉠	02 ㉡	03 ㉢
04 ㉣	05 ㉤	06 어절
07 어근	08 품사	09 활용
10 접사		

DAY 23 어휘
본문 · 142쪽

01 ㉢	02 ㉠	03 ㉡
04 전전반측	05 수불석권	06 주마간산
07 안하무인	08 역지사지	09 아전인수
10 감탄고토	11 조변석개	12 침소봉대
13 배은망덕	14 견물생심	

DAY 24 어휘
본문 · 143쪽

01 무위도식	02 청출어람	03 온고지신
04 교각살우	05 학수고대	06 각고면려
07 수주대토	08 절차탁마	09 ㉡
10 ㉠	11 ㉢	12 ㉣
13 임기응변	14 반포지효	15 허장성세

똑똑한 독해
똑독

개념서의 본보기

본 통합사회 | 본 통합과학

개념의 본질을 꿰뚫어 

핵심 자료 단권화 설명서
교과서 및 학교별 기출 문제의
핵심 빈출 자료를 한 권에 모두 제시

실용적 개념 설명서
교과서보다 풍부한 개념 설명과
학교 시험에 나오는 핵심 개념 제시

시험의 본질을 꿰뚫어 

최다·최고 문제 수록
학교별 기출 문제 분석을 통해
선별한 최고의 문제 구성,
다양한 형태의 시험 완벽 대비

문제 자료 흑백 구성
실제 시험처럼 구성한
흑백 자료의 문제로
실전 체감도 상승

· 이투스북 도서는 전국 서점 및 온라인 서점에서 구매하실 수 있습니다.   · 이투스북 온라인 서점 | www.etoosbook.com

이투스북